江苏省哲学社会科学界联合会

《人文社会科学通识文丛》

总主编◎刘德海

江苏省公众人文社会科学素养及需求调查

巢乃鹏　秦佳琪　张　烨　著

科 学 出 版 社

北 京

内 容 简 介

社会进步的一个重要标志就是公众科学素质及人文社会科学素养的提升。其中人文社会科学素养主要指公众所具有的人文社会科学知识水平以及在此基础上形成的价值取向和社会实践能力，是公众对人文社会科学知识、方法和精神的认识、理解、掌握和应用程度的外在表现。本书是国内人文社会科学素养调查研究领域少有的综合性著作，其中对人文社会科学素养相关概念及测量方法等所做的讨论，以及在此基础上的调查分析，都具有一定的原创性，对我国人文社会科学素养的整体研究和认识有一定的推动作用。

本书适用于大学及相关研究院所的教师和研究者，以及政府相关部门和社会科学普及的工作者。

图书在版编目（CIP）数据

江苏省公众人文社会科学素养及需求调查/巢乃鹏，秦佳琪，张烨著. 江苏省哲学社会科学界联合会编. —北京：科学出版社，2018.12

（人文社会科学通识文丛/刘德海总主编）

ISBN 978-7-03-060040-0

Ⅰ.①江… Ⅱ.①巢… ②秦… ③张… ④江… Ⅲ.①人文素质教育-研究-江苏 Ⅳ.①G40-012

中国版本图书馆 CIP 数据核字（2018）第 284049 号

责任编辑：杨 英/责任校对：孙婷婷
责任印制：张欣秀/封面设计：铭轩堂

科学出版社 出版

北京东黄城根北街 16 号
邮政编码：100717
http://www.sciencep.com

北京虎彩文化传播有限公司 印刷

科学出版社发行 各地新华书店经销

*

2018 年 12 月第 一 版 开本：B5 720×1000
2018 年 12 月第一次印刷 印张：13 3/4
字数：277 000

定价：88.00 元

江苏省哲学社会科学界联合会

《人文社会科学通识文丛》

序　言

　　社会科学是人类认识世界、改造世界的知识体系，是推动历史发展和社会进步的重要力量。《中华人民共和国宪法》（简称《宪法》）第二十条明确规定："国家发展自然科学和社会科学事业，普及科学和技术知识，奖励科学研究成果和技术发明创造。"社会科学知识普及是社会科学工作的重要内容，是提高公民人文社会科学素养、促进人的全面发展和社会文明程度提升的重要渠道，也是现代科普不容忽视的一个重要方面。2002年8月江苏省委将"宣传、普及社会科学知识，组织开展社科普及活动"确定为省哲学社会科学界联合会主要工作职能之一。从2004年3月中共中央印发《关于进一步繁荣发展哲学社会科学的意见》以来，江苏省社会科学普及工作步入了以举办全省社会科学普及宣传周为龙头，以开展人文社科讲坛、建设社科普及基地、研发传播社科普及读物等为重要载体，多种有效社科普及形式并举的发展新时期。

　　人文社会科学素养，反映的是公众所具有的人文社会科学的研究能力、知识水平和在此基础上形成的价值取向与社会实践能力，以及人文社会科学体现出来的以人为对象、以人为中心的精神——人的内在品质。它是公民素质的深层次构成要素。个人的人文社会科学素养水平是个人健康发展的结果，具备人文社会科学素养将有助于公众树立正确的世界观，拥有基本的价值观判断能力，学会科学地认识和理解政治、经济、社会、文化、历史等各种现象及发展规律，科学地看待外部世界和自身；而整个社会的人文社会科学素养水平则是一个社会汲取历史经验教训、积累文明成果的结果，是衡量"社会文明"的尺度，也是"社会文明"的标志。

　　为了切实了解江苏省公众的人文社会科学素养及需求状况，为党委、政府科学决策提供参考依据，提高"十三五"期间江苏省社会科学普及工作的有效性、针对性，促进公众人文社会科学素养和全社会文明水平的进一步提升，江苏省哲学社会科学界联合会经江苏省统计局批准，委托南京大学组织课题组，于2016年3~5月联合开展了公众人文社会科学素养及需求问卷调查，共完成2 000份有效问卷，调查范围覆盖全省13个市，调查人群充分体现多样性、科学性。本次调查得到了全省各级党委宣传部门、省哲学社会科学界联合会和社区干部、村委会干部及广大公众的大力支持。

调查结果表明，2016 年江苏省公众具备人文社会科学素养的比例较 2009 年有所提高，由此可以看到近几年江苏省各项社科普及措施初显成效，公众人文社会科学素养水平在稳步提升。特别是在迷信认知方面，江苏省公众的达标率明显高于 2009 年的测试结果，这说明江苏省在帮助公众科学看待迷信问题方面收效显著。与此同时，我们也看到，通过近两次调查结果的数据比对，一些指标的达标率涨幅不大甚至有所回落，这些方面正是目前江苏省社会科学普及工作的薄弱点，也将是今后的工作重点。

2016 年《江苏省社会科学普及促进条例》已经江苏省人民代表大会常务委员会正式通过并施行，这标志着江苏社会科学普及工作进入了法治化轨道，也进入了新的发展阶段。该条例明确规定："社会科学普及是全社会的共同责任。""省、设区的市、县（市、区）社科联是社会科学普及事业发展的重要力量……"江苏省哲学社会科学界联合会将深入总结江苏省社科普及的生动实践和新鲜经验，进一步充分发挥自身"联"的优势，为基层社科普及创造更多更好的工作条件和更加有利的政策法规环境，创新社科普及形式、载体与平台，通过政府购买、项目补贴或者其他方式鼓励和支持社会组织及个人开展社科普及与应用，充分调动全社会参与社科普及的积极性，推动社会科学走进千家万户，努力开创新时代全省社会科学普及工作新局面，让社科普及的影响无远弗届。

江苏省哲学社会科学界联合会社科普及部

2017 年 12 月

目　　录

表 目 录

图 目 录

第一章　绪　　论

第一节　调查背景与目的

科学有自然科学和人文社会科学之分。人们对相关自然科学和人文社会科学知识的了解掌握及社会实践活动，甚至由此而导致内在品性的提升，就被称为科学素养（科学素质）[①]。相应地，科学素养也包括自然科学素养和人文社会科学素养两部分。从我国目前对科学素养的重视程度和认知情况来看，自然科学素养被提及得较多，通常所称的公众科学素质调查，多是围绕自然科学素养进行的。我国关于公民科学素质调查的研究开始于 1989 年，到 1990 年，中国科学技术协会开始策划全国性的科学素质调查。1991 年首先在上海进行全国调查试点，1992 年，在中国科学技术协会和国家科学技术委员会有关部门的共同组织下，我国进行了首次全国范围内正式的公众科学素质情况调查。此后，我国又于 1994 年、1996 年、2001 年、2003 年、2005 年、2007 年、2010 年、2015 年进行了全国性的科学素质调查。2015 年第九次中国公民科学素质调查显示，我国具备科学素质的公民比例达到 6.20%。江苏省于 2003 年首次开展公众科学素质调查，此后又于 2005 年、2007 年、2010 年、2013 年、2014 年、2015 年、2016 年多次开展全省范围的调查。2015 年江苏省公众科学素质调查结果显示，具备基本科学素质的公民比例达到 8.25%，2016 年达到 9.50%。全国及部分省（区、市）历年科学素质的调查结果见表 1-1。

[①] 素养与素质是两个概念，由于其内涵相似，因此经常被混用。但仔细分析，这两个概念在一定程度上也有内在差异。"素质"更强调知识技能的掌握与使用；"素养"则体现了素质与修养的统一，不仅关注相关知识技能的掌握，也希望通过这些知识技能的掌握和使用能带来个体品性的提升。在我国，自然科学领域往往使用"素质"一词，目前连续开展的九次中国公民科学素质调查的主体内容都是围绕自然科学展开的。相对而言，在人文社会科学领域则更多地使用"素养"一词。

表 1-1　全国及部分省（区、市）科学素质调查情况汇总

地区	公布年份	总体达标率
上海	1991	—
	1993	2.60%
	1995	3.30%
	1997	3.50%
	1999	4.30%
	2002	6.90%
	2005	10.70%
	2010	13.74%
	2015	18.71%
全国	1992	—
	1994	—
	1996	0.20%
	2001	1.40%
	2003	1.98%
	2005	1.60%
	2007	2.25%
	2010	3.27%
	2015	6.20%
北京	1997	4.00%
	2002	6.60%
	2007	9.20%
	2010	10.00%
	2015	17.56%
山东	2001	1.70%
	2010	3.13%
	2015	6.76%
浙江	2002	2.10%
	2005	2.55%

续表

地区	公布年份	总体达标率
浙江	2008	2.76%
	2010	5.61%
	2013	6.98%
	2015	8.21%
辽宁	2003	3.37%
	2005	3.53%
	2010	3.80%
	2015	5.71%
江苏	2003	2.03%
	2005	2.57%
	2007	2.76%
	2010	4.90%
	2013	6.20%
	2014	7.10%
	2015	8.25%
	2016	9.50%
湖南	2003	1.41%
	2007	1.55%
	2010	2.18%
	2015	5.14%
重庆	2004	1.88%
	2015	4.74%
福建	2004	2.29%
	2010	4.40%
	2015	6.10%
陕西	2005	2.52%
	2010	3.27%

续表

地区	公布年份	总体达标率
陕西	2015	6.20%
河北	2005	2.02%
	2010	3.30%
	2015	5.50%
贵州	2005	0.61%
	2007	1.10%
	2010	1.54%
	2013	2.34%
云南	2001	0.31%
	2005	0.98%
	2010	2.62%
湖北	2005	1.90%
	2012	3.73%
	2014	4.53%
	2015	5.47%
	2016	6.70%
广东	2007	3.10%
	2010	3.29%
	2015	6.91%
甘肃	2010	1.27%
	2015	3.95%
安徽	2010	2.51%
	2015	5.94%

与公众自然科学素质调查的全国化、常规化相比，目前我国还没有统一的公众人文社会科学素养调查，开展过人文社会科学素养调查的省（区、市）数量也十分有限。目前全国及部分省（区、市）开展过科学素质及人文社会科学素养调查的基本情况见图1-1。

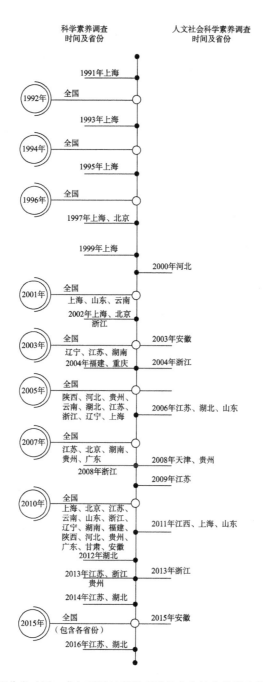

图 1-1　全国及部分省（区、市）开展过科学素质及人文社会科学素养调查的基本情况

2000 年，河北省最早开展了区域范围内的公众社会科学素养调查①。2004年，浙江省开展了全国首次公众人文社会科学素养调查，对年龄为 18~69 岁的1 920 个样本进行入户调查，调查结果显示浙江省公众人文社会科学素养水平指数为 7.5，即每 1 000 人中有 75 人的人文社会科学素养达到基本标准。随后，安徽、江苏南京、广西柳州、山东、湖北、天津、江苏、贵州、江苏无锡、江西、上海等多地开展了类似的调查（表 1-2）。这些调查多数借鉴了浙江的调查思路和方法，但具体的试题难度、题数等方面存在不同，达标率的统计口径也有差异，难以进行有效的横向比较。

表 1-2 相关地区人文社会科学素养调查情况汇总

地区	公布时间	总体达标率
河北	2000-04	12.00%
安徽	2003	5.00%
	2015	5.80%
浙江	2004-04	7.50%
	2013	10.80%
江苏南京（城区）	2005	47.30%
江苏南京	2006-04	12.50%
广西柳州	2006-08	9.65%
湖北	2006-08	—
山东	2006-12	优秀率 3.70%
	2011	达标率 75.90%；优秀率 1.80%
天津	2008-10	9.90%
贵州	2008	人文素养：城市 74.00%，农村 61.45%
		社科素养：城市 75.70%，农村 55.36%
江苏	2006	5.20%
	2009-07	11.85%
江苏无锡	2010	16.86%
江西	2011-08	—
上海	2011	69.04 分（总分 100 分）
浙江杭州	2013	—

从上述各地区的调查结果来看，我国公众的人文社会科学素养在以下方面具有一些共同点：①均呈现出较大的城乡差距；②不同性别公众的人文社会科

---

① 该调查虽以社会科学素养命名，但调查内容也涉及人文学科部分，因此从内容角度来看，该次调查也可视为是人文社会科学素养调查。

学素养水平存在差异，大体上女性的人文社会科学素养水平低于男性；③公众的人文社会科学素养水平基本与文化程度呈正比，即文化程度越高，人文社会科学素养水平也越高；④多地的调查结果中，中高收入公众的人文社会科学素养水平高于低收入公众的人文社会科学素养水平。

如果将科学素养和人文社会科学素养的调查执行及结果进行对比可以发现，虽然科学素养的调查起步早，并且已在全国范围内形成相对成熟的体系，但从各省的结果来看，公众的人文社会科学素养达标率更加乐观（表 1-3）。江苏省和浙江省的人文社会科学素养的达标率均显著高于科学素养，浙江省开展的两次人文社会科学素养调查的总体达标率比同期科学素养达标率高了 4~5 个百分点，江苏省开展的三次人文社会科学素养调查中，2006 年和 2016 年的总体达标率比同期科学素养达标率高了 3 个百分点左右，而 2009 年的人文社会科学素养总体达标率比科学素养高了 6.95 个百分点。安徽省 2015 年的科学素养达标率和人文社会科学素养达标率相差不大，科学素养的达标率略高一点。

表 1-3　浙江省、江苏省、安徽省科学素养与人文社会科学素养调查结果对比

省份	科学素养		人文社会科学素养	
	公布年份	总体达标率	公布年份	总体达标率
浙江省	2005	2.55%	2004	7.50%
	2013	6.98%	2013	10.80%
江苏省	2005	2.57%	2006	5.20%
	2007	2.76%		
	2010	4.90%	2009	11.85%
	2016	9.50%	2016	12.15%
安徽省	2015	5.94%	2015	5.80%

2006 年，江苏省哲学社会科学界联合会开展了江苏省首次公众人文社会科学素养及需求调查，但此次调查仅面向全省 13 个设区市的市区，不包括乡村。2009 年，江苏省哲学社会科学界联合会正式委托国家统计局江苏调查总队进行了第一次全省范围内的公众人文社会科学素养及需求调查，调查结果显示江苏省公众的人文社会科学素养达标率为 11.85%。时隔 7 年，为了解江苏省公众最新的人文社会科学素养水平及需求状况，江苏省哲学社会科学界联合会委托南京大学组成课题组，于 2016 年组织开展了第二次全省范围内的公众人文社会科学素养及需求调查。本书即为此次调查的主要成果。

第二节　相关概念辨析

在我国，人文社会科学是人文学科和社会科学的总称，是与自然科学相对应的概念。但事实上，在日常使用、政府机构的表述及学术研究等场景中，人文社会科学、哲学社会科学、社会科学三个概念经常被混为一谈，如中国社会科学院在官网的概况描述是"中国哲学社会科学研究的最高学术机构和综合研究中心"，这一表述中用了"哲学社会科学"一词来描述该机构所覆盖的研究领域，但在机构名称中却使用了"社会科学"的概念，而该机构所划分的六大学部中既包括具有人文学科性质的文哲学部、历史学部，又包括具有社会科学性质的社会政法学部、经济学部、国际研究学部。同样是政府的官方表述，《宪法》第二十条规定："国家发展自然科学和社会科学事业，普及科学和技术知识，奖励科学研究成果和技术发明创造。"用了"社会科学"表示与自然科学相对应的事业，而国家级的人文社会科学研究管理机构倾向于使用"哲学社会科学"这一名称，如全国哲学社会科学规划办公室，教育部的各类项目研究又分为哲学社会科学重大攻关项目、人文社会科学一般项目等多种类别。

虽然不同场合、不同主体在概念的选择上较为混乱模糊，但概念所指的都是相对于自然科学而言的既包括人文学科又包括社会科学的研究领域。尽管所指内容非常接近，但人文社会科学、哲学社会科学及社会科学这三个概念在内涵及应用场域等方面依然存在一定差异。如果不厘清概念的异同，不顾场合随意使用，容易造成误解学科分类混乱、阻碍学科发展独立性等问题，进而影响社会的均衡发展。

一、社会科学

人类面对的世界可以分为客观世界和主观世界两大类，其中客观世界指物质世界，又可分为自然界和人类社会；而主观世界指人类自身的精神活动。与之相对应，形成了三种不同类型的科学知识：关于自然界的自然科学、关于人类社会的社会科学、关于人和人类自身精神活动的人文科学。狭义的社会科学通常指的是与自然科学、人文科学相对应的一个概念，是介于人文科学和自然科学之间的学科，在研究对象、研究方法上与人文科学和自然科学存在差异。

社会科学是研究社会运动、变化发展规律，以及各种社会现象的学科的总称。社会科学所关心的是决定人类行为模式的基本要素，主要包括经济学、政治学、社会学及社会心理学。社会科学研究的核心是人类社会的组织框架，其终极目的是建构一个符合人们愿望和意志的社会结构及社会的活动行为网络。社会科学的研究往往与社会结构、社会组织和生活群体等相对应。从研究对象来看，社会科学以人类在实践活动中自我对象化产物为其对象，包括经济活动、政治活动、社会活动等社会现象，通过对人类社会的组织构成、功能作用、形成机制、变迁规律的分析研究，探索和揭示人类自身活动的规律或经验性理论。在研究方法方面，社会科学接近于自然科学，需要理论框架和基于理论的经验验证。由于社会科学的研究对象在一定程度上具有客观实在性和周期规律性，研究者可在一定范围内对之进行某些观察和实验，因而社会科学的研究方法强调实证性及科学方法的运用，比较趋向于量化研究，即通过大量汇集资料与调查数据，对社会现象提出原理、原则、规律的解释，或通过汇集的事实与数据进行社会科学理论的验证。但是，苛求把各种复杂的社会现象都进行准确的预见和描述是不可能的，大多只能做出概率性的判断和统计性的预测。因而，在一定的定量分析的前提下进行有效的定性分析是社会科学研究的基本认识方法。

社会科学并非中国本土学术环境所诞生的概念，而是清末民初时期的舶来品，是源自西方学科分类思想的一个学科概念。在西方，社会科学作为一个独立的科学知识体系，是近代大工业生产和城市化的产物。美国学者卡尔霍恩曾指出："社会科学主要是技术革命以及随之发生的社会变化的结果。工业革命以前的社会并不是没有变化，但是，技术的兴起使这种变化迅速得多，并且打破了传统的生活模式而又没有新的模式来代替。社会科学的产生，部分的原因就是努力寻求这种新的模式。"[①]在 18 世纪特定的社会背景及自然科学的推动下，欧洲的社会科学开始萌发，首先出现了自然法与社会契约论思想，这一思想成为当时欧洲各领域学术发展的理论基础。以威廉·配第、亚当·斯密为代表的英国古典经济学家开始推动政治经济学成为一门独立的科学。此后，在维科、伏尔泰、孔多塞、孟德斯鸠、卢梭等纷纷提出各自的理论体系后，历史学、法学、政治学等社会科学逐步形成。到 19 世纪中叶，在孔德等的努力下，社会学得以形成。至此，主要的社会科学门类已经齐全，并逐步取得了各自独立的科学地位。之后，随着社会现象和社会问题越来越复杂，以及社会分工的细化，社会科学又分化出诸多新的分支学科，共同构成了庞大的社会科学体系。

从 18 世纪中叶起，社会科学主要通过学科分类体系在大学教育中落实的方式实现制度化。到 1945 年前后，社会科学全部学科的制度化在世界范围内完成，西方主要国家知识体系中基本确定了"人文学科、社会科学、自然科学"

---

① 卡尔霍恩 D W. 变革时代的社会科学[M]. 李述一，等译. 北京：社会科学文献出版社，1989：46.

三大学科分类的模式。其中,在美国和英国的学科分类体系中,社会科学和人文学科是两个分得很清楚的门类。社会科学是介于自然科学和人文学科之间的学科,有时也起着连接自然科学和人文学科的作用。社会科学是解释,人文学科是阐释,讲的是意义,更为主观;而社会科学是更加客观、实证的。社会科学对社会的影响较为直接,这种影响通过如法学、教育学和管理学这样的实用学科来传递。今天在世界范围内,普遍的看法是:社会科学的主干学科包括经济学、社会学、人类学、心理学和政治学等学科。

而在中国,1949年之前中国主要大学的学科分类基本效仿西方的分类方式,将各学科大体上划分为自然科学、社会科学、人文学科三大类。1921年蔡元培先生在《十五年来我国大学教育之进步》一文中提到,国立北京大学决议成立四门研究所,即"自然科学、社会科学、国学、外国文学四门"①。这里虽然没有明确提出成立人文学科研究所,但国学和外国文学具有较明显的人文学科特征,蔡元培先生将这两个学科与社会科学和自然科学相区分,从中不难看到西方学科分类思想的影子。1930年国民政府教育部颁行的《大学科目表》中,被制度化的社会科学学科主要有政治学、经济学、社会学、法学和历史学等。1941年清华大学校长梅贻琦在《大学一解》一文中说:"今日而言学问,不能出自然科学、社会科学与人文科学三大部分。"②潘光旦在1946年出版的《自由之路》一书中提到:"大学教育应增加共同必修的科目,此种科目应为自然科学、社会科学、人文科学的基本课程,其中人文科学尤为重要。"③

中华人民共和国成立后,基于人文学科和社会科学之间的紧密联系,在很多场合下并不对这两个概念做清晰的区分,而是将两者合并在一起,笼统地称为社会科学或人文社会科学,如《中华人民共和国学科分类与代码国家标准》中使用的就是"人文与社会科学"。特别是在中华人民共和国成立之后比较长的一段时期中以社会科学这一概念的使用为主。而这个社会科学的概念其实既包括狭义的社会科学,也包含人文学科。俞伟超先生在2003年回忆学科分类时提到:"关于'人文科学',这个说法是最近变得突出起来的。过去在中国的学科分类中没有'人文科学'的分法,过去我们称'社会科学',也就是科学体系中区别于自然科学的部分,都归作是'社会科学'。这是根据苏联的科学分类而来的。"④但从前文可知,人文学科这一概

① 高平叔. 蔡元培教育论集[M]. 长沙:长沙教育出版社,1987:413.
② 刘琅,桂苓. 大学的精神[M]. 北京:中国友谊出版公司,2004.
③ 潘光旦. 潘光旦文集[M]. 第5卷. 北京:北京大学出版社,2000:262.
④ 刘文锁. 渐中语类——俞伟超先生晚年思想随录[J]. 东南文化,2005,(4):6-15.

念在中华人民共和国成立前已有之，那么俞伟超先生所指的很可能是中华人民共和国成立后很长一段时间内"人文科学"这一概念不曾被提起过。这一情况的出现与苏联的学科分类体系有着密切关系。朱红文曾指出在苏联的学术界中，反人文学科的观点占据重要地位。而这一情况主要源自对唯物史观的教条主义态度。历史唯物主义的教条主义认为，承认有一个区别于社会这种客观存在的精神世界或文化世界，就会导致历史唯心主义，因此，它否认以价值现象、精神世界或文化世界为研究对象的人文学科。这种反人文的观点在苏联的学术界占据重要地位[①]。苏联共产主义科学院在 20 世纪 30 年代所确定的学科分类模式是将学科划分为哲学、社会科学和自然科学三大类。在这一分类中，没有提到"人文学科"，而是使用了"哲学"一词。中华人民共和国成立后，效仿苏联用"哲学"代替"人文学科"，出现了哲学社会科学并称的说法，并成立"哲学社会科学部"。长久以往，"人文学科"概念逐渐被遗忘。1966 年"文化大革命"开始时，"哲学社会科学部"被取消。"文化大革命"结束后，出于中国文科需要有一个规划与管理机构的考虑，1977 年国家成立了中国社会科学院，但其前身就是原属于中国科学院的"哲学社会科学部"。这一名称虽然删除了哲学，强调了社会科学，但被遗忘的人文学科概念并没有重提，而是用社会科学这一概念涵盖了具有人文学科性质的相关学科。目前中国社会科学院下属六个学部：文哲学部、历史学部、社会政法学部、经济学部、国际研究学部、马克思主义研究学部，其中既包括人文学科，也包括社会科学。

目前，狭义的社会科学概念多被用于包含政治学、国际关系学、社会学、经济学等学科在内的学院命名上，如清华大学社会科学学院、浙江大学社会科学学部。另外，实行大类招生的高等院校在划分招生专业类别时也会用到这一概念，如清华大学、复旦大学、南京大学均设有"社会科学试验班"这一招生大类。而广义上的社会科学则多被政府部门的机关和科研管理机构使用，如中国社会科学院和地方各级社会科学院及社会科学界联合会等。这些机构一方面包括了人文学科和社会科学的知识体系，另一方面根据国家政治、经济和文化发展的需要，更加细化和丰富了社会科学的知识体系，从而更加突出了其服从服务于国家和社会发展的基本职能。此外，国家和政府组织的重大科研项目立项也多使用这一概念，如国家社会科学基金项目、北京市社会科学基金项目等。部分高等院校的学报也使用这一说法，如《中山大学学报》（社会科学版）、《复旦学报》（社会科学版）、《首都师范大学学报》（社会科学版）等。

---

① 朱红文. 人文科学与社会科学关系之争述评[J]. 哲学动态, 1994,（9）：5-8.

二、人文社会科学

人文社会科学是互相交叉联结的人文学科和社会科学的总称，主要以人的社会存在为研究对象，以探索、揭示人的本质和人类社会发展规律为目的。人文社会科学是与现代科学体系中另外一大科学部类即自然科学相关联和对应的一个概念。从科学知识体系分类的角度来看，自然科学、人文学科和社会科学是三类不同性质的科学，但从与自然科学相对应的角度来看，人文学科与社会科学可视为一个共同体而被统称为人文社会科学。这一概念重点强调了人文学科和社会科学之间的联系，以及两者与自然科学之间的差异。

人文社会科学与自然科学相比，最基本的特点就是它具有双重属性和双重社会功能。双重属性指的是人文社会科学兼有科学性和价值性两种性质，人文社会科学是科学性与价值性的统一，或者说是真理性与价值性的统一。人文社会科学的科学性体现在它反映客观事物的规律性上，在人文社会科学研究中，必须尊重客观规律，从客观材料出发，运用科学的方法进行深入研究，而不能从主观愿望和利益出发。同时，人文社会科学又是社会经济、政治和文化的反映，所研究的是人和人类社会自身，因此必然具有价值性的一面。而人文社会科学的这一双重属性决定了它不仅具有一般的科学认识功能，而且具有意识形态功能。

人文社会科学这一概念的产生在很大程度上是由于人文学科与社会科学之间存在着难以割裂的内在联系。人文学科指的是以人的内心活动、精神世界以及作为人的精神世界的客观表达的文化传统及其辩证关系为研究内容、研究对象的学科体系，是以人的生存价值和生存意义为学术研究主题的学科。虽然人文学科与社会科学在研究对象和研究方法上存在一定差异，但由于两者总是互相交叉缠绕的，难以划分清晰的界限，并且随着社会和学术研究的发展，两者呈现出综合化乃至一体化的趋势，因此在很多场合下人们倾向于将人文学科与社会科学统称为人文社会科学。将人文社会科学看作与自然科学相联结、相对应的一大科学部类的观点，也正逐步为学术界所认同。

就人文学科和社会科学之间的联系来看，两者的研究对象虽然在一定程度上能做出区分，但本质上两者密切联系在一起。社会归根到底是由人构成的，任何社会现象不可能离开人和人的实践活动，社会规律的形成、发展及其实现更无法离开人和人的活动。正如马克思所明确指出的："人的本质不是单个人所固有的抽象物，在其现实性上，它是一切社会关系的总和。"[①] "人并不是抽

---

① 马克思，恩格斯. 马克思恩格斯选集[M]. 中共中央马克思恩格斯列宁斯大林著作编译局编译. 第 1 卷. 北京：人民出版社，1995：56.

象的栖息在世界以外的东西。人就是人的世界，就是国家、社会。"①这为我们从理论上正确理解社会科学和人文学科的一致性和不可分离性奠定了理论基础。关于人文学科和社会科学的关系，皮亚杰有过深刻的见解："在人们通常所称的'社会科学'与'人文科学'之间不可能做出任何本质上的区别，因为显而易见，社会现象取决于人的一切特征，其中包括心理生理过程。反过来说，人文科学在这方面或那方面也都是社会性的。只有当人们能够在人的身上分辨出哪些是属于他生活的特定社会的东西，哪些是构成普遍人性的东西时，这种区分才有意义……没有任何东西能阻止人们接受这样的观点，即'人性'还带有从属于特定社会的要求，以致人们越来越倾向于不再在所谓社会科学与所谓'人文'科学之间作任何区分了。"②人文学科和社会科学的不可分割性还表现在它们的一般研究方法上。与自然科学不同，人文学科与社会科学的研究方法都难以回避研究者在研究过程和研究结果中体现出的价值取向。此外，当代人文学科和社会科学的结合部上滋生了大量的新兴学科，这些新兴学科更紧密地把人文学科和社会科学联为一体。

从具体的学科划分来看，如历史学就是一门兼有人文与社会双重属性的学科，从研究对象来看，历史学属于社会科学，但从研究的主旨和研究方法来看，历史学更属于人文学科。正是由于人文学科与社会科学之间这种模糊不清的界限，在具体学科的划分操作中也存在着较大争议。《大不列颠百科全书》把经济学、社会学、政治学、人类学、心理学、地理学、教育学、历史学划入"社会科学"条目中。而联合国教育、科学及文化组织出版的《社会及人文社会科学研究中的主流》中将社会学、政治学、心理学、经济学、人口学划为社会科学，将语言学、人类学、史学、艺术及艺术科学、法学、哲学划为人文科学。

人文社会科学这个概念在中国的传播有一个过程。中华人民共和国成立之初，中国人民政治协商会议颁发的《共同纲领》中有一条规定："提倡科学的历史观点，研究和解释历史、经济、政治、文化及国际事务，奖励优秀的人文社会科学著作。"但此后一段时间内，"人文社会科学"这个概念在国内并没有流行开来。到了1998年9月，江泽民同志为中国社会科学院研究生院题词，鼓励其"办成一流的人文社会科学人才培养基地"。此后，"人文社会科学"这一说法开始盛行。进入21世纪，"人文社会科学"的概念被政府管理部门、高等院校、出版社等机构广泛使用。例如，中国科学文化管理部门制定人文社会科学发展规划、设立人文社会科学研究成果奖项，科研机构举办人文社会科

---

① 马克思，恩格斯. 马克思恩格斯选集[M]. 中共中央马克思恩格斯列宁斯大林著作编译局编译. 北京：人民出版社，1965：452.

② 皮亚杰 J. 人文科学认识论[M]. 郑文彬译. 北京：中央编译出版社，2002：1-2.

学高层论坛，高等学校组建人文社会科学学院、人文社会科学研究中心，出版社出版《中国人文社会科学前沿报告》及《世界主要国家人文社会科学发展状况研究》等著作。

在日常生活中人文社会科学通常被简称为"文科"，主要包括哲学、经济学、法学、教育学、文学、历史学等学科，中国目前的义务教育甚至大学教育中也普遍存在着这样的教育理念。中国现行的 4 种主要学科分类标准包括《中华人民共和国学科分类与代码国家标准》《授予博士、硕士学位和培养研究生的学科、专业目录》《普通高等学校本科专业目录》《国家社会科学基金项目申报数据代码表》，对于人文学科、社会科学均不作严格区分，统称"人文社会科学"。例如，《中华人民共和国学科分类与代码国家标准》将人文与社会科学作为一个学门，下设 19 个一级学科，将经济学、法学、社会学等社会科学与传统文史哲类的历史学、文学、哲学、艺术学、美学、教育学、伦理学等合并在一起，即"大文科"。教育部的《授予博士、硕士学位和培养研究生的学科、专业目录》，对于人文学科和社会科学领域基本不作严格的学科分类，如把语言和文学、艺术、传播学合并在文学门类之下，且把社会科学与相关联的实用学科混同在一起，如把政治学、社会学放在法学门类。基于学科分类标准将人文科学与社会科学统称为人文社会科学的情况，在高等院校的院系设置方面，人文社会科学的概念被较为广泛地使用，如北京大学人文社会科学学院、南京农业大学人文社会科学学院等。也有部分高校学报使用这一概念，如《浙江大学学报》（人文社会科学版）、《华中师范大学学报》（人文社会科学版）等。

三、哲学社会科学

"哲学社会科学"是一个政治意识形态主导的学科概念，于 1955 年提出，并以中国科学院"哲学社会科学部"的体制化方式存在。"哲学社会科学"的称谓是基于哲学的抽象性、统摄性和基础地位，把哲学从两类科学认识即自然科学和社会科学中抽取出来的。在这一概念中，哲学指的是关于世界观的学说，是高度抽象的意识形态，对人类认识和实践活动具有规范和指导作用，与社会科学研究有着特别密切的关系，因此，将"哲学"与"社会科学"并行统称为"哲学社会科学"。"哲学社会科学"和"人文社会科学"两个概念在外延上相同，都是相对于自然科学而言的科学知识领域，但在内涵上前者更注重意识形态属性，强调指导思想的正确与否直接决定着国家的兴衰存亡，而后者的学问探究色彩较浓，侧重于学术研究和探索，重在为国家和社会的发展提供思想保证、精神动力、智力支持和人文关怀。

"哲学社会科学"的概念在 1955 年以前的中国文献里是找不到的。1955 年 6 月 1 日，中国科学院学部成立大会在北京召开，宣告成立四个学部：物理学、数学、化学部，生物学、地学部，技术科学部，哲学社会科学部，并选出了四个学部的常务委员会。"哲学社会科学"的概念由此诞生，但当时中国科学院没有给"哲学社会科学"这个概念下一个明确的定义，而是把"哲学社会科学"含糊地当作文科来看待。不过当时中国科学院内部对于"哲学社会科学"与"社会科学"这两个概念的使用主体有所不同。"哲学社会科学"是学术管理部门使用的概念，体现了中华人民共和国成立后向苏联学习的特征，而"社会科学"概念则是现代科学共同体使用的学术概念，是科学共同体的内部学科分类意识的体现。例如，中国科学院党组站在党的立场上倾向于使用"哲学社会科学"，而中国科学院的学部主任会议与学术秘书处作为科学共同体并没有采用"哲学社会科学"这个意识形态化的概念，而使用的是学术意义上的"社会科学"。

"哲学社会科学"的概念在中国语境中具有学科性与政治意识形态性的双重属性。从概念的诞生来看，这一学科概念的产生受到了 20 世纪 30 年代苏联学者学科分类模式的直接影响，而苏联当时的学科分类具有强烈的意识形态性。苏联共产主义科学院在 1930 年《关于自然科学战线的决议》的文件中提到："在哲学、社会科学和自然科学方面……"①从中可以看到苏联共产主义科学院的学者所确定的三类学科分类模式。而从这个表述中，可以看到"哲学""社会科学""自然科学"三者是并列的学科概念，但同时又把"哲学"放在最前面，体现了哲学对社会科学与自然科学的控制。中华人民共和国成立后，中国沿用了苏联这一学科分类的表述方式。在效仿苏联学科分类的基础上，中国又进一步把"哲学"与"社会科学"合并在一起，产生"哲学社会科学"的概念。但也有学者提出，哲学并不属于社会科学，把"哲学"和"社会科学"放在一起讲，似乎是两个并列的概念，但实际上又不是并列的。这一概念的指向是"哲学"，即潜在承认哲学高于社会科学和自然科学，具有引领社会科学的意味，这反映出在 20 世纪 50 年代特定的历史情境中，社会科学的发展受到哲学的引导和控制。而在当时，哲学特指马克思列宁主义哲学。由此不难看出，"哲学社会科学"是一个具有很强时代政治色彩的学科概念。

但实际上，从学术意义上看，"哲学社会科学"的概念并不符合学术习惯。当运用其哲学方法开展具体的学科研究时，会形成"政治哲学""文化哲学""经济哲学""历史哲学""艺术哲学"等分支学科，这些分支学科分别

① 袁曦临. 人文社会科学学科分类体系研究[D]. 南京大学博士学位论文，2011.

从哲学角度研究政治、文化、经济、历史、艺术。但是作为一门学科，把哲学放在最前面来命名的，如"哲学政治""哲学文化""哲学经济""哲学历史"等，这些名词作为学科的概念在世界学术中是不可能成立的。而从学术自身的逻辑来看，也只可能出现"自然科学哲学""社会科学哲学""人文科学哲学"这些更大的哲学学科的分类，即分别从哲学的角度研究自然科学、社会科学和人文科学。但在中国，由于1955年提出了"哲学社会科学"概念，在世界学术界得到普遍认可的"社会科学哲学""人文科学哲学"两个概念很少被提起。

目前，"哲学社会科学"这一概念主要应用于事关党和国家事业发展全局的战略性、前瞻性的重大基础理论研究和重大现实问题研究以及各级党委和政府的正式文件中，这与哲学社会科学所强调的意识形态属性有着直接和必然的联系。例如，2004年中共中央下发的《关于进一步繁荣发展哲学社会科学的意见》其中明确提出"繁荣发展哲学社会科学必须坚持马克思主义的指导地位"，"坚持为人民服务、为社会主义服务的方向"，"坚持解放思想、实事求是、与时俱进，积极推进理论创新"，这与中国共产党的阶级属性和根本宗旨是完全一致的，生动地体现了哲学社会科学的意识形态属性。

袁曦临曾提出在中国语境中，"哲学社会科学"的概念应成为教育和学术管理部门使用的用于学术和教育管理的专有概念；但在学术领域内部，在学科建设、教学与研究中应使用"人文社会科学"这一学术共同体认同的概念。这对于中国的人文社会科学研究走出去，实现与世界的交流和对话是必要的，同时也有助于人文学科的学科独立性，促进学术创新，因为学术创新的基础是自由地思考。

通过这三个概念的比较可以看到，人文社会科学更多用于学术研究领域，在学科建设、教学研究及学科分类中使用较为广泛。总体而言，人文社会科学是人们认识人类自身和社会发展规律的学科，是研究人类社会发展和人自身发展的各种学科的总称，是人类在社会实践中长期形成的系统的知识体系，主要目的是为人的存在、为人处理相互关系追寻终极价值。

四、社会科学素养及人文社会科学素养

在以上三个概念的基础上，相应地形成了人文社会科学素养、社会科学素养的概念，以表示公众所掌握的相应学科的知识水平以及在此基础上形成的价值取向和社会实践能力。其中，由于哲学社会科学主要在政府文件和学术管理体系的情境中使用，哲学社会科学素养的概念几乎不被使用，而社会科学素养

和人文社会科学素养使用较多。

在早期开展的相关调查中，使用的是社会科学素养的概念，如河北省在 2000 年开展的"河北省公众社会科学素养问卷调查"，安徽省在 2003 年开展的"安徽省城乡公众社会科学素养与需求抽样调查"。但从调查内容来看，河北省和安徽省调查所涉及的范围既包括人文科学领域的相关内容，也包括社会科学领域的内容，即两省调查使用的是广义上的社会科学概念。例如，2000 年河北省的调查内容主要涉及的是马克思主义政治理论、哲学、经济学、法学、历史学、文学、社会学、政治学、教育学、管理学等学科的基本知识，2003 年安徽省从公众对社会科学学科范畴的了解、对社会科学作用的认识、思想理论素质及其介入社会科学活动的程度等方面进行调查，以了解全省城乡公众的社会科学素养状况，但在具体题目设计方面主要涉及的是公众对哲学、法学、政治学、社会学、经济学、教育学、文学、历史学、伦理学等十个学科的掌握情况及需求。两省在具体的题目设计上均既有对文学、哲学等人文学科知识掌握和运用情况的考察，也有对经济学、法学等社会科学知识掌握和运用情况的考察，与后续各省市所开展的人文社会科学素养调查包括的内容很相似。

自 2004 年浙江省开展了全国首次以"人文社会科学素养调查"命名的调查之后，其他的省市开展的相似调查多数沿用了这一说法，如 2006 年江苏省、山东省开展的调查，2008 年天津市开展的调查等均使用人文社会科学素养的概念。其中，贵州省在 2008 年开展的"全省首次公众人文社科素养及需求调研"中，分别以人文素养和社会科学素养两个概念来表示公众对人文科学和社会科学知识的掌握和运用情况。但也有省份依然使用社会科学素养的概念，如湖北省 2006 年的调查采用了公众社会科学素养的说法，但同样在具体题项中既涉及人文科学，也包括社会科学相关问题，安徽省 2015 年的调查则是沿用了 2003 年的表述。

从两个概念的使用情况来看，两者在内涵上并没有太大的区别。而目前多数省份选择用人文社会科学素养代替社会科学素养，这也反映出调查者对社会科学和人文社会科学概念的界定有了更加清晰的认识和区分，不再笼统地用广义上的社会科学素养涵盖人文科学素养和社会科学素养两部分内容。

公众人文社会科学素养的概念由人文社会科学演化而来，主要指公众所具有的人文社会科学知识水平以及在此基础上形成的价值取向和社会实践能力，是公众对人文社会科学知识、方法和精神的认识、理解、掌握和应用程度的外在表现。人文社会科学素养具有重要的社会意义和个人意义。从社会意义上看，首先，公众的人文社会科学素养是构成社会公众科学文化素质的基本要素，是社会公众科学理性地认识社会现象、把握社会发展规律的科学基础，也是体现社会文明进步程度的基本指标之一。其次，人文社会科学素养是社会公众社会实践能力的重要表征，是社会公众在把握社会规律的基础上开展创造性社会实践，建设社会主义物质文明、政治文明、精神文明、社会文明、生态文明的重要基础。最后，人文社会科学素养是社会形成和发展科学、理性、民主的公众思想意识和公共价值观念的重要基础，是促进先进文化形成和发展的重要条件。人文社会科学素养对个人的发展同样具有重要意义。首先，个体的人文社会科学素养是构成社会个体的科学文化素质的基本要素，是社会个体科学理性地认识社会现象、把握社会发展规律的重要基础。其次，从个体实践意义来看，人文社会科学素养能为个体的社会实践提供正确合理的方法、途径和目标。最后，公众人文社会科学素养能为个体形成和确立正确、合理的价值目标和价值取向提供科学和人文的学理基础。

第三节　各省市的相关调查及结果

目前公众人文社会科学素养调查在我国仍处于起步阶段，相关调查数据十分有限，只有河北、浙江、江苏、安徽、山东、广西柳州等部分省市开展过相关调查，尚无全国范围内统一开展的调查，也没有形成统一的测量体系和标准。但是，借助这些省市所开展过的调查，可以看到公众人文社会科学素养的水平在不同人口特征的群体、不同测量时间之间的数据，从而大致了解我国不同群体的公众人文社会科学素养状态及变化趋势。到2016年，各省市已开展过的调查及主要结果按开展调查的时间排序如下。

2000年河北省社会科学界联合会开展的"河北省公众社会科学素养问卷调查"，是我国最早的关于公众社会科学素养的问卷调查。该次调查在石家庄、保定、承德、唐山、邯郸五个城市发放问卷5 000份，回收4 679份。调查显示，河北省城市公众社会科学总体素养的合格率为12.0%，在知识水平、应用能力、科学精神三方面的合格率分别为47.6%、42.2%、35.9%。公众对社会科学有所认识和了解，但知识掌握不系统、不平衡，运用社会科学基本知识分析解决个人或社会实际问题的能力较低，并且仍有相当比例的城市公众缺乏科学精神，对"算命"有点相信和非常相信的城市公众分别占16.7%和2.4%。

2003年，安徽省开展了省内首次公众社会科学素养调查，共发放问卷10 500份，收回10 000份，回收率约为95.24%。其中有效问卷为7 217份，约占发放总数的68.73%，占回收总数的72.17%。调查结果显示，安徽省公众的社会科学素养指数为5.0，需求指数为11.0，即每1 000人中有50人的社会科学素养较好，有110人对社会科学需求程度较高。

2004年浙江省人文社会科学素养调查是国内首次开展的针对城乡公众人文社

会科学素养的调查工作。调查采取"KAP"模式①将公众人文社会科学素养划分为四个维度：科学知识、科学方法、科学思想、科学精神，并在全省范围内抽取1 920个样本进行了调查，了解其人文社会科学素养状况、获得人文社会科学知识的渠道、对人文社会科学知识的态度、对人文社会科学知识的需求等方面的基本情况。调查结果显示，浙江省公众具备基本人文社会科学素养的比例为7.5%，即每1 000人中有75人具备了基本的人文社会科学素养。此外，不同常住地、年龄、文化程度、职业及收入水平的公众之间人文社会科学素养存在较大差异。城市公众的达标率为9.1%，远高于农村地区1.7%的公众达标率；大学文科本科及以上公众的达标率高达67.4%，而小学文化程度公众的达标率只有0.3%。

2005年，江苏南京市参照2004年浙江省公众人文社会科学素养调查的问卷，对在南京城区定居的公务员、大型国有企业员工、大学生（南京籍）、离退休老年人四大群体进行了调查。调查随机抽取了1 570人，获得有效问卷1 205份，调查有效率约为76.8%。调查结果显示，南京城区公众的人文社会科学素养总达标率为47.3%，近一半人具备基本的人文社会科学素养。在各类影响因素中，年龄与受教育情况是影响人文社会科学素养达标率的两大因素，中青年群体的达标率为53.4%，高出老年群体41.2%。大学文化（不包括在校大学生）群体的平均达标率为89.6%，大专文化群体的达标率为62.2%，高中文化群体为29.1%，初中及以下文化群体的达标率只有5.2%，教育因素的影响非常显著。

2005年12月至2006年4月，山东省对全省公众的人文社会科学素养及需求进行了调查，调查采用多阶段随机抽样的方法抽取了3 000人，其中农村样本2 320人，城市样本680人。该调查采用"公众人文社会科学素养优秀率"来综合反映山东省人文社会科学素养的基本情况，调查显示2006年山东省公众人文社会科学素养优秀率为3.7%。其中，男性公众的优秀率（4.03%）略高于女性公众的优秀率（3.29%）；城镇公众的优秀率（8.52%）远高于农村公众的优秀率（2.28%）；不同年龄段公众的优秀率存在较大差异，41~60岁的公众优秀率较高，而年轻人和老年人的优秀率相对较低；公众的优秀率与其文化程度呈正相关关系；不同职业中，专业技术人员和管理人员的优秀率较高；个人年收入为15 001~30 000元的公众的优秀率最高，公众的优秀率在收入上呈正态分布。

2006年初，江苏省哲学社会科学界联合会成立"公众人文社会科学素养调查研究课题组"，组织了一批专家学者对江苏省人文社会科学素养的测定进行多次研讨论证，并对全省公众的人文社会科学素养进行调查。公众人文社会科学素养测评内容主要包括知识、态度、行为和对占卜预测或算命的认知四方

---

① 国外学者基于Miller模型提出将科学素养分为知识（knowledge）、态度（attitude）和实践（practice）三个层面，称为KAP模式。

面。该次调查在 13 个城市共发放 3 075 份问卷。调查结果显示，江苏省公众人文社会科学素养总体达标率为 5.2%，其中，江苏省公众人文社会科学知识达标率为 74.4%，公众人文社会科学态度达标率为 49.5%，公众人文社会科学行为达标率为 6.4%，公众对占卜预测或算命的认知达标率为 74.2%。

2006 年，湖北省社会科学界联合会对全省 10 个市县的 8 000 多人开展了公众社会科学素养现状及对社会科学知识需求状况的问卷调查，共回收 7 723 份问卷。调查主要涉及公众社会科学素养现状、公众对社会科学知识的需求状况以及公众关于社会科学素养的自我认知、对社会科学普及中存在的问题和社会科学普及渠道、方法、途径的看法和建议等。调查发现，公众非常关注和比较关注社会科学的比例为 59.1%；在公众运用社会科学知识解决实际问题的愿望和能力方面，公众的个人权利保障意识比较强，但要真正转化为正确的维权行动还有一段距离；多数公众对社会科学知识的意义和作用持积极肯定态度。多数被调查者对进一步提高自身的社会科学素养持积极态度，83.0%的人迫切希望提高自己的社会科学素养。

2006 年广西柳州市对四个城区的公众人文社会科学素养进行了调查，共发放问卷 2 000 份，回收有效问卷 1 975 份，有效回收为 98.75%。调查结果显示，柳州市四城区公众具备基本人文社会科学素养的比例为 9.65%。柳州市大多数公众具有基本科学精神，80.20%的公众表示"不相信"占卜、迷信，但仍有少数公众缺乏基本科学精神。调查还发现，公众的文化程度与人文社会科学素养水平呈明显正相关关系，文化程度越高的公众，具备基本人文社会科学素养的比例越高。

2006 年 4 月，南京市民意调查中心开展了南京公众人文社会科学素养问卷调查，调查采用"以配额抽样为主体，随机抽样相辅助"的方法，通过抽签确定市内的鼓楼、建邺、江宁、高淳四个抽样区（县），对 18~69 周岁的各类人群进行了调查。根据 75 分达标的衡量标准，南京公众对人文社会科学基本知识的了解程度达标比例为 45.3%，对人文社会科学及其社会效应的态度和认识达标比例为 38.8%，观念、习惯和行为中表现出来的人文社会科学素养水平达到标准的比例为 33.4%，而综合这三个维度得到的南京公众总体人文社会科学素养水平达到 12.5%。其中，南京市男性公众的人文社会科学素养水平远高于女性公众；城区公众的人文社会科学素养达标率为 14.3%，而乡镇公众的人文社会科学达标率仅为 5.3%，差距较大；年龄为 36~45 岁的公众在人文社会科学素养的各个分指标中均处于最低水平，而 46~69 岁公众的达标率比较高；不同职业中，人文社会科学素养水平最高的是具有领导职务的公务员，较低的是私营企业主、个体工商业主、农民、进城务工人员、失业人员和下岗人员；公众的受教育程度越高，其人文社会科学素养水平也越高；高收入阶层公众的人文社会科学素养相对较高。

2008 年，天津市对公众的人文社会科学素养进行了调查，在 12 个区（县）共发放了 2 040 份问卷。调查发现，天津市公众人文社会科学素养的总体达标率为 9.9%，公众人文社会科学素养尚需提高。调查还显示，男性公众的达标率为 10.5%，略高于女性公众（9.2%）；年龄上，天津市 20~29 岁公众达标率最高，为 13.5%，而 40~49 岁公众达标率最低，仅为 7.6%，青年人对人文社会科学知识的学习和掌握程度比中老年人高；公众的达标率随着文化程度的降低而降低，反映出高等教育对于提高公众人文社会科学素养水平具有极大的促进作用。

2008 年，贵州在 16~64 周岁的公众中开展了"全省首次公众人文社科素养及需求调研"，该调查采用发放问卷、召开座谈会和入户访谈相结合的方式，在 9 个市（州、地）发放问卷 4 600 份，回收有效问卷 4 473 份。调查发现，城市公众的人文素养水平较高，为 74.00%，而农村公众为 61.45%；城市公众的社会科学素养水平也较高，为 75.70%，农村公众为 55.36%。此外，公众的文化程度越高，人文社会科学素养水平也越高；不同职业群体中，人文社会科学素养水平最高的是公务员，最低的是农民。从全省的总体情况来看，公众普遍认识到人文社科素养与经济社会发展有重要的相关性，但就具体的作用却知之甚少。公众普遍具有提高自身人文社会科学素养水平的期望，但缺乏积极提高的自觉行动。88.40% 的公众认为非常有必要或有必要"开展人文社会科学知识的普及工作"，但在座谈和访谈中发现绝大多数人不会去图书馆、展览馆、博物馆、阅览室等场所学习了解人文社会科学知识。

2009 年，江苏省哲学社会科学界联合会和国家统计局江苏调查总队首次联合在全省开展了公众人文社会科学素养及需求调查。调查结果显示，江苏省公众具备人文社会科学素养的比例为 11.85%，其中公众人文社会科学基本知识达标率为 57.20%，人文社会科学态度达标率为 42.50%，人文社会科学行为观念达标率为 29.10%，对占卜预测或算命的认知达标率为 59.95%。

2010 年江苏无锡市开展了全市范围内首次公众人文社会科学素养及需求状况的调查，对无锡市区（不包括江阴市和宜兴市）16~69 周岁的公民进行了调查。该调查在政府机关、企业、事业单位、商场、中学、大学和城镇居民居住区等地集中发放了 500 份问卷，实际回收有效问卷 427 份，将个别空白和实际填写数据不足 50% 的问卷作废处理，问卷有效回收为 85.40%。调查发现，无锡市公众具备人文社会科学素养的比例为 16.86%。从人文社会科学素养所包括的知识、态度、行为和对占卜预测或算命的认知四方面进行测评，其中公众人文社会科学基本知识达标率为 49.65%，人文社会科学态度达标率为 70.73%人，人文社会科学行为观念达标率为 77.99%，对占卜预测或算命的认知达标率为 45.20%。调查还显示，受教育程度、职业、收入水平在公众的知识素养、态度和行为观念方面均有显著性差异，但在占卜预测或算命的认知方面却没有差异。

2011年8月，江西省社会科学界联合会进行了首次"江西省公众人文社会科学素养及需求调查"，针对城乡居民的"人文兴趣与信息""人文社科态度""人文认识理解""社科普及需求"等内容进行了调查。调查发现，文学与历史最受广大公众青睐，逛书店是广大公众的主要人文行为，电视、网络、报纸是广大公众获取人文信息的三大渠道。而基础知识测试结果令人担忧，对江西名人的测试中能够完全正确的仅有8位受访者，占总体受访者的1.15%。对于电脑算命这一借助新科技的迷信活动，受访者中总体上能够有清醒的认识，42.70%的受访者认为"完全不相信"，49.00%的受访者认为"不太相信"。此外，人们非常认同人文素质的提升对社会道德体系建设具有重要意义，83.50%的受访者认为"社科人文"能够对道德起到积极作用。

2011年，上海市社会科学界联合会发布了"上海市民人文社会科学知识与素养调查"报告。调查中研究人员把总分折算成100分，发现其总体统计平均分仅有69.04分（按照上海建设国际化文化大都市的城市要求和研究人员设计问卷的预估总体统计平均分应该达75~80分），且有约四成市民处于平均水平之下。此外，城乡差别明显，女性群体平均得分总体低于男性群体，40岁以上群体低于年轻群体，月收入为1 000~3 000元的市民平均得分最低，月收入7 001~10 000元的市民人文素养平均得分最高。

2011年山东省又一次对公众的人文素养进行了调查，调查以山东省内完成9年义务制教育（年龄大于15周岁）的城镇居民和农村居民为对象，采用主观抽样和分层抽样相结合的方法确定济南、青岛、淄博、聊城、济宁为调研地点，并根据城镇化率来确定城乡样本的比例，最终获取有效样本2 792个，城市样本1 699个，农村样本1 093个。调查问卷含人文知识、人文思想、人文方法、人文精神及人文素质的养成这5个维度，采用"公众人文素养合格率"和"公众人文素养优秀率"两个指标综合反映山东省公众的人文社会科学素养状况。调查表明，山东省公众人文社会科学素养的合格率为75.9%，优秀率为1.8%；公众在人文精神、人文知识、人文思想和人文方法四个维度上的合格率和优秀率从高到低依次为93.0%和16.7%、64.1%和15.3%、50.8%和13.7%、41.4%和1.8%。

浙江省在2013年组织了第二次人文社会科学素养及需求调查，调查采用主观判断抽样的方法，抽取了33个县（市、区）、66个乡（镇、街道）、132个村（居、社区），并在其中选取6个县（市、区）、11个乡（镇、街道）、11个村（居、社区）召开座谈会。调查共完成1 990份问卷，其中有效问卷1 986份，问卷有效率约为99.8%。为方便进行地市间的比较，按照每个村（居、社区）15份问卷的配额，对超出配额的问卷按照随机抽取的原则进行剔除，以剩余1 980份问卷进行分析。调查结果显示，浙江公众的人文社会科学素养达标率为10.8%，比2003年有了较大提高，增幅为44.0%。其中，公众人文社会科学素养的城乡差距依然较大；年龄与公众的人文社会科学素养成反比关系；收入与人文社会科学素养的正相关关系明显；文化程度与人文社会科学素养成正比关系，且最为显著；职业方面，工农业普通从业者的人文社会科学素养处于较低水平。

2013 年 10~12 月，杭州市仿照 2003 年浙江省进行的公众人文社会科学素养调查问卷设计，开展了全市范围内的公众人文社会科学素养调查。该次调查覆盖杭州市 13 个区、县（市），以入户调查为主，共发放问卷 2 000 份，收回有效问卷 1 987 份，有效率约达 99.4%，同时辅以个案访谈和座谈会形式。调查研究从公众获取人文社会科学知识的渠道、公众对人文社会科学的认知和理解、人文社会科学对公众行为与态度的影响，以及公众对人文社会科学知识普及的需求等方面进行考察。调查发现，在人文社会科学知识的掌握情况方面，杭州市公众人文社会科学知识的掌握情况整体尚可，在"术语的了解"、"观点的掌握"和"常识的理解"三个维度上的答题正确率都在 50.0%以上，总体答题正确率为 69.5%。其中，随着文化水平的提高，公众人文社会科学知识掌握水平有明显的提升；主城区公众的答题正确率都高于县（市、区）公众，主城区公众（73.1%）人文社会科学知识掌握水平比县（市、区）公众（67.6%）高了 5.5 个百分点。调查中人文社会科学知识的综合运用通过对社会问题的评价和对假定事件的处理两个维度进行考察。在对社会问题的评价方面，杭州市公众的教育意识总体较为乐观；但在民主政治生活中的参与意识尚显不足；对按揭买房的消费观念不了解的比例大大减少；对纳税人自身义务有较为明确的认识；认为理想社会中最重要的价值是缩小贫富差距，最看重的道德是孝顺。对假定事件的处理方面，杭州市公众的社会分工和契约意识有所提高，但离现代意义上的契约社会和专业化社会还有相当距离；大部分公众在个人行为上并没有表现出对知识产权的尊重；公众对养老方式持越来越开放和包容的态度；有相当一部分公众的科学精神有待加强，少数公众缺乏基本科学精神；公众的维权意识有所提高，但只停留在认知层面，行为上的改善不明显。

安徽省在 2015 年开展了第二次公众社会科学素养调查。调查结果显示，全省公众社会科学素养指数为 5.8，比 2003 年提升了 0.8。从区域角度看，省会城市公众和地级市公众社会科学素养指数分别为 7.3 与 7.0，高于全省平均水平；县城、乡镇及以下公众社会科学素养指数分别为 4.2 与 4.1，低于全省平均水平。从职业角度看，干部、教师、学生社会科学素养指数都高于全省平均水平，而农民等群体的公众社会科学素养指数远低于全省平均水平。此外，县城及以下公众的社会科学素养水平相对较低。

从目前我国各省市所进行过的人文社会科学素养调查来看，多数调查参照公众科学素养的测量方法，采用随机抽样发放问卷调查的方式进行。不少地区的调查设计参照了浙江省 2003 年对公众人文社会科学素养调查的设计，从科学知识、科学方法、科学思想、科学精神等方面进行测量，计算人文社会科学素养的达标率、优秀率、答对率等指标，并进一步调查了公众获得人文社会科学知识的渠道、对人文社会科学的态度及需求、对科普工作的看法等方面的内容。但总体而言，我国的公众人文社会科学素养调查仍处于起步阶段，还没有制定出权威、统一的调查模式和评价体系。目前各地所进行的调查有的仅涉及人文素养或社会科学素养，有的两者均包含在内，调查对象不一致；此外，在问卷题目的设置、评价的指标体系等方面也存在差异，仅能从一个方面反映出当地公众的人文社会科学素养，无法将各地的结果放到一起进行横向比较。

第二章 江苏省公众人文社会科学素养调查设计与实施

第一节 问 卷 设 计

人文社会科学素养相关的研究起步较晚，而有关公众科学素养的问题很早就引起了学者的关注。国内所开展的人文社会科学素养的调查多参照科学素养调查的模式。

"科学素养"作为一个词语出现在日常和学术交流中，是20世纪50年代后期的事，该概念被提出后经历了正名阶段、认真解释阶段、进一步解释阶段。在科学素养概念的形成和发展中，两种不同的定义方式相辅相成。其中，Pella和同事认为，一个具有科学素养的人应了解以下这些方面的内容：①科学和社会的相互关系；②知道科学家工作的伦理原则；③科学的本质；④科学和技术之间的差异；⑤基本的科学概念；⑥科学和人类的关系[1]。后来Showalter进一步深化了Pella等的工作。他总结20世纪50年代末至70年代初有关科学素养的文献后，提出科学素养具有七个方面的含义：①具有科学素养的人明白科学知识的本质；②有科学素养的人在和环境交流时，能准确运用合适的科学概念、原理、定律和理论；③有科学素养的人采用科学的方法来解决问题，做出决策，增进其对世界的了解；④有科学素养的人和世界打交道的方式和科学原则是一致的；⑤有科学素养的人明白并接受科学、技术和社会之间的相关性；⑥有科学素养的人对世界有更丰富、生动和正面的看法；⑦有科学素养的人具有许多和科学技术密切相关的实用技能[2]。在1983年美国艺术和科学学院院刊所发表的

---

[1] Pella M O, O'Heam G T, Gale C W. Referents to scientific literacy[J]. Journal of Research in Science Teaching, 2010, 4（3）: 199-208.

[2] Showalter V M. What is united science education? [R]Part 5. Program Objectives and Scientific Literacy, 1974. 转引自 Laugksch R C. Scientific literacy: a conceptual overview[J]. Science Education, 2000, 84（1）: 71-94.

一期科学素养相关的研究专刊中，许多作者就科学素养问题及美国面临的挑战发表了意见。其中，Miller 在他的论文中提出了对科学素养的多维度定义，同时也提出了一套实际可操作的测量方法，并提供了基于这一框架的美国成人科学素养状况的数据①，Miller 的研究对科学素养的概念和经验测量影响深远。

关于科学素养的界定，Miller 认为，科学素养是公众所应具备的最基本的对现代科学事业的理解能力，它包括以下三方面的内容：一是理解科学概念和观点的能力，这是把握科学的基础；二是理解科学研究的一般过程和方法的能力；三是理解科学技术、科学效力的能力。Miller 所界定的科学素养的三个维度，各有独特而明确的内容，包容性强，逐渐为世人所公认。自 1979 年开始，基于 Miller 模型的科学素养调查在美国一直延续下来，并为欧美及亚洲许多国家所借鉴。可以说，Miller 模型已成为科学素养研究中该定义实际上的"工业标准"。20 世纪 90 年代以来国外又有学者提出了"KAP"模式，将科学素养分为知识（knowledge）、态度（attitude）和实践（practice）三个层面，分别测量公众对科学技术基本知识和基本概念的了解，对科学技术知识和社会效应的态度，以及如何以科学的方式从事生活实践。

人文社会科学素养作为广义科学素养的重要组成部分，其研究模式在许多地方参照了公众科学素养的模式。黄华新、陈文勇提出，作为"PUS"模式衍生和拓展的"KAP"模式更能反映公众的人文社会科学素养状况。目前国内河北、浙江、安徽、江苏等省在人文社会科学素养的调查中均借鉴了公众科学素养的"KAP"模式。

本次调查中的问卷设计同样参照"KAP"模式，问卷内容共分为五个维度：公众对人文社会科学知识的了解程度、公众对人文社会科学及社会效应的态度、公众对人文社会科学的运用能力、公众获取人文社会科学信息的方式、公众对社科普及的需求，其中前三个维度分别对应"KAP"模式中的知识、态度和实践三个层面。

第二节　总体调查思路与抽样方案

一、总体调查思路

因本次调查是 2009 年调查项目的延续和追踪，为保持连续性及结果的可比

---

① Miller J D. Scientific literacy: a conceptual and empirical review[J]. Daedalus, 1983, 112（2）: 29-48.

性，本次调查基本沿用了 2009 年的调查方法与指数计算方法，问卷框架及主体问题也基本保持不变，以便进行纵向分析与比较。由于与 7 年前相比整个江苏省的经济和社会状况发生了很多改变，因此对收入层次划分以及个别涉及政治或人文知识的题型进行了相应的修改。

调查以入户调查形式为主，为了保证问卷质量，全部问卷均在访员的口述提问和监督下完成。重点采用定量研究的方法，数据采用 SPSS 22.0 和 Excel 统计软件进行分析。

二、抽样设计原则及方法

本次调查抽样遵循科学、效率、便利的原则，首先，采用科学概率抽样方法，以便控制抽样误差和置信概率；其次，注意抽样效率，即在既定样本量下，使目标估计量的抽样误差尽可能小；最后，在考虑科学、效率的前提下，要考虑各地实际情况和抽样方案的可操作性。因此，本次调查采用三阶段、PPS 抽样方法选取调查样本。

根据各市所在的地理位置分层：

第一层，苏南地区的县（市），包括南京市、无锡市、苏州市、常州市、镇江市。

第二层，苏中地区的县（市），包括南通市、扬州市、泰州市。

第三层，苏北地区的县（市），包括徐州市、淮安市、盐城市、连云港市、宿迁市。

三个阶段为：

第一阶段，以设区市市区、县（市）为一级（初级）抽样单位。

第二阶段，以社区、村委会为二级抽样单位。

第三阶段，以家庭为单位，在每户中确定一人为第三级（最终）抽样单位。

三、抽样程序

此次调研计划总样本容量为 2 000 人，其中居民 1 800 人，大学生群体 100 人，农民工群体 100 人。

（一）城乡居民抽样程序

1. 社区/村委会抽取

本次调查首先确定每个社区抽取 20 户，然后计算得出需要抽取 90 个社区。

在江苏省统计局网站发布的 2014 年江苏省 13 地市的总户数、市区城镇户数和市区乡村户数的统计数据的基础上，按照各地市总户数占全部设区市户数的比例，确定各市所要抽取的社区样本总量。之后采用随机抽样的方法，确定各市中所要抽取的县（乡、镇）。

根据每市城镇户数和乡村户数的占比，确定城镇和乡村的居（村）委会样本总量，最后得出所要抽取的城镇社区数为 38，乡村村委会数为 52。进一步得到城镇和乡村的抽取户数，即城镇 760 户，乡村 1 040 户，共计 1 800 户。

2. 家庭户抽取

采用等距抽样方法抽取。查出所抽中社区（村委会）总户数为 H，以该总户数除以所需样本家庭户数 20，得到抽样间隔 $B=H/20$（B 取整数）。从 1 至 B 中随机抽取一个整数 R，则该社区按顺序排列第 R 户即为抽到的第一户，以 R 为基础再找到第（$R+B$）户、（$R+2B$）户，以此类推，直到找到所需的 20 户样本。

3. 被调查者选取

在抽中的调查户中，用随机方法选择一名年龄为 15~69 周岁的家庭成员作为被访者。如果家庭成员中有两个或以上成员符合被访要求，遵循"生日最近法"原则来确定，即出生日期最接近被访日期的成员作为被访者（以出生年、月、日中的"日"为衡量标准）。

（二）大学生、农民工抽样程序

1. 大学生抽样

在南京各个大学中选取户籍为江苏的同学接受调查，抽取调查对象时考虑到其户籍所在地、院系、性别、年级的配比情况。

2. 农民工抽样

选择劳务市场、服务型企业、生产型企业等农民工分布场所进行抽样，抽取调查对象时需考虑样本分布均匀情况。

四、抽样结果

依据上述抽样方法，最终抽取了下列 38 个城镇社区和 52 个乡村村委会，如表 2-1 所示。

表 2-1　所抽取的社区和村委会

县（市、区）	乡（镇、街道）	村（居、社区）	县（市、区）	乡（镇、街道）	村（居、社区）
南京市	建邺区	南苑街道	兴达社区居委会	如东县	河口镇	关口村委会
	浦口区	珍珠泉管委会	珍珠泉社区	启东市	南阳镇	元庆村委会
	秦淮区	洪武路街道	马府街社区	如皋市	吴窑镇	何柳村委会
	秦淮区	洪武路街道	火瓦巷社区	南通市 海门市	悦来镇	福山村村委会
	秦淮区	月牙湖街道	卫桥南航社区	海门市	悦来镇	习正村村委会
	江宁区	东山街道	高桥社区	海门市	海门工业园区管理委员会	瑞南村村委会
	六合区	龙袍街道	平原社区村委会	通州区	川姜镇	姜川村委会
	江宁区	禄口街道	陈巷村委会	通州区	兴仁镇	葛长路村委会
无锡市	宜兴市	万石镇	南漕社区	洪泽区	三河镇	涧前村委会
	江阴市	江阴高新技术产业开发区	金山社区	淮安区	南闸镇	新河头居委会
	滨湖区	硕放街道	硕放工业园区社区	淮安市 淮安区	季桥镇	孔周村委会
	滨湖区	江溪街道	新丰苑第二社区	金湖县	吕良镇	泰山社区
	锡山区	安镇街道	胶山村委会	盱眙县	马坝镇	旧街村委会
	江阴市	华士镇	曙新村村委会	淮阴区	凌桥乡	李庵村委会
徐州市	鼓楼区	环城街道	华康社区	姑苏区	留园街道	来运社区
	云龙区	彭城街道	新生社区	工业园区	东沙湖社工委	景城社区
	泉山区	湖滨街道	刘场社区	姑苏区	—	湖东凤凰城社区
	睢宁县	邱胡街道	邱胡社区	苏州市 工业园区	娄葑街道	东港家乐社区
	沛县	安国镇	程圩子村委会	昆山市	高新区	东兴社区
	睢宁县	邱集镇	王楼村委会	吴江区	同里镇	文安村委会
	丰县	师寨镇	魏堂村委会	常熟市	支塘镇	支东村委会
	新沂市	马陵山镇	湖东村委会	常熟市	支塘镇	丰联村委会
	新沂市	棋盘镇	城岗村委会	邗江区	文汇街道	花园社区
	新沂市	新安街道	王陈村委会	广陵区	—	沙北社区
常州市	武进区	湖塘镇	采菱社区	扬州市 高邮市	汤庄镇	潘季村委会
	钟楼区	荷花池街道	西新桥一村社区	宝应县	曹甸镇	金吾村委会
	新北区	罗溪镇	高巷村村委会	邗江区	杨寿镇	东兴村委会
	武进区	雪堰镇	城东村村委会	宝应县	柳堡镇	寿林村委会
	溧阳市	溧城镇	杨庄村村委会	亭湖区	先锋街道	莲花路社区
南通市	海安县	墩头镇	吉庆社区	射阳县	临海农场	镇北居委会
	如皋市	东陈镇	南凌居委会	盐城市 盐都区	大冈镇	野陆村委会
	通州区	南通高新技术产业开发区	金桥社区	滨海县	八滩镇	幸福村委会

续表

县（市、区）	乡（镇、街道）		村（居、社区）	县（市、区）	乡（镇、街道）		村（居、社区）
盐城市	大丰区	三龙镇	持久村委会	泰州市	兴化市	茅山镇	茅山东村委会
	滨海县	八巨镇	华新村委会		泰兴市	滨江镇	永新村委会
	滨海县	五汛镇	汇川村委会		靖江市	东兴镇	成德村委会
	滨海县	通榆镇	三埝村委会	镇江市	润州区	蒋乔街道	凤凰家园社区
	射阳县	四明镇	新南村委会		丹阳市	曲阿街道	前进社区
	盐都区	楼王镇	庆丰村委会		句容市	赤山湖管委会	芦亭社区
宿迁市	泗阳县	众兴镇	西湖居委会		丹徒区	高桥镇	京江村委会
	宿城区	蔡集镇	张油坊村委会	连云港市	海州区	南城街道办事处	宁海社区
	泗阳县	庄圩乡	红旗村委会		海州区	新浦街道	陇东社区
	沭阳县	西圩乡	汉沟村委会		灌南县	百禄镇	杨桥村委会
	泗洪县	曹庙乡	尤岗村委会		赣榆区	班庄镇	横山官庄村委会
泰州市	靖江市	西来镇	泥桥居委会		灌南县	张店镇	龙兴村委会
	海陵区	苏陈镇	双案居委会				
	兴化市	安丰镇	盛宋村委会				

五、调查实施过程

本次调查集中在 2016 年 3~6 月实施，主要由南京大学研究生及高年级本科生构成的 40 余名调查员，深入实地开展了面对面的入户调查。调查得到了各级宣传部门、社科联和社区干部、村委会干部及广大公众的大力支持。课题组随后进行了问卷审核、录入、资料整理、数据处理与分析等工作。具体工作进程见表 2-2。

表 2-2　调查工作进程

时间	工作任务	备注
2016 年 3 月	讨论确定调查方案；抽取县市区、乡镇街道社区与村委会、家庭户	请各地协助提供相应人口、户籍统计数据及地区资料
2016 年 4 月初	访员招募与培训	在南京大学招募，以新闻传播学院研究生和高年级本科生为主，共招募访员 45 名
2016 年 4 月中旬~5 月	分赴各地开展入户调查	由访员在当地接洽人的协助下完成
2016 年 5 月	调查问卷录入与初步分析	课题组进行问卷录入分析
2016 年 6 月	撰写调查报告；报告修改与初步讨论	课题组根据调查数据分析进行报告撰写

第三节 样 本 说 明

2016 年的调查问卷在 2009 年调查内容的基础上，结合近年来新的研究和实践，采取了必要的延续和适当的调整。调查内容分为四个部分，即基本信息、行为与态度（主观部分）、认知与理解（客观部分）及对人文社会科学的需求状况。

本次调查共完成 2 000 份调查问卷，全部 2 000 个有效样本的基本情况见表 2-3。

表 2-3 样本情况统计

2009 年			2015 年		
地区					
苏南	690	34.50%	苏南	698	34.90%
苏中	496	24.80%	苏中	516	25.80%
苏北	814	40.70%	苏北	786	39.30%
性别					
男	1 255	62.75%	男	1 115	55.75%
女	745	37.25%	女	885	44.25%
常住地					
城镇	805	40.25%	城镇	768	38.40%
乡村	1 195	59.75%	乡村	1 232	61.60%
年龄					
15~18 岁	23	1.15%	15~18 岁	19	0.95%
19~25 岁	211	10.55%	19~25 岁	182	9.10%
26~35 岁	297	14.85%	26~35 岁	264	13.20%
36~45 岁	520	26.00%	36~45 岁	342	17.10%
46~55 岁	561	28.05%	46~55 岁	533	26.65%
56~69 岁	388	19.40%	56~69 岁	660	33.00%
受教育程度					
小学及以下	202	10.10%	小学及以下	391	19.55%
初中	747	37.35%	初中	761	38.05%

续表

2009 年			2015 年		
受教育程度					
高中或中专（技校）	648	32.40%	高中或中专（技校）	408	20.40%
大专	239	11.95%	大专	187	9.35%
大学本科及以上	164	8.20%	大学本科及以上	253	12.65%
现在的职业或身份					
领导干部和公务员（包括参照《公务员法》管理人员）	24	1.20%	领导干部和公务员（包括参照《公务员法》管理人员）	55	2.75%
事业管理人员	85	4.25%	事业管理人员	42	2.10%
企业管理人员	96	4.80%	企业管理人员	76	3.80%
专业技术人员	92	4.60%	专业技术人员	81	4.05%
工人、普通勤杂人员、售货员、服务人员	296	14.80%	工人、普通勤杂人员、售货员、服务人员	252	12.60%
自由职业者	49	2.45%	自由职业者	106	5.30%
个体户、小摊主	153	7.65%	个体户、小摊主	139	6.95%
农民	674	33.70%	农民	707	35.35%
进城务工人员	83	4.15%	进城务工人员	85	4.25%
在校大学生	115	5.75%	在校大学生	106	5.30%
中学生或待升学人员	18	0.90%	中学生或待升学人员	19	0.95%
失业人员	50	2.50%	失业人员	72	3.60%
离退休人员	190	9.50%	离退休人员	212	10.60%
其他	75	3.75%	其他	48	2.40%
每月收入情况（两边不一样）					
300 元以下	194	9.70%	1 630 元及以下	753	37.65%
301~600 元	243	12.15%	1 631~2 000 元	193	9.65%
601~1 000 元	454	22.70%	2 001~2 500 元	221	11.05%
1 001~1 500 元	456	22.80%	2 501~3 500 元	270	13.50%
1 501~2 000 元	265	13.25%	3 501~5 000 元	259	12.95%
2 001~3 000 元	163	8.15%	5 001~7 000 元	78	3.90%
3 001 元及以上	93	4.65%	7 001~10 000 元	57	2.85%
—	—	—	10 001 元及以上	38	1.90%

　　数据显示，样本的地域、城乡选择按照抽样比例分布，与江苏省人口分布结构基本一致；性别相比 2009 年而言更为均衡；年龄结构方面，与 2009 年基本保持一致，56~69 岁年龄段人口偏多，这与近几年乡村年轻人大量涌入城市打工导致乡村只剩年龄较大居民有关；受教育程度分布情况中，大学本科及以上群体比例有所提升；职业结构方面，与 2009 年基本保持一致；收入结构方面，由于几年内江苏省经济发生了巨大变化，因此在 2016 年的问卷中对收入层级划分进行了全面调整，从具体数值来看，收入在中下级别的公众占比居多。

第三章 江苏省公众人文社会科学素养总体达标情况

第一节 人文社会科学素养达标率计算方法及总体达标情况

本次调查沿用 2009 年的算法，在考察公众对人文社会科学知识了解程度的 20 题中，以每题 5 分计算，得分达到或超过 60 分则该部分达标；在考察公众对人文社会科学及社会效应态度的 10 道态度判断题中，以每题 10 分计算，得分达到或超过 80 分则该部分达标；在考察公众对人文社会科学的运用能力的 10 道态度判断题中，以每题 10 分计算，得分达到或超过 90 分则该部分达标；另设一题考察公众对占卜预测或算命的认知，公众选择"不相信"或"很不相信"占卜预测或算命为达标。若公众在以上四部分均达标，则认为其人文社会科学素养总体达标，总体达标的样本占总样本的百分比即为总体达标率。

本次调查显示，江苏省公众人文社会科学基本知识的达标率为 39.80%，人文社会科学态度的达标率为 34.00%，人文社会科学行为观念的达标率为 20.35%，对占卜预测或算命认知的达标率为 76.05%，人文社会科学素养总体达标率（同时满足以上四项标准）为 12.15%，详见图 3-1。

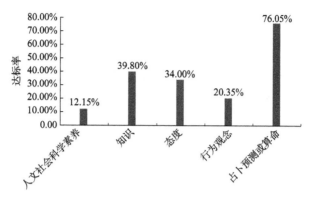

图 3-1　公众人文社会科学素养达标情况

第二节　地域差异与群体差异比较

一、地域差异

　　城乡公众在人文社会科学素养总体达标情况方面存在明显差异，城镇达标率为 21.74%，农村仅有 6.18%，相差 15.56 个百分点，城镇人文社会科学水平明显高于农村。

　　而不同地区公众的人文社会科学素养同样存在差异（图 3-2），苏南地区公众的人文社会科学素养水平最高，达到 15.04%，苏中和苏北地区公众的人文社会科学素养达标率比较接近，分别为 10.08% 和 10.94%，均低于全省达标率。

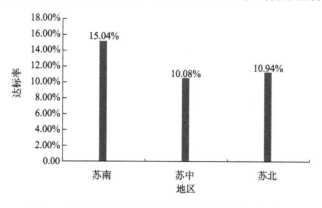

图 3-2　不同地区公众人文社会科学素养总体达标情况

二、群体差异

从性别来看，男性公众的人文社会科学素养总体达标率为 11.96%，女性公众的人文科学素养总体达标率为 12.43%，略高于男性，性别之间存在一定差距（图 3-3）。

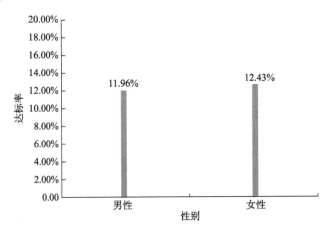

图 3-3　不同性别公众人文社会科学素养总体达标情况

不同年龄段公众的人文社会科学素养总体达标情况存在一定差距（图 3-4）。总体来看，高龄人群的人文社会科学素养的总体达标率普遍偏低，46~55 岁和 56~69 岁公众的人文社会科学素养总体达标率仅分别为 5.67%和 2.73%。而 19~25 岁公众的人文社会科学素养水平最高，达到 52.20%，高出排第二、第三位的 26~35 岁和 15~18 岁公众约 30 个百分点。

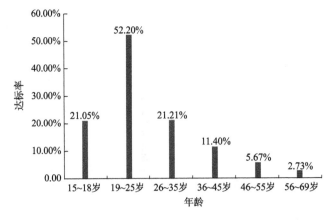

图 3-4　不同年龄公众人文社会科学素养总体达标情况

公众人文社会科学素养总体达标率与文化程度的关系见图 3-5。文化程度与公众人文社会科学素养总体达标率基本呈正相关关系，即学历越高的公众人文社会科学素养的总体达标率也就越高。研究生及以上学历的公众总体达标率高达 67.80%，大学本科学历的公众总体达标率也达到 40.72%，而小学及以下、初中学历的公众的总体达标率仅有 0.51%和 3.96%，可见受教育程度对人文社会科学素养的影响较大。

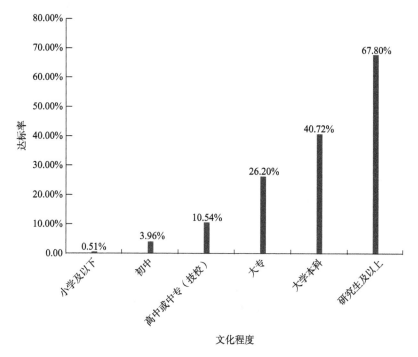

图 3-5 不同文化程度公众人文社会科学素养总体达标情况

总体上看，公众人文社会科学素养总体达标率与收入水平基本呈正相关关系，即收入偏高的群体具备素养的比例也相应偏高（图 3-6），但具体收入段公众的总体达标率略有浮动。月收入 1 630 元及以下、1 631~2 000 元、2 001~2 500元的低收入组达标率均低于 10%，其中月收入 1 631~2 000 元的公众总体达标率最低，仅为 3.63%；月收入 2 501~3 500 元、3 501~5 000 元的中等收入组达标率略高于 12.00%，分别为 12.59%和 12.36%；而月收入 5 001~7 000 元、7 001~10 000 元、10 001 元及以上的高收入组，达标率均超过了 18.00%，其中月收入 7 001~10 000 元的公众总体达标率最高，为 31.58%，而月收入在 10 001 元及以上的公众相比其他两个高收入组总体达标率略有下降，为 18.42%，但依然高于中低收入组的公众。

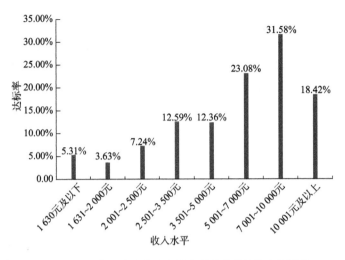

图 3-6　不同收入公众的人文社会科学素养总体达标情况

公众人文社会科学素养总体达标情况的职业差异见图 3-7。其中，在校大学生和进城务工人员的达标率明显高于其他群体。专业技术人员、领导干部和公务员〔包括参照《中华人民共和国公务员法》（简称《公务员法》）管理人员〕、事业管理人员三个职业群体公众的达标率较为接近，均在 20.00%上下徘徊。工人、普通勤杂人员、售货员、服务人员达标情况处于中间水平，为13.89%。其他群体的达标率均不到一成。农民、离退休人员的达标情况堪忧，特别是农民群体达标率最低，仅为 2.14%。由此可见，职业群体间人文社会科学素养水平差异极大，达标情况最好的在校大学生的达标率比达标情况最差的农民的达标率高出 63.9 个百分点。

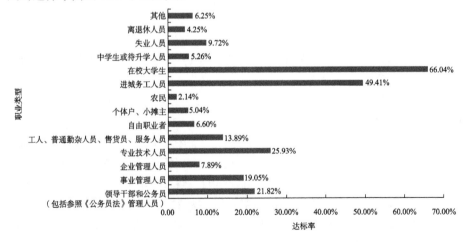

图 3-7　不同职业公众的人文社会科学素养总体达标情况

第三节　2009 年与 2016 年两次调查总体达标情况对比分析

2016 年江苏省公众人文社会科学素养总体达标率为 12.15%，相比于 2009 年的 11.85%略有上升（两次调查对比详细数据见表 3-1），可见近几年江苏省的各项社科普及建设措施成效初显，公众的人文社会科学素养水平在稳步上升。

表 3-1　两次调查人文社会科学素养总体达标情况对比

年份	2009	2016
总体达标率	11.85%	12.15%
性别差异		
男性	11.95%	11.96%
女性	11.68%	12.43%
城乡差异		
城镇	13.17%	21.74%
乡村	10.96%	6.18%
地区差异		
苏南	12.03%	15.04%
苏中	15.12%	10.08%
苏北	9.71%	10.94%
年龄差异		
15~18 岁	26.09%	21.05%
19~25 岁	16.59%	52.20%
26~35 岁	16.84%	21.21%
36~45 岁	11.92%	11.40%
46~55 岁	8.91%	5.67%
56~69 岁	8.76%	2.73%
文化程度差异		
小学及以下	0.99%	0.51%
初中	6.82%	3.96%
高中或者中专	13.12%	10.54%
大专	22.18%	26.20%
大学本科及以上	28.05%	47.04%

从不同人口特征来看，男性公众的达标率没有显著变化，而女性公众的达标率明显有所上升，从 2009 年的 11.68%上升至 2016 年的 12.43%，反超男性。这在一定程度上反映出近几年女性的受教育机会逐步得到保障和重视，社会地位有所提高，开始注重自身素养的提升。

城乡公众的总体达标情况与 2009 年相比变化较大。城镇公众的总体达标率从 2009 年的 13.17%上升至 2016 年的 21.74%，上升幅度超 8 个百分点，可见在城市化的迅速发展过程中，文化教育等领域也有了很大的发展。相比于城镇公众的大幅上升，乡村公众的总体达标率却有所下降，从 2009 年的 10.96%下降到2016 年的 6.18%，远低于平均水平。乡村公众达标率的下降可能与近年来城镇化进程中的人口流动加快有关，乡村中越来越多的有文化、有能力的劳动力流动到城市，留守在乡村的多为年老、文化程度低的公众，导致留在乡村中被调查到的村民人文社会科学素养水平较低，不如 2009 年。

苏南、苏中、苏北地区呈现出的公众达标率的变化情况与城乡差异相类似。苏南地区公众的达标率有所上升，从 2009 年的 12.03%上升至 2016 年的15.04%，公众的人文社会科学素养情况较为乐观。2016 年苏北地区公众的达标率相比 2009 年略有上升，从 9.71%提高到 10.94%。但苏中地区的达标率却出现了明显下降，2009 年苏中地区公众的达标率在三地中最高，达到 15.12%，而到了 2016 年下降至 10.08%，在三地中最低。原因可能是在近几年的发展过程中，苏中地区的人口结构变动较大，高素质人才有所流失。

在年龄差异上，15~18 岁、46~55 岁、56~69 岁公众的总体达标率略有下降，且 15~18 岁和 56~69 岁公众达标率下降较多，分别在 5 个百分点和 6 个百分点左右。19~25 岁及 26~35 岁公众的达标率上升显著，上升幅度在 36 个百分点和5 个百分点左右。15~18 岁公众达标率的下降可能是由于近几年升学竞争的日益激烈，父母和学校的教育方式以应试教育为主，忽视了对孩子在人文社会科学方面的教育。因此学校的教育方式和教育理念还有待改进，需要从应试教育转向素质教育，重视学校在提升孩子人文社会科学素养方面发挥的作用。19~35 岁公众总体达标率的显著上升可能与近几年迅速发展的媒介相关。随着互联网的发展，信息及各类媒介渠道越来越多，而年轻人又有很强的学习能力和好奇心，能够很快接受新技术并利用这些技术扩展视野，了解新知识，不断提升自己的素养，这一点在处于学习、求知巅峰期的 19~25 岁群体中表现得尤为明显。老年群体总体达标率的下降可能与这一群体获取信息的渠道相对闭塞、形式较为单一相关。老年群体主要通过电视、报纸及与人交谈等渠道获知各类信息，但在互联网时代，各类信息快速地被生产、传播、抛弃，老年群体过去所依赖的媒介渠道所传达的信息有限、速度滞后，导致老人难以跟上高速旋转的世界。此外，随着家庭结构的变动，老人与子女之间的亲子关系有所疏离，家庭内部文化反哺的作用有所削弱，也是限制老年人人文社会科学素养提升的一个可能原因。

　　不同文化程度公众的人文社会科学素养达标率方面，相比于 2009 年的调查结果，中低学历公众的达标率有所下降，而高学历公众上升幅度明显。尤其是大学本科及以上学历的公众，达标率从 2009 年的 28.05%上升至 2016 年的47.04%。高学历公众达标率的大幅上升可能是由于教学改革的不断深入，高等教育机构的教学内容日益丰富，注重人文社会科学知识的传播及观念和运用能力的培养。在这样的教育环境下，具有高学历的公众善于利用各种技术获取所需知识，同时在生活中反复实践以强化认知。而中低学历公众达标率的下降可能与其所受的社会压力有关，近几年经济增长有所放缓，加之就业市场的竞争日益激烈，很多中低学历公众的生活压力越来越大，迫于生计多数时间忙于工作，而没有太多空闲和精力阅读经典、参与各种文化活动，长此以往人文社会科学素养出现下降趋势。

第四章　江苏省公众对人文社会科学知识的了解程度

第一节　总体情况分析

为掌握公众对人文社会科学基本知识的了解程度，本次调查给出了 5 个判断题和 15 个选择题，每题 5 分，满分为 100 分。202 题主要利用部分常见名词、术语及新闻事件，测试被访者对人文社会科学相关知识的认知情况。203~217 题主要调查被访者对人文社会科学基本常识的认知，以综合评估公众对人文社会科学知识的总体了解与理解程度。根据测评标准，公众只有达到 60 分才能算作了解人文社会科学基本知识。据此计算，江苏省公众达标比例为 39.80%。江苏省公众对人文社会科学基本知识的得分分布情况如表 4-1 所示。

表 4-1　公众人文社会科学基本知识得分分布情况

分数/分	频次	百分比	累计百分比
100	77	3.85%	3.85%
95	55	2.75%	6.60%
90	59	2.95%	9.55%
85	69	3.45%	13.00%
80	73	3.65%	16.65%
75	99	4.95%	21.60%
70	114	5.70%	27.30%
65	117	5.85%	33.15%
60	133	6.65%	39.80%
55	148	7.40%	47.20%
50	156	7.80%	55.00%
45	161	8.05%	63.05%
40	114	5.70%	68.75%
35	108	5.40%	74.15%

续表

分数/分	频次	百分比	累计百分比
30	92	4.60%	78.75%
25	96	4.80%	83.55%
20	109	5.45%	89.00%
15	96	4.80%	93.80%
10	50	2.50%	96.30%
5	43	2.15%	98.45%
0	31	1.55%	100.00%

一、公众对常识性概念、术语或新闻事件的认知程度

公众对常识性概念、术语或新闻事件的认知，在一定程度上反映了公众对人文社会科学知识了解的整体水平。本次调查中，我们选用了"四个全面"战略布局、"强富美高"新江苏、知识产权、GDP（gross domestic product，国内生产总值）、"己所不欲，勿施于人"五个概念或术语，分别考察公众对马克思主义理论常识、时政和与江苏有关社会发展理论常识、法律常识、经济学常识、中国传统文化价值观念这五个方面的认知情况（图4-1）。

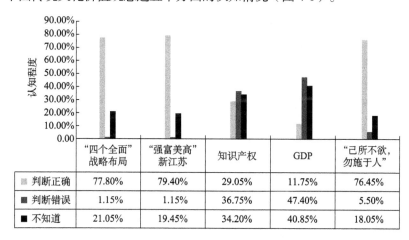

	"四个全面"战略布局	"强富美高"新江苏	知识产权	GDP	"己所不欲，勿施于人"
判断正确	77.80%	79.40%	29.05%	11.75%	76.45%
判断错误	1.15%	1.15%	36.75%	47.40%	5.50%
不知道	21.05%	19.45%	34.20%	40.85%	18.05%

图4-1　公众对常识性概念、术语或新闻事件的认知程度

根据图中数据所示，在五类常识性概念、术语或新闻事件中，排名较高的前三位依次是"强富美高"新江苏、"四个全面"战略布局、"己所不欲，勿施于人"三个术语，认知程度达到了70.00%以上，说明公众对马克思主义理论常识、时政和与江苏有关社会发展理论常识及中国传统文化价值观念三个方面掌握较好。但是，对知识产权和GDP的认知度明显偏低，二者均低于30.00%，

排名最低的是经济学常识考察的知识，仅有 11.75%的公众给出了正确答案。

由数据结果可以看出，公众对一些基础性的、人文社会科学领域的基本观点或常识掌握情况较好，但是，涉及像法律、经济这样相对专业领域的术语，公众的认知度则不尽如人意。超过 70.00%的公众将"知识产权"等同于"专利权"，而不能正确理解 GDP 含义的公众更是接近 90.00%。这在一定程度上反映了公众对人文社会科学的知识了解更偏向于实用化和简单化，对许多概念的理解依然停留在知晓的层面，对其内涵和实质并不了解。

二、公众对人文社会科学基本知识的认知程度

公众对人文社会科学基本知识的认知程度同样从整体上反映了公众对人文社会科学知识的了解水平，同时也是本次调查中非常重要的一部分内容。为了解公众对一些人文社会科学基本常识的了解程度，本次调查选取了哲学、文学、宗教、文化、历史、政治、经济、心理、环保、法律等几个方面的学科知识，共 15 个方面的问题，对公众人文社会科学基本知识的掌握程度进行了考察。

203~217 题的具体题项设置如下：

203 题："您知道下列哪部书主要记载我国古代伟大思想家、教育家孔子的言行？"调查被访者的古典哲学常识，正确答案是"《论语》"。

204 题："您知道下列哪部书是我国第一部纪传体通史？"调查被访者的历史常识，正确答案是"《史记》"。

205 题："您知道通常所说的中国古典文学四大名著是指哪四部书？"调查被访者的古典文学常识，正确答案是"《红楼梦》《三国演义》《水浒传》《西游记》"。

206 题："您知道通常所说的世界三大宗教是指下列哪三个宗教？"调查被访者的宗教常识，正确答案是"佛教、基督教、伊斯兰教"。

207 题："您知道被列为'人类口述和非物质遗产代表作'的昆曲发源于哪个地区？"调查被访者的传统戏曲常识，正确答案是"江苏苏州"。

208 题："您知道拉开中国改革开放序幕的中共十一届三中全会召开于什么时间？"调查被访者的历史常识，正确答案是"1978 年 12 月"。

209 题："您知道中国人民抗日战争胜利纪念日是哪一天？"调查被访者对重大新闻的了解程度，正确答案是"9 月 3 日"。

210 题："您知道我国人民行使国家权力的机关是什么？"调查被访者的政治学常识，正确答案是"全国人民代表大会及地方各级人民代表大会"。

211 题："您知道按照有关再生资源标准不可回收物应该是下列哪一项？"

调查被访者的环保常识，正确答案是"卫生纸"。

212 题："假若有一个旅行团计划到历史最久远的欧洲国家游览，那么您认为他们应该选择下列哪个国家？"调查被访者的外国历史常识，正确答案是"希腊"。

213 题："您认为对下列人物的身份描述完全正确的是哪一项？（A）贝多芬、（B）欧几里得、（C）但丁、（D）达·芬奇"调查被访者的西方文化常识，正确答案是"音乐家、数学家、诗人、画家"。

214 题："您知道'恩格尔系数'指的是什么吗？"调查被访者的经济学常识，正确答案是"食品支出总额占家庭或个人消费支出总额的百分比"。

215 题："生活中经常会遇到成功或失败，您认为下列说法正确的是哪一项？"调查被访者的哲学常识，正确答案是"无论成功与失败，都是内外因共同起作用的结果"。

216 题："您认为下列描述正确的是哪一项？"调查被访者的法律常识，正确答案是"审判的时候被告人不满十八周岁的案件，不公开审理"。

217 题："同样是到某地旅游观光，不同的人关注或注意到的事物往往是不一样的。您认为这反映了知觉的哪种特性？"调查被访者的心理学常识，正确答案是"选择性"。

203~217 题的回答情况详见表 4-2。

表 4-2 公众对人文社会科学基本知识的认知程度

	问题	正确回答率
公众对人文社会科学基本知识的认知程度	中国哲学、传统文化常识	43.60%
	中国古代历史常识	34.35%
	中国古典文学常识	80.75%
	宗教文化常识	42.75%
	中国传统戏曲、与江苏有关文化常识	42.75%
	中共党史、中国当代社会发展史常识	41.45%
	近代史常识、年度重大新闻	45.60%
	政治学常识	58.15%
	生态文明理念与环保常识	54.70%
	世界历史、文化常识	47.55%
	西方文化常识（数学、文学、音乐、绘画）	62.95%
	经济学常识	23.10%
	哲学常识	42.00%
	未成年人保护、法律常识	73.75%
	心理学常识	51.60%

正确回答率排序详见图 4-2。

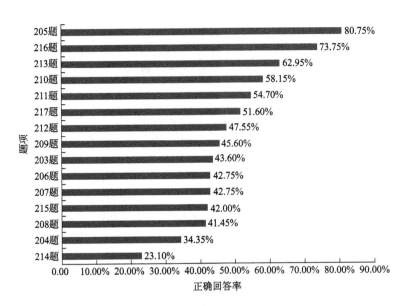

图 4-2 公众对人文社会科学基本知识的正确回答率

在对人文社会科学基本知识的考察中可以看出，公众对中国古典文学常识，未成年人保护、法律常识，西方文化常识几个方面认知度较高，正确回答率均超过了 60.00%；对政治学常识、生态文明理念与环保常识认知度尚可，正确回答率在 50.00% 以上；对哲学类问题的认知度则普遍偏低。由此我们可以总结出江苏省公众对人文社会科学基本知识的认知存在以下几个特征。

第一，公众对一些较为基础的文学、政治、法律、文化常识掌握情况较好。"中国古典文学四大名著"（80.75%）、判断法律事件正确性（73.75%）、西方名人身份（62.95%）三题，正确回答率均在 60.00% 以上。这些问题均是在学校中被普遍教学、生活中已经被普遍了解的经典且基本的常识性问题。

第二，公众对实用性较强的政治、环保、新闻、西方文化、心理类知识掌握程度良好。其中，"我国人民行使国家权力的机关"（58.15%）、"不可回收物"（54.70%）、"中国人民抗日战争胜利纪念日"（45.60%）、"历史久远的欧洲国家"（47.55%）、"知觉的特性"（51.60%）这五方面问题认知的正确回答率均在 50.00% 左右，较为理想。这些问题具有很强的实用性特征，像环保类有关不可回收物、知觉的特性及欧洲文化的问题，与公众日常生活息息相关；也有人民行使国家权力的机关、中国人民抗日战争胜利纪念日这种与公众的政治生活关系密切的问题，这些政治知识在新闻中被频繁提及，特别是 2015 年作为反法西斯战争胜利的 70 周年，我国也进行了声势浩大的阅兵仪式和相关宣传。由此可见，公民对这些常识的良好掌握也表明了相关宣传的良好效果和积极作用。

第三，公众对人文社会科学常识的认知存在不均衡的状况。数据显示，正确回答率的最高值和最低值相差很大，相差 57.65 个百分点。对"恩格尔系数"（23.10%）、"纪传体通史"（34.35%）的认知情况并不理想。不难发现，这两类问题均为相对专业一些的经济学和文学知识，需要听过教学和特别关注得以了解，回答正确者以学生居多，这也从侧面折射出当前江苏省公众还缺少获取专业人文社会科学知识的意识，一些脱离校园教学的群体并不会主动关注相关信息。

第二节　地域差异与群体差异比较

一、城乡差异

城乡公众对人文社会科学知识的了解存在非常显著的差异。城镇公众对人文社会科学知识的了解程度明显高于乡村公众，城镇公众人文社会科学知识达标率为 58.07%，高出乡村公众达标率（28.46%）近 30 个百分点（图 4-3）。

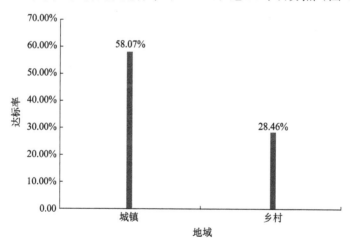

图 4-3　城乡公众对人文社会科学知识了解达标率

具体来看，对于绝大多数问题，城镇公众的正确率都高于乡村公众 10 个百分点以上。在对常识性概念、术语或新闻事件的认知方面，城乡公众对知识产权、GDP、"己所不欲，勿施于人"的认知度差异较大，城镇公众比乡村公众高 10 个百分点以上；而对"四个全面"战略布局、"强富美高"新江苏的认知度差异相对较小，在 10 个百分点以内。在人文社会科学基本知识的认知程度方面，城乡差异尤为突出。可以看到，对于绝大多数问题，城镇公众的了解度均高于 50.00%，而乡村公众则基本低于 50.00%。"世界历史、文化常识"方面的知识，城镇公众的了解度要高于乡村公众 30 个百分点以上，说明乡村公众对一些基本的西方文化和法律知识了解较为欠缺。"生态文明理念与环保常识"是乡村公众了解度唯一高于城镇公众的题项，说明乡村公众对生态环境的重视度高于城镇公众（表4-3）。

表 4-3 城乡公众对人文社会科学知识的了解程度差异

调查问卷问题		城镇	乡村
公众对常识性概念、术语或新闻事件的认知程度	"四个全面"战略布局	82.42%	74.96%
	"强富美高"新江苏	84.77%	76.02%
	知识产权	43.62%	20.00%
	GDP	19.40%	6.99%
	"己所不欲，勿施于人"	85.03%	71.14%
公众对人文社会科学基本知识的认知程度	中国哲学、传统文化常识	62.11%	32.11%
	中国古代历史常识	47.66%	26.10%
	中国古典文学常识	91.93%	73.82%
	宗教文化常识	57.42%	33.66%
	中国传统戏曲、与江苏有关文化常识	61.20%	31.30%
	中共党史、中国当代社会发展史常识	52.21%	34.80%
	近代史常识、年度重大新闻	55.34%	39.59%
	政治学常识	70.96%	50.24%
	生态文明理念与环保常识	52.47%	56.18%
	世界历史、文化常识	67.19%	35.37%
	西方文化常识（数学、文学、音乐、绘画）	79.69%	52.60%
	经济学常识	36.85%	14.55%
	哲学常识	57.94%	32.11%
	未成年人保护、法律常识	86.46%	65.93%
	心理学常识	66.67%	42.28%

二、地区差异

不同地区公众对人文社会科学知识的了解程度差异不大，达标率分别为苏南地区公众 45.56%、苏中地区公众 38.37%、苏北地区公众 35.62%。总体而言，公众对人文社会科学知识的认知度呈现苏南地区高于苏中地区高于苏北地区的差异（图4-4）。

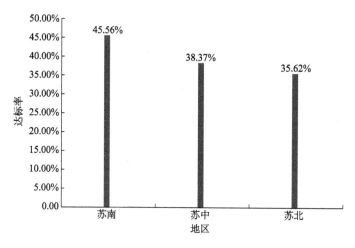

图 4-4　不同地区公众对人文社会科学知识了解达标率

　　具体来看，苏南地区公众对各项知识的认知情况均高于平均水平，而苏中和苏北地区公众认知情况较为接近。在对常识性概念、术语或新闻事件的认知程度方面，除对 GDP 的了解程度苏中地区公众高于苏南地区公众之外，其余几项均是苏南地区公众高于苏中和苏北地区公众。在对人文社会科学基本知识的认知程度方面，苏中、苏北地区公众对"中国传统戏曲、与江苏有关文化常识""西方文化常识（数学、文学、音乐、绘画）"等方面较苏南地区公众而言认知程度偏低，这可能与苏南地区教育资源和文化资源相对更丰富有关。苏中、苏北地区公众对"生态文明理念与环保常识"的了解程度好于苏南地区公众，说明苏中、苏北地区公众对生态保护更加关注（表4-4）。

表 4-4　不同地区公众对人文社会科学知识的了解程度差异

	调查问卷问题	苏南地区	苏中地区	苏北地区
公众对常识性概念、术语或新闻事件的认知程度	"四个全面"战略布局	78.65%	77.52%	77.23%
	"强富美高"新江苏	82.23%	76.74%	78.63%
	知识产权	33.95%	27.13%	25.95%
	GDP	12.75%	13.76%	9.54%
	"己所不欲，勿施于人"	80.09%	75.00%	74.17%
公众对人文社会科学基本知识的认知程度	中国哲学、传统文化常识	49.86%	44.77%	37.28%
	中国古代历史常识	35.10%	31.78%	35.37%
	中国古典文学常识	84.24%	77.52%	79.77%
	宗教文化常识	45.56%	41.67%	40.97%
	中国传统戏曲、与江苏有关文化常识	53.87%	40.31%	34.48%
	中共党史、中国当代社会发展史常识	42.26%	42.64%	39.95%

续表

调查问卷问题		苏南地区	苏中地区	苏北地区
公众对人文社会科学基本知识的认知程度	近代史常识、年度重大新闻	51.29%	49.03%	38.30%
	政治学常识	60.17%	60.27%	54.96%
	生态文明理念与环保常识	48.28%	51.94%	62.21%
	世界历史、文化常识	55.44%	42.64%	43.77%
	西方文化常识（数学、文学、音乐、绘画）	70.77%	59.30%	58.40%
	经济学常识	26.07%	26.74%	18.07%
	哲学常识	48.14%	41.09%	37.15%
	未成年人保护、法律常识	78.65%	72.67%	70.10%
	心理学常识	54.87%	49.61%	50.00%

三、性别差异

不同性别公众对人文社会科学知识的了解程度存在一定差异，总体上男性公众的了解程度为43.53%，要高于女性公众的了解程度（35.14%）（图4-5）。

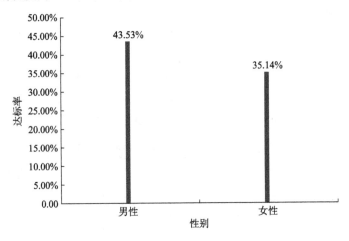

图4-5　不同性别公众对人文社会科学知识了解达标率

具体而言，在对常识性概念、术语或新闻事件的认知方面，男性公众对"四个全面"战略布局和"强富美高"新江苏术语的了解程度显著高于女性公众，女性公众对GDP的了解程度为13.22%，略高于男性公众（10.61%）。在对人文社会科学基本知识的认知方面，男女公众认知程度基本接近。男性在"中共党史、中国当代社会发展史常识""近代史常识、年度重大新闻""政治学常识"三个方面认知程度高于女性10个百分点以上。不难看出，男性公众对政治、新闻等方面知识的了解程度要明显高于女性公众,这可能与样本中男性公众多为外出打工者,对新闻和政治信息接触较多,而女性公众多留守在家,对这些信息接触略显匮乏有关(表4-5)。

表4-5　不同性别公众对人文社会科学知识的了解程度差异

	调查问卷问题	男性公众	女性公众
公众对常识性概念、术语或新闻事件的认知程度	"四个全面"战略布局	85.79%	67.68%
	"强富美高"新江苏	83.99%	73.67%
	知识产权	30.49%	27.34%
	GDP	10.61%	13.22%
	"己所不欲,勿施于人"	77.52%	75.14%
公众对人文社会科学基本知识的认知程度	中国哲学、传统文化常识	43.08%	44.29%
	中国古代历史常识	37.77%	29.94%
	中国古典文学常识	83.45%	77.51%
	宗教文化常识	44.69%	40.45%
	中国传统戏曲、与江苏有关文化常识	46.04%	38.76%
	中共党史、中国当代社会发展史常识	48.56%	32.54%
	近代史常识、年度重大新闻	50.54%	39.44%
	政治学常识	64.39%	50.40%
	生态文明理念与环保常识	55.94%	53.33%
	世界历史、文化常识	50.54%	43.84%
	西方文化常识(数学、文学、音乐、绘画)	63.58%	62.37%
	经济学常识	23.11%	23.05%
	哲学常识	41.82%	42.26%
	未成年人保护、法律常识	74.64%	72.77%
	心理学常识	52.70%	50.28%

四、年龄差异

总体来看,年龄为15~25岁的公众对人文社会科学知识的了解程度更高,25岁以上的公众呈现出年龄越大,人文社会科学知识达标率越低的趋势。其中19~25岁公众的人文社会科学知识达标率最高,为81.87%;56~69岁公众达标率最低,为22.27%(图4-6)。其原因可能在于,15~25岁公众以学生为主,正处于知识接受的阶段,而随着年龄的增长,日常实践中接触人文社会科学知识的机会往往有所下降。

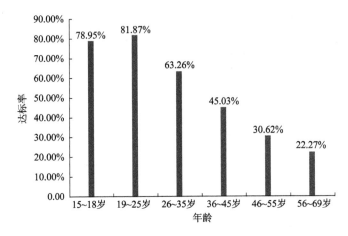

图 4-6 不同年龄段公众对人文社会科学知识了解达标率

从具体题项来看，公众对人文社会科学知识的认知呈现出年龄差异。在常识性概念、术语或新闻事件方面，35 岁以下的年轻群体掌握程度优于 36 岁以上群体。而在对人文社会科学基本知识的认知上，15~18 岁群体对"中国传统戏曲、与江苏有关文化常识""中共党史、中国当代社会发展史常识""生态文明理念与环保常识""经济学常识"方面知识存在明显的了解不足，在对中学生的教育中，需要在这些方面有所加强（表 4-6）。

表 4-6 不同年龄段公众对人文社会科学知识的了解程度差异

	调查问卷问题	15~18 岁	19~25 岁	26~35 岁	36~45 岁	46~55 岁	56~69 岁
公众对常识性概念、术语或新闻事件的认知程度	"四个全面"战略布局	84.21%	84.62%	80.30%	71.93%	75.80%	79.24%
	"强富美高"新江苏	73.68%	86.26%	81.44%	76.90%	77.69%	79.39%
	知识产权	36.84%	70.33%	49.24%	29.82%	23.25%	13.48%
	GDP	15.79%	44.51%	22.35%	10.82%	5.67%	3.64%
	"己所不欲，勿施于人"	100.00%	94.51%	89.77%	76.90%	71.08%	69.39%
公众对人文社会科学基本知识的认知程度	中国哲学、传统文化常识	100.00%	91.21%	76.89%	54.39%	29.30%	21.52%
	中国古代历史常识	63.16%	74.73%	96.21%	38.30%	24.95%	21.82%
	中国古典文学常识	100.00%	97.80%	49.24%	91.52%	77.69%	66.21%
	宗教文化常识	78.95%	84.62%	67.42%	47.37%	32.51%	26.06%
	中国传统戏曲、与江苏有关文化常识	36.84%	72.53%	61.36%	43.27%	36.48%	31.97%
	中共党史、中国当代社会发展史常识	47.37%	80.77%	41.29%	35.96%	37.62%	36.36%
	近代史常识、年度重大新闻	47.37%	71.98%	50.00%	47.66%	41.78%	38.48%
	政治学常识	89.47%	87.36%	69.70%	64.33%	48.96%	48.94%
	生态文明理念与环保常识	21.05%	54.40%	48.48%	60.82%	60.30%	50.61%

续表

调查问卷问题		15~18 岁	19~25 岁	26~35 岁	36~45 岁	46~55 岁	56~69 岁
公众对人文社会科学基本知识的认知程度	世界历史、文化常识	68.42%	88.46%	71.21%	59.65%	38.00%	27.58%
	西方文化常识（数学、文学、音乐、绘画）	94.74%	93.41%	85.98%	74.27%	58.60%	41.97%
	经济学常识	26.32%	73.08%	34.09%	21.93%	13.80%	12.88%
	哲学常识	63.16%	82.97%	64.02%	48.54%	31.00%	26.67%
	未成年人保护、法律常识	100.00%	95.60%	86.74%	82.46%	70.51%	60.00%
	心理学常识	68.42%	89.01%	65.91%	56.73%	45.75%	37.12%

　　另外，具体题项的作答正确率也可以在一定程度上折射出不同年龄段公众的教育经历差异。56~69 岁公众多数出生于 20 世纪四五十年代，当时教育资源还不丰富，这也在一定程度上造成了 56~69 岁公众对人文社会科学知识的了解有所欠缺。而与之相反的是 35 岁及以下年龄公众，这部分群体恰好赶上了 1999 年我国高校扩招政策，他们伴随着丰富的教育资源成长，因此对人文社会科学知识的了解程度较高。

五、文化程度差异

　　数据显示，总体上，文化程度与公众对人文社会科学知识的了解程度成正相关关系。研究生及以上学历公众达标率最高，接近 95.00%，紧随其后的是大学本科学历，为 90.72%。达标率最低的为小学及以下学历，只有 6.39%（图 4-7）。这说明教育在对公众人文社会科学知识的传播中起到了重要作用。

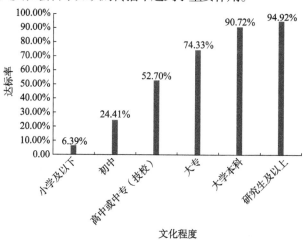

图 4-7　不同文化程度公众对人文社会科学知识了解达标率

具体来看，学历在大学本科和研究生及以上的公众各个题项的达标率基本都在 50.00%以上，而小学及以下文化程度公众绝大部分题项达标率均低于 50.00%。在对常识性概念、术语或新闻事件的认知方面，大专、大学本科、研究生及以上文化程度公众的了解程度较好，正确率明显高于小学及以下、初中和高中或中专（技校）文化程度公众；但是，各个群体对 GDP 概念的理解均不理想，对专业经济知识方面的教育有待加强。

在对人文社会科学基本知识的认知方面，总体上，呈现出学历越高，认知程度越高的态势，大学本科和研究生及以上群体了解程度最好。其中，涉及哲学、历史、经济学等相关专业的人文社会科学基本知识题项中，研究生及以上群体的了解程度明显高于其他群体（表 4-7）。由此可见，教育对于拓展人文社会科学知识普及的深度和专业度具有非常重要的意义。

表 4-7 不同文化程度公众对人文社会科学知识的了解程度差异

调查问卷问题		小学及以下	初中	高中或中专（技校）	大专	大学本科	研究生及以上
公众对常识性概念、术语或新闻事件的认知程度	"四个全面"战略布局	59.08%	77.97%	84.07%	86.10%	92.27%	84.75%
	"强富美高"新江苏	60.61%	81.00%	85.78%	87.17%	87.63%	88.14%
	知识产权	7.16%	20.18%	28.92%	50.27%	72.68%	79.66%
	GDP	3.32%	5.67%	9.80%	21.39%	37.63%	44.07%
	"己所不欲，勿施于人"	57.54%	75.20%	80.64%	90.91%	93.81%	88.14%
公众对人文社会科学基本知识的认知程度	中国哲学、传统文化常识	10.49%	31.13%	51.72%	78.61%	92.78%	96.61%
	中国古代历史常识	6.39%	26.52%	43.63%	50.27%	71.13%	86.44%
	中国古典文学常识	42.97%	82.98%	93.38%	98.93%	100.00%	98.31%
	宗教文化常识	15.60%	31.66%	51.72%	67.38%	84.54%	88.14%
	中国传统戏曲、与江苏有关文化常识	15.35%	32.98%	49.51%	67.91%	83.51%	91.53%
	中共党史、中国当代社会发展史常识	17.90%	32.72%	48.53%	59.89%	75.26%	93.22%

续表

调查问卷问题		小学及以下	初中	高中或中专（技校）	大专	大学本科	研究生及以上
公众对人文社会科学基本知识的认知程度	近代史常识、年度重大新闻	20.72%	40.90%	52.94%	60.96%	71.65%	88.14%
	政治学常识	24.30%	50.79%	70.59%	83.42%	93.30%	96.61%
	生态文明理念与环保常识	47.31%	57.52%	56.13%	49.20%	58.76%	64.41%
	世界历史、文化常识	12.02%	37.34%	61.27%	77.54%	87.63%	94.92%
	西方文化常识（数学、文学、音乐、绘画）	24.30%	57.39%	76.23%	92.51%	95.88%	98.31%
	经济学常识	6.14%	11.08%	23.28%	42.25%	65.98%	88.14%
	哲学常识	16.37%	29.02%	50.00%	65.24%	89.18%	96.61%
	未成年人保护、法律常识	49.62%	70.71%	80.88%	90.37%	96.39%	100.00%
	心理学常识	18.93%	45.65%	60.78%	73.80%	87.11%	94.92%

六、收入差异

公众对人文社会科学知识了解程度与收入水平基本成正相关关系，但是10 001 元及以上收入公众的达标率有所回落。收入为 7 001~10 000 元的公众达标率最高，为 70.18%；10 001 元及以上收入公众的达标率有所回落，为 60.53%。1 630 元及以下收入公众达标率最低，为 20.58%（图4-8）。

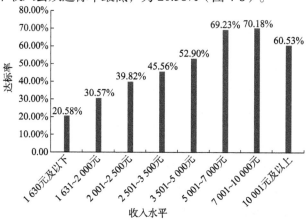

图 4-8　不同收入公众对人文社会科学知识了解达标率

从各个题项的具体数据来看，各个收入水平公众在"中国哲学、传统文化常识"和"经济学常识"方面的掌握情况均不理想。收入偏高的群体在"GDP""中国古典文学常识""政治学常识""经济学常识""哲学常识""心理学常识"等更为专业的人文社会科学知识方面具有更加明显的优势，而收入偏低的群体在这些方面的知识掌握情况则不理想（表 4-8）。其原因可能在于，收入水平与文化程度紧密相关。一方面，收入较高的公众通常有能力获取更为丰富的人文社会科学知识资源；另一方面，文化程度较高的公众往往收入水平也偏高。这种收入与文化程度的关联性也进一步反映在他们对人文社会科学知识的了解和把握上。

表 4-8　不同收入公众对人文社会科学知识的了解程度差异

	调查问卷问题	1 630 元及以下	1 631~2 000 元	2 001~2 500 元	2 501~3 500 元	3 501~5 000 元	5 001~7 000 元	7 001~10 000 元	10 001 元及以上
公众对常识性概念、术语或新闻事件的认知程度	"四个全面"战略布局	69.19%	79.27%	81.90%	86.30%	83.01%	84.62%	82.46%	68.42%
	"强富美高"新江苏	73.17%	81.35%	80.54%	85.56%	83.01%	87.18%	89.47%	68.42%
	知识产权	17.40%	21.24%	26.24%	28.15%	38.22%	44.87%	50.88%	50.00%
	GDP	6.24%	6.22%	9.95%	11.85%	10.81%	20.51%	28.07%	18.42%
	"己所不欲，勿施于人"	67.46%	73.58%	74.66%	82.22%	86.10%	87.18%	89.47%	76.32%
公众对人文社会科学基本知识的认知程度	中国哲学、传统文化常识	25.37%	29.53%	41.18%	54.07%	56.37%	65.38%	70.18%	65.79%
	中国古代历史常识	21.25%	31.09%	35.75%	33.33%	42.47%	48.72%	49.12%	34.21%
	中国古典文学常识	67.73%	76.17%	83.71%	88.89%	92.28%	96.15%	96.49%	97.37%
	宗教文化常识	27.62%	36.27%	39.82%	49.63%	49.81%	60.26%	64.91%	63.16%
	中国传统戏曲、与江苏有关文化常识	26.03%	32.64%	42.53%	51.85%	53.67%	71.79%	75.44%	63.16%
	中共党史、中国当代社会发展史常识	30.41%	33.68%	38.01%	44.81%	48.26%	62.82%	50.88%	42.11%
	近代史常识、年度重大新闻	31.61%	43.52%	51.58%	51.11%	54.44%	60.26%	59.65%	47.37%
	政治学常识	43.56%	49.74%	59.73%	64.07%	69.50%	75.64%	78.95%	71.05%
	生态文明理念与环保常识	53.65%	51.81%	62.90%	55.93%	52.51%	50.00%	54.39%	47.37%
	世界历史、文化常识	27.62%	40.93%	52.94%	58.15%	58.69%	71.79%	70.18%	65.79%
	西方文化常识（数学、文学、音乐、绘画）	45.42%	51.81%	68.33%	76.30%	74.52%	85.90%	80.70%	78.95%
	经济学常识	12.08%	16.58%	16.74%	23.70%	29.34%	41.03%	35.09%	21.05%
	哲学常识	25.90%	31.61%	35.29%	48.15%	56.76%	73.08%	63.16%	65.79%
	未成年人保护、法律常识	63.48%	64.25%	76.47%	82.59%	79.54%	88.46%	85.96%	81.58%
	心理学常识	37.98%	41.45%	52.04%	59.26%	57.92%	70.51%	73.68%	71.05%

七、职业差异

不同职业公众对人文社会科学知识的了解程度呈现出明显的差异性。从总体达标情况来看，在校大学生达标率最高，达到 97.17%，其次是进城务工人员、中学或待升学人员、专业技术人员、企业管理人员、领导干部和公务员（包括参照《公务员法》管理人员）；值得关注的是，进城务工人员的达标率仅次于在校大学生，为 75.29%。农民、失业人员、离退休人员达标率较低，其中农民和失业人员对人文社会科学知识了解程度的达标率还不到30%（图4-9）。

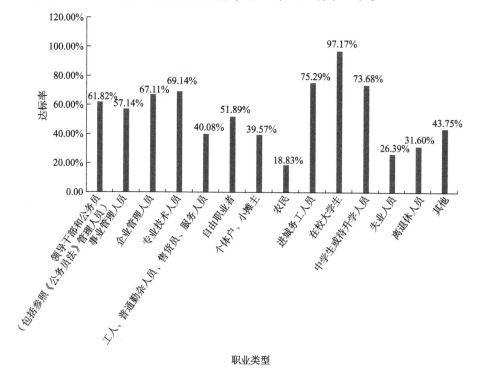

图4-9　不同职业公众对人文社会科学知识了解达标率

从具体的答题情况来看，在对常识性概念、术语或新闻事件的认知方面，各个职业对知识产权、GDP 的了解均不理想，这两项的正确率只有在校大学生和进城务工人员达到了 50.00%以上；在对人文社会科学基本知识的认知方面，各职业群体对中国古典文学、政治学、未成年人保护及法律常识掌握较好，但是对经济学、宗教文化常识的把握则不够理想，公众对一些相对专业或者与生活实践关联不够紧密的知识缺乏了解。领导干部和公务员（包括参照《公务员法》管理人员）、事业管理人员、企业管理人员、专业技术人员对各项问题的了解程度基本处于中等水平，进城务工人员和在校大学生的了解程度较好，农民、失业人员、离退休人员的回答正确率相对而言不太理想。

从数据中不难看出，不同职业公众对人文社会科学知识的了解具有选择性倾向。例如，领导干部和公务员（包括参照《公务员法》管理人员）、事业及企业管理人员等群体往往对与政策和政治相关的信息、重要新闻事件等具有更好的了解；而中学生或待升学人员，虽然对某些专业知识的掌握程度高于其他群体，但是面对宗教常识、生态环保方面的问题则反映出认知的缺失，说明在教育教学中有必要进一步强化对这些领域的知识普及（表 4-9 和表 4-10）。

表 4-9　不同职业公众对常识性概念、术语或新闻事件的认知程度差异

职业人群	"四个全面"战略布局	"强富美高"新江苏	知识产权	GDP	"己所不欲，勿施于人"
领导干部和公务员（包括参照《公务员法》管理人员）	94.55%	90.91%	34.55%	12.73%	81.82%
事业管理人员	76.19%	90.48%	47.62%	9.52%	88.10%
企业管理人员	80.26%	76.32%	42.11%	11.84%	78.95%
专业技术人员	85.19%	88.89%	53.09%	12.35%	91.36%
工人、普通勤杂人员、售货员、服务人员	82.94%	80.56%	32.14%	14.29%	74.21%
自由职业者	83.02%	88.68%	30.19%	8.49%	82.08%
个体户、小摊主	75.54%	82.01%	23.74%	8.63%	81.29%
农民	70.76%	72.33%	15.69%	4.28%	65.91%
进城务工人员	88.24%	88.24%	63.53%	60.00%	91.76%
在校大学生	90.57%	88.68%	83.02%	50.00%	95.28%
中学生或待升学人员	73.68%	68.42%	26.32%	10.53%	94.74%
失业人员	65.28%	76.39%	18.06%	4.17%	72.22%
离退休人员	83.49%	84.91%	16.98%	2.83%	82.55%
其他	64.58%	64.58%	31.25%	6.25%	79.17%

表 4-10 不同职业公众对人文社会科学基本知识的认知程度差异

职业人群	领导干部和公务员（包括参照《公务员法》管理人员）	事业管理人员	企业管理人员	专业技术人员	工人、普通勤杂人员、售货员、服务人员	自由职业者	个体户、小摊主
中国哲学、传统文化常识	43.64%	66.67%	65.79%	70.37%	50.79%	57.55%	47.48%
中国古代历史常识	54.55%	50.00%	38.16%	51.85%	34.52%	41.51%	28.78%
中国古典文学常识	85.45%	97.62%	94.74%	98.77%	86.11%	93.40%	92.09%
宗教文化常识	43.64%	57.14%	61.84%	62.96%	48.81%	50.00%	45.32%
中国传统戏曲、与江苏有关文化常识	54.55%	69.05%	63.16%	70.37%	48.41%	49.06%	41.01%
中共党史、中国当代社会发展史常识	67.27%	50.00%	57.89%	55.56%	40.08%	35.85%	26.62%
近代史常识、年度重大新闻	54.55%	61.90%	59.21%	51.85%	50.00%	49.06%	39.57%
政治学常识	83.64%	83.33%	77.63%	77.78%	57.54%	58.49%	57.55%
生态文明理念与环保常识	67.27%	57.14%	51.32%	60.49%	60.32%	50.94%	53.24%
世界历史、文化常识	56.36%	59.52%	67.11%	72.84%	54.37%	67.92%	53.24%
西方文化常识（数学、文学、音乐、绘画）	72.73%	83.33%	81.58%	86.42%	71.83%	76.40%	69.78%
经济学常识	41.82%	30.95%	23.68%	40.74%	25.40%	20.75%	15.11%
哲学常识	56.36%	59.52%	69.74%	69.14%	43.25%	36.79%	45.32%
未成年人保护、法律常识	85.45%	88.10%	89.47%	85.19%	78.57%	82.08%	79.86%
心理学常识	52.73%	57.14%	65.79%	80.25%	57.14%	58.49%	48.92%
职业人群	农民	进城务工人员	在校大学生	中学生或待升学人员	失业人员	离退休人员	其他
中国哲学、传统文化常识	19.97%	77.65%	100.00%	94.74%	43.06%	33.02%	54.17%

续表

职业人群	农民	进城务工人员	在校大学生	中学生或待升学人员	失业人员	离退休人员	其他
中国古代历史常识	18.69%	69.41%	92.45%	52.63%	27.78%	27.83%	33.33%
中国古典文学常识	64.76%	91.70%	100.00%	100.00%	79.10%	82.08%	85.42%
宗教文化常识	25.82%	71.76%	95.28%	84.21%	29.17%	30.19%	52.08%
中国传统戏曲、与江苏有关文化常识	23.25%	71.76%	89.62%	15.79%	29.17%	43.40%	47.92%
中共党史、中国当代社会发展史常识	31.10%	75.29%	96.23%	47.37%	22.22%	38.68%	31.25%
近代史常识、年度重大新闻	32.52%	77.65%	84.91%	42.11%	36.11%	48.11%	33.33%
政治学常识	43.08%	83.53%	99.06%	84.21%	43.06%	56.60%	54.17%
生态文明理念与环保常识	54.35%	47.06%	66.98%	15.70%	37.50%	53.77%	56.25%
世界历史、文化常识	23.54%	77.65%	97.17%	63.16%	43.06%	44.81%	58.33%
西方文化常识（数学、文学、音乐、绘画）	38.80%	90.59%	99.06%	94.74%	63.80%	62.26%	87.50%
经济学常识	8.42%	56.47%	92.45%	21.05%	12.50%	19.34%	18.75%
哲学常识	23.97%	70.59%	93.40%	63.16%	25.00%	38.21%	54.17%
未成年人保护、法律常识	59.49%	85.88%	100.00%	94.70%	65.28%	74.06%	79.17%
心理学常识	35.81%	78.82%	97.17%	63.16%	40.28%	48.11%	50.00%

第三节　2009 年与 2016 年两次调查结果对比分析

从 2009 年和 2016 年两次调查公众对人文社会科学知识的了解情况来看，2016 年在 90~100 分频次的得分较 2009 年有大幅提升，但与此同时，2016 年公众在 0~50 分的低分段人数也明显高于 2009 年，这在一定程度上说明 2016 年开始有越来越多的公众有较高的知识认知水平，但同时仍然存在较多的公众知识掌握处于较低水平。综合来看，虽然两年调查公众得分频次分布都呈现出"两极少中间多"的橄榄形结构，但是两年调查数据的对比总体上显示了"强者更强，弱者更弱"的极端化态势（表4-11）。

表4-11 2009年与2016年知识得分分布对比

分数/分	2016年		2009年	
	频次	百分比	频次	百分比
100	77	3.85%	1	0.05%
95	55	2.75%	16	0.80%
90	59	2.95%	46	2.30%
85	69	3.45%	97	4.85%
80	73	3.65%	142	7.10%
75	99	4.95%	189	9.45%
70	114	5.70%	231	11.55%
65	117	5.85%	223	11.15%
60	133	6.65%	199	9.95%
55	148	7.40%	188	9.40%
50	156	7.80%	121	6.05%
45	161	8.05%	116	5.80%
40	114	5.70%	93	4.65%
35	108	5.40%	77	3.85%
30	92	4.60%	66	3.30%
25	96	4.80%	43	2.15%
20	109	5.45%	44	2.20%
15	96	4.80%	37	1.85%
10	50	2.50%	32	1.60%
5	43	2.15%	22	1.10%
0	31	1.55%	17	0.85%

第四节 小结与讨论

一、江苏省公众对人文社会科学知识的了解程度概况

总体来看，江苏省公众对人文社会科学知识的了解程度不容乐观，虽然在对常识性概念、术语或新闻事件及基本知识的认知程度上整体表现尚可，但是从具体的调查结果来看，依然存在不尽如人意的状况。江苏省公众对人文社会

科学知识的掌握实用性特征明显，在对一些基础性知识、法律和政治常识、假定社会事件的处理方面把握较好，但是对一些常用的概念和术语有所混淆，对相对专业一些的知识掌握情况则不理想，对许多耳熟能详的名词理解存在偏差，依然停留在知其然而不知其所以然的浅层阶段；教育和宣传力度的影响显著，对一些新近的事件了解程度更好，而对一些相对久远的事件则存在着淡忘的迹象；对不同群体和不同类型知识的掌握存在不均衡的状况。

具体来看，江苏省公众对人文社会科学知识的了解主要具有以下特点：

第一，公众对人文社会科学专业知识术语的知晓程度较低，对政治舆论宣传及新近的省内和国家事件了解较多；对政治术语的了解好于对经济术语的了解。

第二，公众对知识性概念、术语或新闻事件的了解和对基本知识的掌握均存在着不均衡的状况。对一些基本的政治、经济、法律、环保知识掌握较好，但是对部分概念和知识掌握存在混淆的状况，对相对专业一些的知识掌握情况堪忧。

第三，从公众对人文社会科学知识的了解程度的群体差异来看，性别差异不明显，但是年龄和收入水平所反映的差异相对显著。需要注意的是，收入水平和文化程度与公众对人文社会科学知识的了解程度基本都成正相关关系，这从某个侧面反映出经济状况和教育资源对个体人文社会科学素养的重大影响，同时，也在一定程度上说明教育和文化资源接触对公众人文社会科学素养具有重要作用。

第四，高年龄群体人文社会科学知识认知情况堪忧。整体上，公众的人文社会科学知识了解程度与其年龄呈负相关关系。绝大多数老年人群体知识更新非常缓慢，知识体系基本停留在他们年轻的阶段，其对西方文化或者较为新颖的知识表现出十分茫然的状态，选择"不知道"的比例极高。相比较而言，年轻群体的知识结构就更为新鲜多元，这与年轻群体好奇心重、记忆力好等年龄特质有关，同时也因为这部分人群多数正处于受教育阶段，或者刚脱离校园不久，因此许多知识依然停留于脑海之中。

第五，公众人文社会科学知识的了解呈现出明显的地域不协调，乡村公众的达标率显著低于城镇公众，而从地区差异来看也呈现出由南到北达标率依次下降的趋势。其主要原因在于经济发展的不平衡也带动了教育资源分配的不平衡，长期以来"城市中心"的价值取向导致农村地区的义务教育发展落后于城市。而苏南、苏中、苏北三地的教育发展情况也呈现不同的特征：苏中地区教育发展均衡程度相对较高；苏南地区教育发展整体水平较高，但是不均衡程度最明显，并且有不断上升的趋势；苏北地区教育发展较弱，但是教育不均衡状况在下降。这种教育和经济发展程度的差异势必会反映在公众的人文社会科学知识水平中。

第六，受教育程度对公众人文社会科学知识了解程度影响巨大，公众对宣传力度较大的事件往往有更好的了解；对中国文化历史、专业经济学方面的教育有待加强。

二、对策及建议

第一，继续加大人文社会科学知识在政治舆论上的宣传力度，充分利用新媒体，采取多方位、形式多样化的宣传策略，提升知识性概念、术语及相关知识的渗透性，让人文社会科学知识真正为公众正确理解和接受。

第二，教育对于提升公众人文社会科学素养水平意义重大，必须加强对人文社会科学知识的相关教育传播工作。一方面，发挥学校的教育作用，增强对人文社会科学相关学科的重视程度，丰富哲学、历史、文学、社会等方面的教学内容；另一方面，对于无法在校接受教育的公众，传播者要积极利用多方宣传平台，开展各类宣传普及活动，保证公众日常生活中对人文社会科学知识的接触。

第三，加强对经济、哲学等相对专业概念的普及，避免对一些基本概念的重复性传播，适当提升普及知识的层次，及时更新知识普及的内容，让公众能够了解更多层次、更多领域的人文社会科学知识。

第四，注意促进地域和城乡之间人文社会科学资源的均衡，特别是要增强对农村地区人文社会科学知识的普及力度，拓宽农村及经济欠发达地区获取人文社会科学资源的途径。

第五，不同群体对人文社会科学知识的了解程度存在巨大差异，因此普及工作必须结合不同群体的知识掌握水平进行有针对性的调整，最大程度保证普及工作实施的有效性。

第六，鼓励已经脱离校园教育的中年及老年群体树立"终身学习"的意识，积极更新自己的知识储备，针对中老年群体开展丰富的人文社会科学知识普及活动，让他们的学习内容和形式更加丰富。同时，也应倡导年轻群体对父母长辈的文化反哺，一方面可以促进代际关系和谐；另一方面也能够让人文社会科学知识在微观家庭环境中形成良好的流动和更新。

第五章　江苏省公众对人文社会科学的态度

第一节　总体情况分析

调查显示，在 9 道判断题中，公众对"社会科学也是科学"一题的正确回答率最高，达到 87.95%，说明公众对人文社会科学科学属性的认同程度较高。其次是"社科普及是提高公众科学文化素养的有效途径之一"，正确回答率达到 80.00%，公众对社科普及功能作用的认识程度也较高。公众对"社会科学研究只关心理论问题不关心现实生活""人文社会科学对社会综合素质的提升是潜移默化的""社会科学不产生经济效益""企业发展与社会科学研究没什么关系""即使没有人文社会科学知识，人们一样可以生活、工作得很好"五题的正确回答率超过 60.00%。对"哲学社会科学能为自然科学研究提供世界观、方法论指导和基本的价值观判断"的正确回答率为 58.65%，说明公众对社会科学与自然科学关系和相互作用的认识程度尚有待提高。需要注意的是，公众对"一个人的人文素养必然会转化为他的外在行为"的正确回答率只有 14.20%，说明公众对于社会科学对个体的作用和影响的认同程度较低（表 5-1）。

表 5-1　公众对人文社会科学及社会效应的态度

人文社会科学及社会效应的态度题	正确回答率	错误回答率	不知道的比率
社会科学也是科学	87.95%	2.75%	9.30%
哲学社会科学能为自然科学研究提供世界观、方法论指导和基本的价值观判断	58.65%	3.95%	37.40%
社会科学研究只关心理论问题不关心现实生活	65.65%	14.75%	19.60%
一个人的人文素养必然会转化为他的外在行为	14.20%	70.60%	15.20%
人文社会科学对社会综合素质的提升是潜移默化的	67.80%	4.35%	27.85%

续表

人文社会科学及社会效应的态度题	正确回答率	错误回答率	不知道的比率
社会科学不产生经济效益	66.40%	14.50%	19.10%
企业发展与社会科学研究没什么关系	68.45%	13.70%	17.85%
即使没有人文社会科学知识，人们一样可以生活、工作得很好	64.90%	20.40%	14.70%
社科普及是提高公众科学文化素养的有效途径之一	80.00%	2.85%	17.15%
社科普及的主要含义	26.25%	50.40%	23.35%

关于"社科普及的主要含义"一题，正确回答率是 26.25%，错误回答率是 50.40%，回答"不知道"的有 23.35%，可见公众对社科普及含义理解程度较低，超过一半公众对这一概念存在误解，对社科普及含义的宣传普及有待加强。

将涉及人文社会科学及社会效应态度的 10 个测试题每题赋 10 分，满分为 100 分。赋值后得分情况见表 5-2。可以看到，有 4.60% 的公众得到满分，而得分为 60~80 分的公众占比较多，达到 49.35%，接近一半。按照 80 分的测评标准，江苏省公众对人文社会科学及社会效应的态度达标率为 34.00%。而距离达标仅差一题的公众达到 16.00%，这部分公众今后非常有希望在态度方面达标。

表5-2 公众对人文社会科学及社会效应的态度得分情况

分数/分	频次	百分比	累计百分比
100	92	4.60%	4.60%
90	187	9.35%	13.95%
80	401	20.05%	34.00%
70	320	16.00%	50.00%
60	266	13.30%	63.30%
50	219	10.95%	74.25%
40	179	8.95%	83.20%
30	105	5.25%	88.45%
20	82	4.10%	92.55%
10	68	3.40%	95.95%
0	81	4.05%	100.00%

第二节　地域差异与群体差异比较

一、城乡差异

城乡公众在对人文社会科学态度的达标情况方面差距较大，50.52%的城镇公众在人文社会科学态度方面达标，而农村公众仅有 23.74%达标，比城镇公众低了近30个百分点。

而在每个题项的具体回答情况方面，城乡公众也有较大差异，城镇公众每道题的正确率均高于乡村公众（表 5-3）。其中，城镇公众在"哲学社会科学能为自然科学研究提供世界观、方法论指导和基本的价值观判断"、"社会科学研究只关心理论问题不关心现实生活"、"人文社会科学对社会综合素质的提升是潜移默化的"、"企业发展与社会科学研究没什么关系"、"社科普及是提高公众科学文化素养的有效途径之一"及"社科普及的主要含义"几道题的回答正确率比乡村公众高 20 个百分点左右。

表 5-3　城乡公众对人文社会科学及社会效应的态度题项回答正确率

人文社会科学及社会效应的态度题	城镇公众回答正确率	乡村公众回答正确率
社会科学也是科学	92.32%	85.28%
哲学社会科学能为自然科学研究提供世界观、方法论指导和基本的价值观判断	70.96%	51.06%
社会科学研究只关心理论问题不关心现实生活	78.26%	57.89%
一个人的人文素养必然会转化为他的外在行为	17.97%	11.87%
人文社会科学对社会综合素质的提升是潜移默化的	81.25%	59.43%
社会科学不产生经济效益	76.69%	60.08%
企业发展与社会科学研究没什么关系	80.21%	61.22%
即使没有人文社会科学知识，人们一样可以生活、工作得很好	75.65%	58.29%
社科普及是提高公众科学文化素养的有效途径之一	87.63%	75.28%
社科普及的主要含义	39.32%	18.13%

二、地区差异

不同地区的公众对人文社会科学态度的达标情况同样存在一定差异（图 5-1）。其中苏南地区公众在态度的达标情况方面表现最好，有 40.69%的公众达标。苏中和苏北地区公众在态度的达标情况方面差距不大，分别为 31.59%和 29.64%，但两地公众的达标率比苏南地区公众低了 10 个百分点左右。

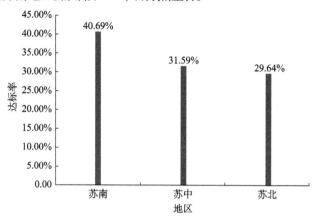

图 5-1　不同地区公众人文社会科学态度达标情况

　　在每个题项的回答方面，总体而言，苏南地区公众的正确率高于其他两地，而苏中和苏北地区公众差距不大（表 5-4）。但是在"一个人的人文素养必然会转化为他的外在行为"的回答上，苏中地区公众的正确率最高，达到 16.28%，苏南地区公众反而最低，仅有 12.18%。在"社会科学也是科学"、"社会科学研究只关心理论问题不关心现实生活"、"社会科学不产生经济效益"及"即使没有人文社会科学知识，人们一样可以生活、工作得很好"几道题上，苏北地区公众的正确率高于苏中地区公众，差距在 2 个百分点左右。而在"哲学社会科学能为自然科学研究提供世界观、方法论指导和基本的价值观判断"、"一个人的人文素养必然会转化为他的外在行为"及"人文社会科学对社会综合素质的提升是潜移默化的"题项上，苏中地区公众的正确率略高于苏北地区公众，差距同样在 2 个百分点左右。在"社科普及是提高公众科学文化素养的有效途径之一"题项上，苏中地区公众的正确率比苏北地区公众高 3.50 个百分点。

表 5-4　不同地区公众对人文社会科学及社会效应的态度题项回答正确率

人文社会科学及社会效应的态度题	苏南地区	苏中地区	苏北地区
社会科学也是科学	89.68%	85.85%	87.79%
哲学社会科学能为自然科学研究提供世界观、方法论指导和基本的价值观判断	62.61%	58.14%	55.47%
社会科学研究只关心理论问题不关心现实生活	69.34%	62.02%	64.76%
一个人的人文素养必然会转化为他的外在行为	12.18%	16.28%	14.63%
人文社会科学对社会综合素质的提升是潜移默化的	74.64%	65.89%	62.98%
社会科学不产生经济效益	70.06%	62.98%	65.39%

人文社会科学及社会效应的态度题	苏南地区	苏中地区	苏北地区
企业发展与社会科学研究没什么关系	72.78%	66.47%	65.90%
即使没有人文社会科学知识，人们一样可以生活、工作得很好	68.62%	61.82%	63.61%
社科普及是提高公众科学文化素养的有效途径之一	84.24%	79.84%	76.34%
社科普及的主要含义	29.94%	23.84%	24.55%

三、性别差异

从性别上看，男性和女性公众对人文社会科学态度的达标情况较为接近，分别为 35.70%和 31.98%。

在单个题项的回答上，整体上男性公众的正确率略高于女性公众（表 5-5）。但是在"一个人的人文素养必然会转化为他的外在行为"、"人文社会科学对社会综合素质的提升是潜移默化的"及"社科普及的主要含义"题项上，女性公众的正确率略高于男性，但差距仅在 1 个百分点左右。而在"社会科学不产生经济效益""社科普及是提高公众科学文化素养的有效途径之一"两题上，男性公众的正确率比女性公众高出 9 个百分点以上。

表 5-5　不同性别公众对人文社会科学及社会效应的态度题项回答正确率

人文社会科学及社会效应的态度题	男性公众回答正确率	女性公众回答正确率
社会科学也是科学	89.93%	85.42%
哲学社会科学能为自然科学研究提供世界观、方法论指导和基本的价值观判断	62.14%	54.35%
社会科学研究只关心理论问题不关心现实生活	67.81%	63.16%
一个人的人文素养必然会转化为他的外在行为	14.03%	14.46%
人文社会科学对社会综合素质的提升是潜移默化的	67.36%	68.36%
社会科学不产生经济效益	70.68%	61.13%
企业发展与社会科学研究没什么关系	71.40%	64.97%
即使没有人文社会科学知识，人们一样可以生活、工作得很好	67.45%	61.92%
社科普及是提高公众科学文化素养的有效途径之一	83.99%	74.92%
社科普及的主要含义	25.90%	26.78%

四、年龄差异

不同年龄段公众对人文社会科学态度的达标情况有较大差距（图 5-2）。总体来看，年龄越大的公众对人文社会科学态度的达标率越低，年龄在 46 岁以上的中老年公众达标率仅略高于 20.00%。年龄为 19~25 岁的公众达标率最高，达到 76.37%，高于年龄为 15~18 岁的公众。

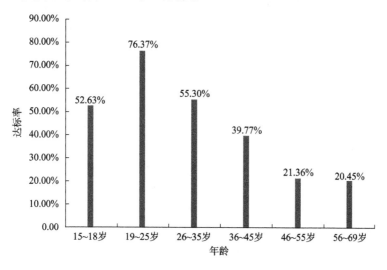

图 5-2　不同年龄段公众对人文社会科学态度达标情况

　　在每个题项的回答上，整体上青年公众的正确率高于中老年公众（表 5-6）。在"哲学社会科学能为自然科学研究提供世界观、方法论指导和基本的价值观判断"和"一个人的人文素养必然会转化为他的外在行为"以外的题项中，19 岁以上公众的正确率大体上随着年龄的增长而降低。其中，19~25 岁公众回答情况最好，除"社会科学研究只关心理论问题不关心现实生活"以外的其他问题的正确率都高。15~18 岁公众对不同题项回答的正确率波动较大，在"社会科学研究只关心理论问题不关心现实生活"一题上的正确率最高，但在"企业发展与社会科学研究没什么关系""即使没有人文社会科学知识，人们一样可以生活、工作得很好"题项上的正确率低于 36~45 岁公众，在"社科普及是提高公众科学文化素养的有效途径之一"题项上的正确率略低于 26~35 岁公众，在"社会科学也是科学"题项上的正确率在所有年龄段中最低，而在剩余题项上的正确率仅次于19~25 岁公众。

表 5-6　不同年龄段公众对人文社会科学及社会效应的态度题项回答正确率

人文社会科学及社会效应的态度题	15~18 岁	19~25 岁	26~35 岁	36~45 岁	46~55 岁	56~69 岁
社会科学也是科学	78.95%	95.60%	92.05%	93.86%	86.58%	82.58%
哲学社会科学能为自然科学研究提供世界观、方法论指导和基本的价值观判断	78.95%	85.71%	74.62%	61.99%	46.88%	52.12%
社会科学研究只关心理论问题不关心现实生活	94.74%	87.36%	77.65%	73.10%	58.98%	55.45%

续表

人文社会科学及社会效应的态度题	15~18 岁	19~25 岁	26~35 岁	36~45 岁	46~55 岁	56~69 岁
一个人的人文素养必然会转化为他的外在行为	26.32%	33.52%	11.36%	13.74%	12.67%	10.91%
人文社会科学对社会综合素质的提升是潜移默化的	89.47%	95.05%	81.06%	77.19%	62.57%	53.64%
社会科学不产生经济效益	84.21%	91.21%	80.68%	71.35%	59.36%	56.52%
企业发展与社会科学研究没什么关系	73.68%	94.51%	82.20%	77.78%	62.95%	55.15%
即使没有人文社会科学知识，人们一样可以生活、工作得很好	68.42%	88.46%	78.03%	75.15%	58.79%	52.73%
社科普及是提高公众科学文化素养的有效途径之一	89.47%	93.41%	90.91%	83.63%	74.29%	74.55%
社科普及的主要含义	47.37%	63.74%	45.08%	26.02%	17.77%	14.70%

五、文化程度差异

公众对人文社会科学态度的达标率与文化程度成正比关系（图 5-3），文化程度越高，达标率也越高。小学及以下学历的公众在态度方面的达标率最低，仅有7.42%，而研究生及以上学历的公众达标率最高，达到88.14%。其中，高中或中专（技校）学历公众的达标率为 39.46%，而到了大专学历达标率升至63.64%，上升幅度最大。

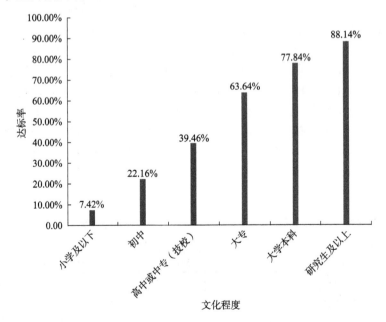

图 5-3　不同文化程度公众对人文社会科学态度达标情况

在每个题项上，总体上文化程度越高的公众，回答的正确率也越高（表5-7）。在"一个人的人文素养必然会转化为他的外在行为"和"社科普及是提高公众科学文化素养的有效途径之一"以外的题项中，均呈现出答题的正确率随着文化程度的上升而提高的情况。在"一个人的人文素养必然会转化为他的外在行为"一题中，大专文化程度公众回答的正确率最低，仅为10.16%，且研究生及以上文化程度公众的正确率略低于大学本科文化程度的公众。而在"社科普及是提高公众科学文化素养的有效途径之一"的回答上，研究生及以上文化程度公众的正确率比大学本科文化程度的公众低了近4个百分点。

表5-7　不同文化程度公众对人文社会科学及社会效应的态度题项回答正确率

人文社会科学及社会效应的态度题	小学及以下	初中	高中或中专（技校）	大专	大学本科	研究生及以上
社会科学也是科学	73.15%	88.39%	90.93%	97.33%	97.94%	98.31%
哲学社会科学能为自然科学研究提供世界观、方法论指导和基本的价值观判断	37.85%	49.34%	66.67%	81.28%	88.14%	94.92%
社会科学研究只关心理论问题不关心现实生活	37.85%	61.61%	76.96%	80.75%	90.72%	94.92%
一个人的人文素养必然会转化为他的外在行为	12.02%	12.40%	13.48%	10.16%	27.32%	27.12%
人文社会科学对社会综合素质的提升是潜移默化的	43.73%	60.42%	75.25%	91.44%	97.42%	98.31%
社会科学不产生经济效益	43.22%	59.63%	75.49%	86.63%	92.78%	94.92%
企业发展与社会科学研究没什么关系	37.34%	64.25%	80.64%	88.24%	94.33%	98.31%
即使没有人文社会科学知识，人们一样可以生活、工作得很好	32.99%	63.19%	73.77%	84.49%	90.21%	93.22%
社科普及是提高公众科学文化素养的有效途径之一	55.50%	78.76%	89.22%	92.51%	98.45%	94.92%
社科普及的主要含义	9.97%	19.26%	26.96%	47.06%	54.64%	61.02%

六、收入差异

公众对人文社会科学态度的达标率基本随收入的增加而提高（图5-4），月收入在2 500元以下的公众对人文社会科学态度的达标率较低，均低于30.00%，月收入在1 630元及以下的公众达标率仅为20.05%。月收入为5 000~10 000元的公众达标率较高，均在60.00%以上，而更高收入的公众达标率略有下降，但依然保持在57.89%。

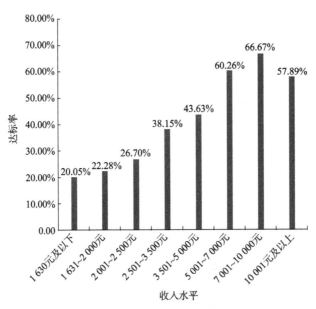

图 5-4　不同收入公众对人文社会科学态度达标情况

　　在每个题项上，总体上中高收入公众的回答正确率高于低收入公众（表5-8），在绝大多数题项上，正确率与收入水平呈正相关关系。但收入在10 001 元及以上的公众在"一个人的人文素养必然会转化为他的外在行为"、"社会科学不产生经济效益"及"社科普及的主要含义"题项上的回答正确率反而低于7 001~10 000 元收入的公众，且在"一个人的人文素养必然会转化为他的外在行为"题项上的回答正确率在所有收入群体中最低。在"社会科学也是科学"的回答上，收入为2 001~2 500 元及7 001 元以上公众的正确率相比前一收入区间公众有所下降。在"哲学社会科学能为自然科学研究提供世界观、方法论指导和基本的价值观判断"一题上，收入在1 630 元及以下的公众的回答正确率最低，仅为47.68%。在"一个人的人文素养必然会转化为他的外在行为"一题的回答上，正确率与收入变化关系的波动最大，收入为1 631~2 000 元及2 001~3 500 元公众的正确率低于收入在1 630 元及以下的公众，而收入为3 501~5 000 元及5 001~7 000 元的公众正确率低于收入在2 501~3 500 元的公众，收入为7 001~10 000 元的公众正确率最高，为24.56%，而收入在10 001 元及以上的公众正确率最低，仅为10.53%。在"人文社会科学对社会综合素质的提升是潜移默化的"一题上，收入为7 001~10 000 元的公众回答正确率比前一收入区间公众低了近10个百分点，仅为78.95%。在"即使没有人文社会科学知识，人们一样可以生活、工作得很好"一题上，收入为5 001~7 000 元的公众回答正确率比前两个收入区间公众均低，为69.23%。在"社科普及是提高公众科学文化素养的有效途径之一"的回答上，收入为 3 501~5 000 元的公众正确率比前一收入区间公众低了 5 个百分点左右，为 83.40%。

表5-8　不同收入公众对人文社会科学及社会效应的态度题项回答正确率

人文社会科学及社会效应的态度题	1 630 元及以下	1 631~2 000 元	2 001~2 500 元	2 501~3 500 元	3 501~5 000 元	5 001~7 000 元	7 001~10 000 元	10 001 元及以上
社会科学也是科学	82.87%	88.08%	86.43%	90.37%	93.05%	98.72%	94.74%	94.74%
哲学社会科学能为自然科学研究提供世界观、方法论指导和基本的价值观判断	47.68%	58.55%	47.96%	61.85%	67.57%	76.92%	77.19%	76.32%
社会科学研究只关心理论问题不关心现实生活	54.85%	63.73%	63.80%	70.37%	70.27%	82.05%	82.46%	86.84%
一个人的人文素养必然会转化为他的外在行为	13.28%	11.92%	11.31%	13.33%	11.97%	11.54%	24.56%	10.53%
人文社会科学对社会综合素质的提升是潜移默化的	55.38%	60.62%	66.52%	73.33%	78.76%	88.46%	78.95%	89.47%
社会科学不产生经济效益	53.52%	64.77%	64.71%	70.74%	77.22%	80.77%	89.47%	86.84%
企业发展与社会科学研究没什么关系	55.64%	64.77%	68.78%	74.81%	77.22%	82.05%	91.23%	94.74%
即使没有人文社会科学知识，人们一样可以生活、工作得很好	54.32%	59.07%	67.87%	70.37%	73.36%	69.23%	78.95%	81.58%
社科普及是提高公众科学文化素养的有效途径之一	69.46%	78.76%	83.26%	88.52%	83.40%	91.03%	94.74%	94.74%
社科普及的主要含义	16.60%	21.24%	23.98%	28.52%	30.50%	39.74%	42.11%	34.21%

七、职业差异

不同职业公众对人文社会科学态度的达标率存在一定差异。在校大学生达标情况最好，为 89.62%，接近九成；其次是专业技术人员和进城务工人员，达标率分别为 66.67% 和 63.53%；事业管理人员和企业管理人员的达标率处于平均水平，虽然接近 60.00%，但仍有待提升。农民对人文社会科学态度的达标率最低，仅为 15.12%，失业人员和离退休人员的达标情况也不理想，分别为 22.22% 和 30.66%（图5-5）。

从具体答题正确率来看，各个职业公众在"社会科学也是科学"、"人文社会科学对社会综合素质的提升是潜移默化的"和"社科普及是提高公众科学文化素养的有效途径之一"三题上的达标率均较为理想。总体上，在校大学生群体和专业技术人员在各个题项中的回答正确率大部分高于其他职业群体，事业管理人员和进城务工人员的回答正确率也较为理想；而农民和失业人员在各个题项中的回答正确率则基本为最低。

比较特殊的是在"社会科学研究只关心理论问题不关心现实生活"一题中，个体户、小摊主群体的回答正确率较低，为 62.59%；在"一个人的人文素养必然

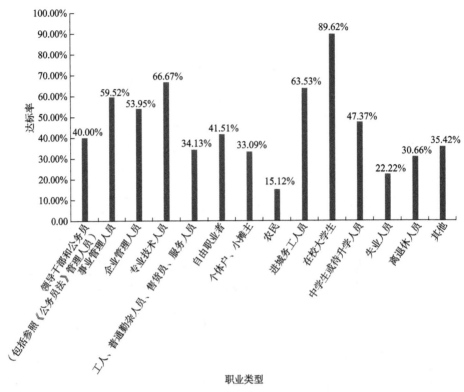

职业类型

图 5-5　不同职业公众对人文社会科学态度达标情况

会转化为他的外在行为"一题中，事业管理人员的回答正确率仅为 2.38%，为所有职业中最低；在"社科普及的主要含义"一题中，农民群体的回答正确率最低，不到 20.00%（表 5-9）。

表 5-9　不同职业公众对人文社会科学及社会效应的态度题项回答正确率

人文社会科学及社会效应的态度题	社会科学也是科学	哲学社会科学能为自然科学研究提供世界观、方法论指导和基本的价值观判断	社会科学研究只关心理论问题不关心现实生活	一个人的人文素养必然会转化为他的外在行为	人文社会科学对社会综合素质的提升是潜移默化的	社会科学不产生经济效益	企业发展与社会科学研究没什么关系	即使没有人文社会科学知识，人们一样可以生活、工作得很好	社科普及是提高公众科学文化素养的有效途径之一	社科普及的主要含义
领导干部和公务员（包括参照《公务员法》管理人员）	96.36%	70.91%	69.09%	14.55%	87.27%	74.55%	78.18%	74.55%	96.36%	25.45%

续表

人文社会科学及社会效应的态度题	社会科学也是科学	哲学社会科学能为自然科学研究提供世界观、方法论指导和基本的价值观判断	社会科学研究只关心理论问题不关心现实生活	一个人的人文素养必然会转化为他的外在行为	人文社会科学对社会综合素质的提升是潜移默化的	社会科学不产生经济效益	企业发展与社会科学研究没什么关系	即使没有人文社会科学知识，人们一样可以生活、工作得很好	社科普及是提高公众科学文化素养的有效途径之一	社科普及的主要含义
事业管理人员	92.86%	80.95%	88.10%	2.38%	92.86%	85.71%	83.33%	80.95%	85.71%	30.95%
企业管理人员	93.42%	73.68%	81.58%	7.89%	86.84%	84.21%	88.16%	82.89%	97.37%	28.95%
专业技术人员	97.53%	80.25%	88.89%	12.35%	85.19%	88.89%	90.12%	90.12%	95.06%	32.10%
工人、普通勤杂人员、售货员、服务人员	91.27%	58.33%	68.65%	15.08%	73.41%	63.10%	73.41%	67.06%	83.33%	29.37%
自由职业者	94.34%	69.81%	70.75%	8.49%	75.47%	76.42%	78.30%	73.58%	86.79%	34.91%
个体户、小摊主	87.77%	52.52%	62.59%	8.63%	70.50%	67.63%	74.10%	62.59%	84.17%	25.18%
农民	82.60%	44.51%	52.07%	12.55%	49.79%	53.21%	53.35%	50.93%	68.62%	11.84%
进城务工人员	95.29%	80.00%	75.29%	43.53%	81.18%	89.41%	85.88%	77.65%	85.88%	68.24%
在校大学生	96.23%	97.17%	96.23%	35.85%	99.06%	97.17%	98.11%	96.23%	99.06%	72.64%
中学生或待升学人员	84.21%	73.68%	84.21%	15.79%	84.21%	78.95%	73.68%	63.16%	84.21%	26.32%
失业人员	80.56%	48.61%	65.28%	8.33%	65.28%	54.17%	59.72%	70.83%	65.28%	29.17%
离退休人员	87.74%	56.60%	67.92%	11.32%	68.40%	66.98%	65.09%	59.43%	82.08%	21.23%
其他	81.25%	62.50%	60.42%	6.25%	75.00%	66.67%	68.75%	79.17%	85.42%	31.25%

第三节　2009 年与 2016 年两次调查结果对比分析

　　从2009年和2016年两次调查中公众对人文社会科学及社会效应的态度，可以看到，2016年虽然在 95~100 分的高分段较 2009 年的人数和比例有所回落，但是在 60~90 分的得分段人数和比例都高于 2009 年，40~60 分的中低得分段比例也低于2009年。这在一定程度上说明，2016年公众对待人文社会科学的态度还是从整体上有了一定的提升。但是，0~35分的低分段公众也依然占据着不小的比例，可见提升公众对人文社会科学的态度依然是漫长而艰巨的任务（表5-10）。

表5-10 2009年与2016年态度得分分布对比

分数/分	2016年		2009年	
	频次	百分比	频次	百分比
100	92	4.60%	172	8.60%
90	187	9.35%	364	18.20%
80	401	20.05%	314	15.70%
70	320	16.00%	267	13.35%
60	266	13.30%	234	11.70%
50	219	10.95%	181	9.05%
40	179	8.95%	132	6.60%
30	105	5.25%	86	4.30%
20	82	4.10%	74	3.70%
10	68	3.40%	74	3.70%
0	81	4.05%	102	5.10%

第四节　小结与讨论

总体而言，江苏省公众对人文社会科学及社会效应的态度达标率仍有待提高，虽然在有些题项上公众回答的正确率较高，如公众对人文社会科学科学属性的认同程度较高、对社科普及功能作用的认识程度也较高。但部分题项也暴露出公众对人文社会科学的认知情况和认同程度不足，如公众对社会科学与自然科学关系和相互作用的认识程度有待提高、对社会科学对个体的作用和影响的认同程度较低、对社科普及的含义理解程度较低。而在态度达标率方面，不同地域的公众及不同群体之间又存在一定差异。

一、公众对人文社会科学态度达标情况

（1）调查发现，公众对人文社会科学及社会效应的态度达标率为34.00%，

且距达标仅有一题之差的公众占 16.00%。

（2）城乡公众在对人文社会科学态度的达标情况方面差距较大，乡村公众比城镇公众低了近 30 个百分点。

（3）苏南地区的公众在态度达标情况方面表现最好，高出苏中和苏北地区公众近 10 个百分点，而苏中和苏北地区公众在态度达标情况方面的差距不大。

（4）从性别上看，男性和女性公众对人文社会科学及社会效应的态度达标率差距不大。

（5）总体而言，年龄越高的公众对人文社会科学及社会效应的态度达标率越低。其中，年龄为 19~25 岁的公众达标率最高，中老年公众对人文社会科学态度的达标率普遍较低。

（6）公众对人文社会科学态度的达标率与受教育程度成正比，受教育程度越高，达标率也越高。其中，当受教育程度从高中或中专（技校）学历提升至大专学历，公众对人文社会科学及其社会效应的态度达标率的上升幅度最大。

（7）公众对人文社会科学及社会效应的态度达标率基本随收入的增加而提高，月收入为 5 000~10 000 元的公众达标率较高，而月收入在 10 001 元及以上的公众达标率略有下降。

（8）整体而言，受教育程度对人文社会科学态度达标率具有重要作用。此外，年龄、月收入也与达标率有一定关系，而性别的影响较小。

二、对策及建议

（1）各地区的相关部门应加强对人文社会科学及社会效应的宣传和普及，尤其是关于社会科学和自然科学的区别和联系、社会科学对个人和社会的作用和影响及社科普及的含义等方面的传播。

（2）重点加强人文社会科学知识在农村地区的宣传，借助当地的宣传橱窗传播、展示基本的人文社会科学知识，采用农村公众所熟悉的语言和形式进行宣传，以吸引农村公众驻足阅读。此外，村委会可定期组织各种社科宣传普及活动，召集村民进行人文社会科学知识学习。

（3）苏中和苏北两地需要进一步重视人文社会科学知识的宣传，在具体做法上可借鉴苏南地区的经验和方法，同时结合当地公众的基本情况，制订出合理的教育、科普方案。

（4）中老年群体人文社会科学素养较低的问题需引起足够重视，重点加强对这一群体的教育和科普。由于年龄的特殊性，在教育和科普时要考虑他们的知识结构和理解能力，选择"接地气"的语言进行教育，尽量避免使用抽象的术语，用他们易于理解和感兴趣的方式进行科普。

（5）重视发挥学校教育对提高公众人文社会科学素养的作用，尤其是在义务教育阶段，教育内容不能局限在应试教育内容上，也要涉及人文社会科学知识的介绍、观念的引导和在生活中具体应用人文社会科学能力的培养，努力提高 18 岁以下青少年的人文社会科学素养水平。

第六章 江苏省公众行为观念中的人文社会科学素养水平

第一节 总体情况分析

人文社会科学素养是知识和行为观念的统一。因此，提高公众人文社会科学素养的一个重要目的就在于能够让公众以更为科学的方式工作和生活。为了了解江苏省公众行为观念中的人文社会科学素养水平，本书设置了 10 个题项，分别从新闻素养、管理学素养、教育学素养、文明程度和法治观念、审美趣味和艺术素养、法律素养、文物保护与经济发展的关系、经济学素养、政治和法律素养、对社会个体素质重要性判断等方面，来考察公众对人文社会科学的运用情况。行为观念中人文社会科学素养水平的测试题项，201 题的 a、f、h、j 为正相关问题，"同意"为判断正确得 10 分，"不同意"或"说不清楚"不得分；b、c、d、e、g、i 为负相关问题，"不同意"为判断正确得 10 分，"同意"或"说不清楚"不得分，所有 10 个题项总得分在 90 分以上为达标。

总体达标情况方面，2016 年公众在行为观念中的人文社会科学素养水平的达标率仅为 20.35%，但从得分频次分布情况来看，有 14.75%的公众仅差一题即可达标，有 18.35%的公众差两题达标，这部分群体都可以在未来努力提升成为达标群体。绝大多数公众在人文社会科学素养行为观念测试中的得分处于 60 分及以上的水平（表 6-1）。

表 6-1 公众行为观念中的人文社会科学素养水平测试得分频次分布

分数/分	次数	百分比
100	165	8.25%
90	242	12.10%
80	295	14.75%
70	367	18.35%
60	344	17.20%

分数/分	次数	百分比
50	290	14.50%
40	171	8.55%
30	88	4.40%
20	27	1.35%
10	6	0.30%
0	5	0.25%

调查结果显示，对"每天看新闻是生活中不可或缺的一部分"（86.95%）、"不赡养老人是违法行为"（92.50%）、"家庭理财是一门学问"（84.65%）、"住宅小区的自然环境固然重要，但邻居素质更重要"（89.95%）四个问题的观点判断正确率较高，均在 80.00%以上。对"素质教育就是加强孩子在琴棋书画方面的教育"（33.85%）、"文物保护与城市建设发生矛盾时，应服从城市建设"（48.00%）、"公民就是我们常说的人民群众"（21.05%）三个问题判断正确率不理想，均不到 50.00%。这说明江苏省公众整体新闻、法律、经济学方面素养较高，对个体素质的重要性有正确认识，但是对教育学、文物保护与经济建设的关系、政治法律方面的素养和观念有待提升（表6-2）。

表6-2　公众行为观念中的人文社会科学素养水平测试正确率

调查问卷问题	判断正确率
每天看新闻是生活中不可或缺的一部分（+）	86.95%
团队合作对一个人的成功无关紧要（－）	62.75%
素质教育就是加强孩子在琴棋书画方面的教育（－）	33.85%
没有车辆通行时，行人过街不必走人行横道线（－）	77.85%
穿名牌服装总显得很有品位（－）	66.40%
不赡养老人是违法行为（+）	92.50%
文物保护与城市建设发生矛盾时，应服从城市建设（－）	48.00%
家庭理财是一门学问（+）	84.65%
公民就是我们常说的人民群众（－）	21.05%
住宅小区的自然环境固然重要，但邻居素质更重要（+）	89.95%

注："+"号表示正确，"－"号表示错误

从数据中可以看出，公民对绝大多数日常生活中与自己关系紧密的事件都能够有良好的判断，如"每天看新闻是生活中不可或缺的一部分"（正确）、"不赡养老人是违法行为"（正确）、"住宅小区的自然环境固然重要，但邻居素质更重要"（正确），正确率均在 90.00%左右。值得一提的是对于"素质教育就是加强孩子在琴棋书画方面的教育"（错误）、"公民就是我们常说的人民群众"（错误），这类问题与公众生活同样紧密相关，但是公众的判断情况并不理想。其中的原因可能在于，公众未能对"素质教育""公民"等人文社会科学名词产生正确的理解，特别是"素质教育"更是近些年提出的较为新颖的抽象概念，许多家长只是粗略地认为要让孩子多才多艺，未能深刻了解其背后的教育理念，而这种误解也就直接反映在公民对相关行为的错误选择上。这也提示，在进行人文社会科学知识普及和传播的过程中，不仅要让公众对一些观念和名词有所知晓，同时也要让公众知晓这些观念的真实含义。此外，公众对"团队合作对一个人的成功无关紧要"（错误）、"文物保护与城市建设发生矛盾时，应服从城市建设"（错误）两题的判断也并不理想，究其原因可能在于这类问题与公众的日常生活距离相对较远，许多公众的公民意识和团结协作意识薄弱。

第二节　不同群体公众行为观念中的人文社会科学素养水平

一、城乡差异

城乡差异在公众行为观念中的人文社会科学素养水平测试中表现较为突出。整体来看，城镇公众在行为观念测试中的总达标率为 33.20%，而乡村公众仅为 12.36%，城镇公众达标情况高出乡村公众 20 余个百分点（图 6-1）。

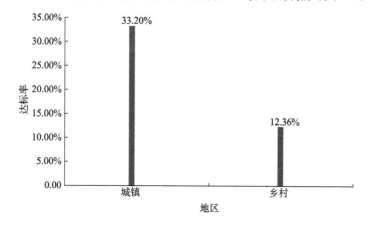

图 6-1　城乡公众行为观念中的人文社会科学素养水平测试总体达标率

城镇公众对各类问题的判断情况较好，均高于平均水平；而乡村公众的情况则恰恰相反，大部分低于平均水平。城镇公众对各项观点的判断正确率均高于乡村公众，特别是在"团队合作对一个人的成功无关紧要"（城镇公众74.35%/乡村公众 55.61%）、"素质教育就是加强孩子在琴棋书画方面的教育"（城镇公众50.78%/乡村公众23.33%）、"公民就是我们常说的人民群众"（城镇公众35.16%/乡村公众12.28%）几个问题中差异最为明显，城镇公众的正确率高出乡村公众约20个百分点（表6-3）。这说明乡村公众的人文社会科学知识及其运用能力亟待提升。

表6-3 城乡公众行为观念中的人文社会科学素养水平测试正确率

调查问卷问题	城镇公众	乡村公众
每天看新闻是生活中不可或缺的一部分（+）	89.71%	85.28%
团队合作对一个人的成功无关紧要（-）	74.35%	55.61%
素质教育就是加强孩子在琴棋书画方面的教育（-）	50.78%	23.33%
没有车辆通行时，行人过街不必走人行横道线（-）	86.07%	72.76%
穿名牌服装总显得很有品位（-）	77.60%	59.51%
不赡养老人是违法行为（+）	93.49%	91.87%
文物保护与城市建设发生矛盾时，应服从城市建设（-）	57.16%	42.36%
家庭理财是一门学问（+）	88.67%	82.11%
公民就是我们常说的人民群众（-）	35.16%	12.28%
住宅小区的自然环境固然重要，但邻居素质更重要（+）	92.97%	88.05%

二、地区差异

从不同地区情况对比来看，总体上苏南地区公众行为观念中的人文社会科学素养达标率为 24.79%，明显高于苏中和苏北地区公众，而苏中、苏北地区公众情况较为接近，分别为 18.60%和 17.56%（图6-2）。

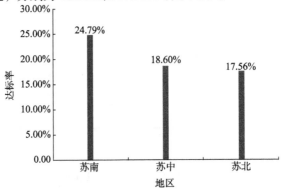

图6-2 不同地区公众行为观念中的人文社会科学素养水平测试总体达标率

各题项具体的数据也显示，苏中和苏北地区公众除了在"不赡养老人是违法行为"和"家庭理财是一门学问"两题中正确率略高于苏南地区公众之外，其他几项的正确率均低于苏南地区公众。这与苏南地区的经济较为发达、教育水平和人才素质较高有很大关系。可见经济环境、人文社会科学资源、社会科学活动等因素都会对当地公众的人文社会科学知识及其运用能力产生非常重要的影响（表6-4）。

表6-4　不同地区公众行为观念中的人文社会科学素养水平测试正确率

调查问卷问题	苏南地区	苏中地区	苏北地区
每天看新闻是生活中不可或缺的一部分（＋）	88.11%	87.60%	85.50%
团队合作对一个人的成功无关紧要（－）	65.90%	58.53%	62.72%
素质教育就是加强孩子在琴棋书画方面的教育（－）	37.97%	32.95%	30.79%
没有车辆通行时，行人过街不必走人行横道线（－）	79.66%	78.10%	76.08%
穿名牌服装总显得很有品位（－）	73.50%	61.05%	63.61%
不赡养老人是违法行为（＋）	90.83%	93.41%	93.38%
文物保护与城市建设发生矛盾时，应服从城市建设（－）	52.01%	43.80%	47.20%
家庭理财是一门学问（＋）	84.38%	83.53%	85.62%
公民就是我们常说的人民群众（－）	23.64%	20.54%	19.08%
住宅小区的自然环境固然重要，但邻居素质更重要（＋）	92.55%	88.76%	88.42%

三、性别差异

公众行为观念中的人文社会科学素养水平的性别差异不大，女性公众达标率为20.45%，男性公众达标率为20.32%，女性公众略高于男性公众（图6-3）。

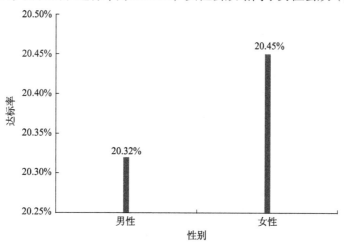

图6-3　不同性别公众行为观念中的人文社会科学素养水平测试总体达标率

从各个题项反映的具体数据来看，男性公众每个题项的回答正确率整体上略好于女性公众，除了"每天看新闻是生活中不可或缺的一部分""团队合作对一个人的成功无关紧要""文物保护与城市建设发生矛盾时，应服从城市建设"三项观点的正确率存在明显差异之外，其他几个题项差距均微乎其微（表6-5）。这说明江苏省不同性别的公众对人文社会科学的运用水平较为均衡。

表6-5　不同性别公众行为观念中的人文社会科学素养水平测试正确率

调查问卷问题	男性	女性
每天看新闻是生活中不可或缺的一部分（＋）	88.85%	84.52%
团队合作对一个人的成功无关紧要（－）	64.84%	60.11%
素质教育就是加强孩子在琴棋书画方面的教育（－）	34.53%	33.11%
没有车辆通行时，行人过街不必走人行横道线（－）	78.06%	77.63%
穿名牌服装总显得很有品位（－）	66.10%	66.89%
不赡养老人是违法行为（＋）	93.35%	91.53%
文物保护与城市建设发生矛盾时，应服从城市建设（－）	52.16%	42.82%
家庭理财是一门学问（＋）	85.52%	83.50%
公民就是我们常说的人民群众（－）	21.49%	20.56%
住宅小区的自然环境固然重要，但邻居素质更重要（＋）	89.93%	89.94%

四、文化程度差异

不同公众的文化程度差异对其行为观念中的人文社会科学素养水平影响明显。从图6-4中可以看到，文化程度和公众行为观念中的人文社会科学素养达标率呈正相关关系，公众受教育水平越高，反映出行为观念中的人文社会科学的素养也就越高。

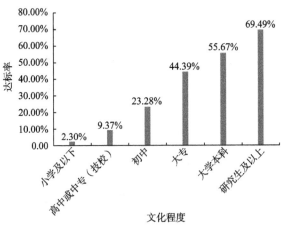

图6-4　不同文化程度公众行为观念中的人文社会科学素养水平总体达标率

文化程度在高中及以上公众的正确率，明显要高于初中及以下的公众。在对"素质教育就是加强孩子在琴棋书画方面的教育""公民就是我们常说的人民群众"两项总体正确率较低的观点测试中，大专及以上公众的作答情况较为理想，说明教育对于提升公众对一些社会问题的认知能力方面作用突出。但是，高学历公众在"穿名牌服装总显得很有品位"这方面的素养水平不理想，因此，一方面，对于高学历公众而言，需要注重修正审美艺术素养，避免受到商业文化的影响；另一方面，政府要加强对社会审美风气的正面引导。

低学历公众在"团队合作对一个人的成功无关紧要""素质教育就是加强孩子在琴棋书画方面的教育""公民就是我们常说的人民群众"几个题项中正确率明显偏低（表6-6），这在一定程度上说明文化程度较低的公众对管理学、教育学方面的素养仍存在偏差，在日常生活中这些方面的人文社会科学知识及其运用能力仍有待提升。

表6-6 不同学历公众行为观念中的人文社会科学素养水平测试正确率

调查问卷问题	小学及以下	初中	高中或中专（技校）	大专	大学本科	研究生及以上
每天看新闻是生活中不可或缺的一部分（＋）	78.26%	87.86%	91.67%	88.24%	89.18%	91.53%
团队合作对一个人的成功无关紧要（－）	37.34%	57.65%	72.79%	85.03%	83.51%	91.53%
素质教育就是加强孩子在琴棋书画方面的教育（－）	9.46%	23.88%	38.97%	57.75%	74.74%	79.66%
没有车辆通行时，行人过街不必走人行横道线（－）	59.08%	73.88%	87.75%	91.98%	94.33%	86.44%
穿名牌服装总显得很有品位（－）	43.99%	64.91%	74.02%	83.96%	81.44%	79.66%
不赡养老人是违法行为（＋）	90.54%	92.22%	94.12%	96.26%	92.27%	88.14%
文物保护与城市建设发生矛盾时，应服从城市建设（－）	29.16%	37.99%	52.94%	70.59%	80.93%	89.83%
家庭理财是一门学问（＋）	70.33%	82.06%	90.93%	95.72%	96.39%	96.61%
公民就是我们常说的人民群众（－）	4.60%	9.89%	20.34%	40.64%	62.89%	79.66%
住宅小区的自然环境固然重要，但邻居素质更重要（＋）	83.89%	90.11%	92.89%	93.58%	92.78%	88.14%

五、年龄差异

从总体达标率的情况来看，低年龄段（35岁以下）公众行为观念中人文社会科学素养水平测试的达标情况要好于高年龄段的公众。19~25 岁公众达标率最高，为 63.19%；15~18 岁和 26~35 岁公众的达标率较为接近，分别为 36.84% 和 36.36%；56~69 岁公众的达标率最低，仅为 6.36%（图 6-5）。

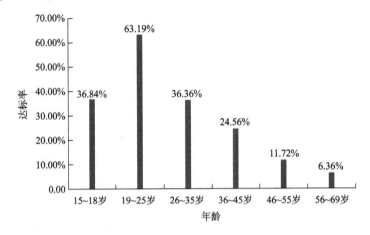

图 6-5　不同年龄段公众行为观念中的人文社会科学素养水平总体达标率

　　各个题项中具体数据也反映出不同年龄段公众行为观念中的人文社会科学素养水平的差异，15~18 岁公众对"没有车辆通行时，行人过街不必走人行横道线"（94.74%）、"穿名牌服装总显得很有品位"（100.00%）两方面观点判断情况在六个年龄层次中最好，说明这一年龄段的公众接受文明观念和审美趣味的教育效果明显；19~35 岁公众对 10 个题目的判断正确率大体上为六个年龄段中较高的，其中 19~25 岁公众对"团队合作对一个人的成功无关紧要"（88.46%）、"素质教育就是加强孩子在琴棋书画方面的教育"（78.02%）、"文物保护与城市建设发生矛盾时，应服从城市建设"（76.37%）、"公民就是我们常说的人民群众"（71.43%）和"家庭理财是一门学问"（96.15%）五个方面观点的正确判断情况在六个年龄层次中均为最高的，这一群体往往已经接受过系统的教育，同时也拥有一定的社会科学实践经历，因此反映出的人文社会科学知识及其运用能力较好；36~45 岁公众各题项的回答正确率在六个年龄段中处于中等水平，在"不赡养老人是违法行为"题项上回答情况较好，正确率仅次于46~55岁公众。；46~55岁公众在"不赡养老人是违法行为"题项上的回答正确率在所有年龄段公众中最高，其他题项的回答正确率略偏低；56~69 岁公众对"每天看新闻是生活中不可或缺的一部分"（89.55%）的判断正确率为六个年龄段中最高（表 6-7）。

表6-7　不同年龄段公众行为观念中的人文社会科学素养水平测试正确率

调查问卷问题	15~18 岁	19~25 岁	26~35 岁	36~45 岁	46~55 岁	56~69 岁
每天看新闻是生活中不可或缺的一部分（+）	73.68%	89.01%	81.82%	85.38%	87.15%	89.55%
团队合作对一个人的成功无关紧要（-）	68.42%	88.46%	81.06%	74.27%	55.77%	47.88%
素质教育就是加强孩子在琴棋书画方面的教育（-）	73.68%	78.02%	53.79%	38.60%	25.52%	16.67%
没有车辆通行时，行人过街不必走人行横道线（-）	94.74%	90.66%	89.02%	87.13%	76.18%	65.91%
穿名牌服装总显得很有品位（-）	100.00%	86.26%	81.06%	78.07%	61.81%	51.67%
不赡养老人是违法行为（+）	73.68%	88.46%	92.05%	93.27%	93.38%	93.18%
文物保护与城市建设发生矛盾时，应服从城市建设（-）	42.11%	76.37%	66.29%	56.14%	40.64%	34.70%
家庭理财是一门学问（+）	78.95%	96.15%	92.42%	89.47%	82.42%	77.73%
公民就是我们常说的人民群众（-）	42.11%	71.43%	39.39%	19.30%	11.15%	8.03%
住宅小区的自然环境固然重要，但邻居素质更重要（+）	94.74%	90.11%	95.45%	92.40%	88.09%	87.88%

从数据中可以看出人文社会科学素养水平也与个体所处的社会实践阶段关系紧密。年轻群体对团队合作、素质教育、文明法治、经济学、政治学方面的观点有更好的理解，中老年群体则对新闻、理财、赡养老人、个人素质等问题理解更加深刻。

六、职业差异

不同职业的公众，在各项具体的行为观念测试中也呈现出一定的人文社会科学素养水平差异。从总体达标情况来看，在校大学生群体和进城务工人员达标情况最好，分别为70.75%和64.71%，明显高出其他职业群体；专业技术人员（34.57%）、领导干部和公务员（包括参照《公务员法》管理人员）（40.00%）、事业管理人员（30.95%）也属于达标率相对较高的群体；农民和离退休人员的达标率最低，分别为6.42%和10.38%（图6-6）。不难看出，达标率较高的群体往往具有较高的职业技术水平和较为丰富的社会科学实践经验。

从各题具体的判断正确率来看，各个职业群体在人文社会科学知识及其运用能力方面均存在短板。领导干部和公务员（包括参照《公务员法》管理人员）在"公民就是我们常说的人民群众"一题中正确率偏低，政治学素养有待提升；事

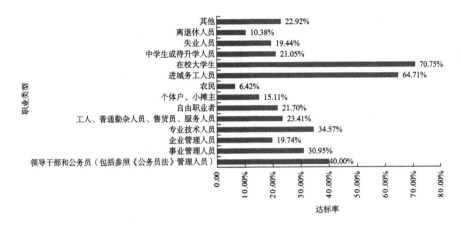

图6-6　不同职业公众行为观念中的人文社会科学素养水平测试总体达标率

业管理人员对"素质教育就是加强孩子在琴棋书画方面的教育"和"不赡养老人是违法行为"两方面问题回答正确率较低；企业管理人员，专业技术人员，工人、普通勤杂人员、售货员、服务人员，自由职业者，个体户、小摊主五个群体对各个问题的判断正确率较为接近，均处于平均水平；农民群体的正确率相对于其他群体而言整体偏低，除"每天看新闻是生活中不可或缺的一部分"和"不赡养老人是违法行为"两个题项以外，其余各题项情况均不理想，农民群体对人文社会科学知识及其运用能力有待提升；进城务工人员和在校大学生群体正确率较为理想；失业人员、中学生或待升学人员在"每天看新闻是生活中不可或缺的一部分""文物保护与城市建设发生矛盾时，应服从城市建设"两方面问题中正确率偏低；离退休人员在"素质教育就是加强孩子在琴棋书画方面的教育""公民就是我们常说的人民群众"两题中正确率偏低（表6-8）。

表6-8　不同职业公众行为观念中的人文社会科学素养水平测试正确率

职业	职1	职2	职3	职4	职5	职6	职7	职8	职9	职10	职11	职12	职13	其他
a	92.73%	90.48%	82.89%	87.65%	85.32%	89.62%	87.05%	85.02%	89.41%	92.45%	57.89%	84.72%	93.87%	83.33%
b	81.82%	83.33%	77.63%	74.07%	69.05%	79.25%	66.91%	46.08%	84.71%	89.62%	63.16%	69.44%	56.60%	64.58%
c	52.73%	38.10%	40.79%	59.26%	35.32%	38.68%	27.34%	18.69%	70.59%	90.57%	68.42%	33.33%	21.23%	31.25%
d	85.45%	80.95%	88.16%	90.12%	80.56%	84.91%	82.73%	67.76%	94.12%	90.57%	89.47%	75.00%	77.83%	79.17%
e	72.73%	78.57%	75.00%	74.07%	69.05%	83.96%	75.54%	50.21%	90.59%	83.02%	94.74%	75.00%	68.87%	70.83%
f	90.91%	88.10%	92.11%	93.83%	93.25%	95.28%	94.24%	92.87%	97.65%	87.74%	73.68%	87.50%	93.87%	85.42%
g	63.64%	59.52%	60.53%	70.37%	50.79%	53.77%	43.88%	36.23%	72.94%	89.62%	31.58%	43.06%	35.85%	52.08%

续表

职业	职1	职2	职3	职4	职5	职6	职7	职8	职9	职10	职11	职12	职13	其他
h	92.73%	83.33%	92.11%	91.36%	88.49%	85.85%	87.05%	79.17%	91.76%	100.0%	78.95%	79.17%	79.25%	93.75%
i	25.45%	30.95%	30.26%	33.33%	23.40%	21.70%	11.51%	6.99%	64.71%	83.02%	31.58%	13.89%	12.74%	22.92%
j	94.55%	92.86%	89.47%	95.06%	92.06%	90.57%	91.37%	87.02%	96.47%	87.74%	84.21%	86.11%	92.45%	95.83%

注：职1代表领导干部和公务员（包括参照《公务员法》管理人员）；职2代表事业管理人员；职3代表企业管理人员；职4代表专业技术人员；职5代表工人、普通勤杂人员、售货员、服务人员；职6代表自由职业者；职7代表个体户、小摊主；职8代表农民；职9代表进城务工人员；职10代表在校大学生；职11代表中学生或待升学人员；职12代表失业人员；职13代表离退休人员

a代表"每天看新闻是生活中不可或缺的一部分"；b代表"团队合作对一个人的成功无关紧要"；c代表"素质教育就是加强孩子在琴棋书画方面的教育"；d代表"没有车辆通行时，行人过街不必走人行横道线"；e代表"穿名牌服装总显得很有品位"；f代表"不赡养老人是违法行为"；g代表"文物保护与城市建设发生矛盾时，应服从城市建设"；h代表"家庭理财是一门学问"；i代表"公民就是我们常说的人民群众"；j代表"住宅小区的自然环境固然重要，但邻居素质更重要"

七、收入差异

从收入差异方面来看，公众行为观念中的人文社会科学素养水平与月收入水平呈正相关关系。总体上，收入水平较高的公众行为观念中的人文社会科学素养水平测试的达标率高于收入水平较低的公众，但是10 001元及以上收入公众的达标率有所回落，低于5 001~7 000元和7 001~10 000元收入层次的公众。其中，7 001~10 000元收入层次公众的达标情况最好，达标率为43.86%（图6-7）。

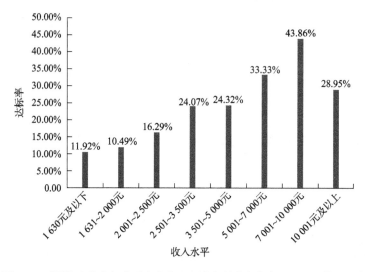

图6-7　不同收入公众行为观念中的人文社会科学素养水平测试总体达标率

　　具体问题判断正确率数据显示，与其他收入水平群体相比，收入为 1 630 元及以下的公众对各题项的回答正确率均较低；收入为 1 631~2 000 元的群体在"每天看新闻是生活中不可或缺的一部分"题项上的判断正确率较高，在其他题项上的回答正确率相对较低；收入为 2 001~5 000 元的群体，各项题目的正确率均在均值左右徘徊；收入在 5 000 元以上的群体，各项题目正确率大体上高于平均水平，较为特殊的是，7 001~10 000 元收入群体除了"每天看新闻是生活中不可或缺的一部分"一题回答正确率低于收入在 10 001 元及以上的群体以外，其余几项题目的正确率均高于收入在 10 001 元及以上的群体。这可能与被调查的收入在 10 001 元及以上群体数量较少、情况特殊有关。数据从趋势上反映出经济收入状况对个体人文社会科学行为观念的重要影响（表6-9）。

表6-9　不同收入公众行为观念中的人文社会科学素养水平测试正确率

调查问卷问题	1 630 元及以下	1 631~2 000 元	2 001~2 500 元	2 501~3 500 元	3 501~5 000 元	5 001~7 000 元	7 001~10 000 元	10 001 元及以上
每天看新闻是生活中不可或缺的一部分（＋）	83.80%	90.67%	88.69%	90.00%	86.87%	88.46%	89.47%	94.74%
团队合作对一个人的成功无关紧要（－）	51.53%	56.99%	64.25%	70.00%	71.04%	75.64%	80.70%	73.68%
素质教育就是加强孩子在琴棋书画方面的教育（－）	21.91%	26.94%	30.32%	35.93%	38.22%	44.87%	56.14%	52.63%
没有车辆通行时，行人过街不必走人行横道线（－）	69.85%	78.24%	80.54%	83.33%	83.01%	89.74%	89.47%	65.79%
穿名牌服装总显得很有品位（－）	55.11%	66.84%	71.04%	70.74%	76.83%	78.21%	80.70%	60.53%
不赡养老人是违法行为（＋）	92.43%	91.71%	94.12%	92.59%	94.59%	93.59%	94.74%	89.47%
文物保护与城市建设发生矛盾时，应服从城市建设（－）	35.72%	35.23%	47.06%	52.96%	59.46%	58.97%	80.70%	71.05%
家庭理财是一门学问（＋）	80.61%	84.46%	85.52%	84.44%	88.03%	91.03%	87.72%	84.21%
公民就是我们常说的人民群众（－）	10.62%	9.84%	13.57%	23.70%	26.64%	34.62%	42.11%	36.84%
住宅小区的自然环境固然重要，但邻居素质更重要（＋）	88.31%	89.64%	87.78%	90.74%	93.05%	98.72%	98.25%	94.74%

第三节　2009 年与 2016 年两次调查结果对比分析

　　2016 年公众行为观念中的人文社会科学素养水平测试达标率为 20.35%，低于 2009 年的达标率（29.1%），公众对人文社会科学知识的运用能力有所下降。2016 年公众对于各个问题判断的正确率总体上与 2009 年接近，其中"每天看新闻是生活中不可或缺的一部分""穿名牌服装总显得很有品位""不赡养老人是违法行为""住宅小区的自然环境固然重要，但邻居素质更重要"四个观点的正确率比 2009 年有了显著的提升。这反映出，2016 年江苏省公众的新闻素养、审美趣味和艺术素养、法律素养及对社会个体素质重要性的判断都有了一定提升。此外，各个问题回答中选择"说不清"的比率也有所下降，这在一定程度上体现了江苏省公众对于自我观点的表达更为积极和明确。

但是 2016 年江苏公众在"素质教育就是加强孩子在琴棋书画方面的教育""没有车辆通行时，行人过街不必走人行横道线""文物保护与城市建设发生矛盾时，应服从城市建设"题项上选择的正确率则与 2009 年相比有所回落（表 6-10），这说明江苏省公众在教育学素养、文明程度及法制观念、对文物保护与经济发展的态度方面仍需要正确引导。特别是在社会经济高速发展的今天，必须坚持对公众的思想观念进行科学引导。

表 6-10　2016 年和 2009 年江苏省公众行为观念中的人文社会科学素养水平测试正确率对比

调查问卷问题	2016 年		2009 年	
	判断正确	说不清	判断正确	说不清
每天看新闻是生活中不可或缺的一部分（＋）	86.95%	7.65%	82.10%	9.95%
团队合作对一个人的成功无关紧要（－）	62.75%	14.30%	66.45%	17.60%
素质教育就是加强孩子在琴棋书画方面的教育（－）	33.85%	12.70%	51.65%	19.50%
没有车辆通行时，行人过街不必走人行横道线（－）	77.85%	4.35%	84.00%	6.15%
穿名牌服装总显得很有品位（－）	66.40%	14.20%	60.65%	19.75%
不赡养老人是违法行为（＋）	92.50%	2.70%	90.10%	3.95%
文物保护与城市建设发生矛盾时，应服从城市建设（－）	48.00%	18.10%	53.70%	27.10%
家庭理财是一门学问（＋）	84.65%	11.15%	86.65%	10.30%
公民就是我们常说的人民群众（－）（2016） 通过文字表达内心感情是件很困难的事（－）（2009）	21.05%	10.90%	47.55%	33.15%
住宅小区的自然环境固然重要，但邻居素质更重要（＋）	89.95%	6.05%	82.70%	13.05%

第四节　小结与讨论

一、江苏省公众行为观念中的人文社会科学素养概况

行为观念中的人文社会科学素养水平反映的是公众对人文社会科学知识的综合运用能力。从数据结果来看，江苏省公众对人文社会科学知识的运用能力仍有很大的提升空间，公众对于看新闻、赡养老人、家庭理财、个人素质重要性等方面的把握和运用较为理想，但是对素质教育、文物保护及公民三方面的观点，存在着概念的混淆和理解上的偏差，行为观念仍有待进一步深化和加强。

对不同地域和群体公众的调查分析结果显示：

（1）不同性别公众行为观念中的人文社会科学素养水平差异不大，不同性别的公众对人文社会科学知识的运用水平较为均衡。

（2）公众行为观念中的人文社会科学素养水平存在着巨大的空间地域差异，城镇公众的达标率和各项题目的判断正确率均明显高于乡村公众；苏南地区公众的达标率和各项题目的判断正确率也整体高于苏中和苏北地区公众。人文社会科学的资源和条件分布上存在着地域上的不均衡。在涉及"团队合作""素质教育"等相对新颖和专业的领域，乡村及苏中、苏北地区公众的运用能力不佳。

（3）公众的教育程度和经济收入水平越高，其行为观念中的人文社会科学素养水平也越高。高收入和高学历群体往往比低收入和低学历群体更能接触到丰富的人文社会科学资源，也对人文社会科学知识有更高的关注度和理解力。特别是在对团队合作、素质教育、文物保护与城市建设的关系、公民等一些相对有难度的问题上，高收入和高学历群体体现出突出的正确率优势。这也进一步说明了教育和经济对于人文社会科学素养的重要作用。

（4）公众行为观念中人文社会科学素养水平存在年龄群体差异。这与被调查的不同年龄段公众的不同生活经历和对社会问题的不同关注重点有关。低年龄公众对新闻和养老问题关注不多，但是其接受的教育中文明和道德方面教育力度很大；青中年公众处于大学或工作阶段，对团队合作、素质教育、理财、公民、个人素质的重要性则有更好的理解；老年公众则反映出对新闻和养老问题的更高关注。不难看出，不同年龄段公众问题关注点的不同，均反映在其对人文社会科学知识的运用情况之中。

（5）不同职业公众行为观念中的人文社会科学素养水平之间的差异比较复杂，但也易于理解。其对于人文社会科学知识的掌握情况往往与不同的职业特点，以及其带来的不同人文社会科学实践经历密切相关。

（6）公众对部分行为的理解存在偏差。公民、素质教育虽然为大多数公民所知晓，但是绝大多数公民并未理解这些概念的真实内涵及行动标准，甚至斩钉截铁地选择了错误选项。这一现象反映出，部分人文社会科学信息在公众脑海中依然是模糊乃至错误的印象，这也进一步反映在了公众对行为的错误选择上。

（7）绝大多数公众对日常生活中与自我关系紧密事件的行动有非常好的判断，对看新闻、赡养老人、邻里关系等问题的正确率均为 80%~90%。但是，对一些与日常生活距离相对较远的题项选择存在模棱两可的现象，如团队合作、城市建设与文物保护的关系这类题项，公众的回答情况则并不理想，正确率仅为 20%~30%，选择"说不清"的公众比例也较高。可见，公众行为观念的形成十分依赖于日常的实践行动，公众对于与自己生活联系较少的人文社会科学问题应该采取何种行动关注很少，公民意识较弱。

二、对策及建议

（1）公众行为观念中的人文社会科学素养水平依然存在薄弱环节。需要提升江苏省公众对教育学、文物保护与经济建设的关系、政治法律方面的素养和观念，同时继续保持对新闻、政策、法律等相关知识和信息的传播力度。

（2）创新人文社会科学知识传播形式，可以开展更多的人文社会科学实践活动，让公众在实际参与中提升自身在日常生活中运用人文社会科学知识的能力。

（3）教育是人文社会科学素养提高的根本，必须努力推进各阶段教育工作，特别是义务教育阶段之后的教育。可以针对中老年群体开展一些有针对性的教育和知识传播活动。

（4）注重人文社会科学资源的地域均衡化发展，减少城乡和苏南、苏中、苏北各地区之间公众人文社会科学素养的差异。

（5）提升公众行为观念中的人文社会科学素养水平要特别注意不断完善和与时俱进。一方面，加强对不良行为观念的修正和引导；另一方面，及时将优质而新颖的人文社会科学信息资源普及给公众。

（6）强化公众的公民意识，鼓励公众针对社会中一些重要事件发表自己的观点，积极参与各项社会实践和社会建设，提升公民的社会责任感。

（7）针对不同的人群，开展针对性的工作。关注不同年龄、职业、收入等群体之间呈现出的差异，密切把握其需求和关注点的变动，针对不同群体的优势和薄弱点对症下药。

第七章 江苏省公众获得人文社会科学知识的渠道及活动分析

第一节 总体情况分析

一、江苏省公众了解时事新闻的渠道

调查显示，收看电视是江苏省公众获得时事新闻的主要渠道，高达 83.60% 的被访者选择了该项，位居各渠道之首。此外，上网浏览渠道上升势头强劲，排在第二位，46.85% 的被访者选择了该项，列第三位的是与人交谈（38.30%），其次是阅读报纸（32.00%），而选择收听广播、阅读杂志（期刊）的不足 20.00%（本题可选 1~3 项）（图 7-1）。

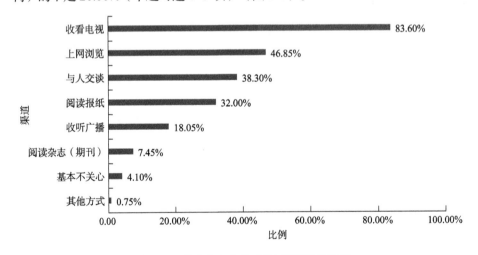

图 7-1 江苏省公众获得时事新闻渠道的比例

二、江苏省公众获得人文社会科学知识的渠道

在获得人文社会科学知识的渠道方面，76.05%的公众通过收看电视，41.60%的公众通过上网浏览，30.60%的公众通过阅读报纸，29.70%的公众通过与人交谈，16.45%的公众通过收听广播，11.40%的公众通过学校课本与课堂教学，10.30%的公众通过阅读图书，9.90%的公众通过听讲座、看展览等科普活动，8.35%的公众通过阅读杂志（期刊）获得，如图 7-2 所示。可见，收看电视是当前公众获得人文社会科学知识的首要渠道，上网浏览、阅读报纸和与人交谈的方式紧随其后。通过收听广播和阅读图书获得人文社会科学知识的公众占比相对要少一些，而通过听讲座、看展览等科普活动及阅读杂志（期刊）获得人文社会科学知识的公众占比最少，均不到 10.00%。

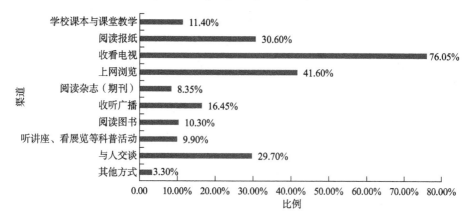

图 7-2　江苏省公众获得人文社会科学知识的渠道

三、江苏省公众接触人文社会科学相关场所的状况及参与日常科普活动的情况

（一）江苏省公众接触人文社会科学相关场所的状况

在调查所列的七个与人文社会科学相关的场所中，公众接触最多的是"书店、书市"，去过的比例达 53.10%，其次是"科普宣传橱窗或报刊宣传栏"，去过的公众占 49.00%，去过"公共图书馆"的公众占 41.40%，列第三位，以下依次是"博物馆"（35.05%）、"历史文化主题公园"（33.40%）、"文化馆"（27.30%）、"展览馆、美术馆"（26.05%）。在这些场所中，公众去过"书

店、书市""科普宣传橱窗或报刊宣传栏""公共图书馆"达到三次及以上的比例较高,分别为29.35%、24.50%和19.40%(表7-1)。可见,"书店、书市"、"科普宣传橱窗或报刊宣传栏"及"公共图书馆"是公众较为青睐的人文社会科学相关场所,而文化馆、展览馆、美术馆对公众的吸引力有待提高。

表7-1 江苏省公众去过人文社会科学相关场所次数情况

人文社会科学相关场所	一两次	三次及以上	没去过	合计
博物馆	26.25%	8.80%	64.95%	100.00%
展览馆、美术馆	20.25%	5.80%	73.95%	100.00%
公共图书馆	22.00%	19.40%	58.60%	100.00%
科普宣传橱窗或报刊宣传栏	24.50%	24.50%	51.00%	100.00%
文化馆	19.60%	7.70%	72.70%	100.00%
书店、书市	23.75%	29.35%	46.90%	100.00%
历史文化主题公园	22.95%	10.45%	66.60%	100.00%

过去一年中没有接触过这些场所的公众中,主要的原因集中于"本地没有"、"不感兴趣"和"其他"。反映当地没有"博物馆""展览馆、美术馆""历史文化主题公园"的达三成以上,没有"公共图书馆""科普宣传橱窗或报刊宣传栏""文化馆""书店、书市"的占两成以上。因为"不感兴趣"而没有接触过书店、书市的公众达三成,由于这一原因没接触过其他相关场所的公众也占到两成左右。因为"其他"而没接触过相关场所的公众也占到两三成,选择"其他"的公众多是由于没有时间、不识字等原因。其余原因的选择率较低,"不知在哪里"的选择率在一成左右,"交通不便"在5.00%左右,而"缺乏展品"不到5.00%(表7-2)。

表7-2 江苏省公众没去过人文社会科学相关场所的原因

人文社会科学相关场所	本地没有	交通不便	不知在哪里	缺乏展品	不感兴趣	其他
博物馆	37.95%	6.77%	6.70%	1.85%	20.56%	26.17%
展览馆、美术馆	32.79%	5.95%	9.33%	1.62%	22.66%	27.65%
公共图书馆	26.45%	5.29%	9.90%	1.71%	24.74%	31.91%
科普宣传橱窗或报刊宣传栏	21.76%	3.43%	10.59%	3.82%	29.42%	30.98%
文化馆	27.79%	4.06%	15.41%	2.20%	22.62%	27.92%
书店、书市	21.64%	6.08%	6.08%	2.13%	30.06%	34.01%
历史文化主题公园	36.49%	4.05%	12.61%	1.28%	17.64%	27.93%

(二)江苏省公众参与日常科普活动的情况

从调查结果来看,在过去一年中,江苏省公众参加过日常科普活动的比例不高，在各项日常科普活动中，公众参与过"社科咨询"的比例最高，为37.25%，其次是"文化活动"，为33.75%。"社科普及宣传周"、"科普宣传周"及"全国科普日"的公众参与度不高，仅有19.25%、22.45%和22.60%的公众参加过。在这些日常科普活动中，公众参加过"社科咨询"、"文化活动"及"人文（社科）讲座"达到三次及以上的相对比例较高，分别达到10.20%、10.05%和8.85%，其余活动的参加次数达到三次及以上的仅有不到5.00%（表7-3）。

表7-3　江苏省公众参加日常科普活动的情况

日常科普活动	一两次	三次及以上	没去过	合计
全国科普日	19.05%	3.55%	77.40%	100.00%
科普宣传周	18.30%	4.15%	77.55%	100.00%
社科普及宣传周	16.05%	3.20%	80.75%	100.00%
社科咨询	27.05%	10.20%	62.75%	100.00%
人文（社科）讲座	19.30%	8.85%	71.85%	100.00%
文化活动	23.70%	10.05%	66.25%	100.00%
其他	3.75%	1.05%	95.20%	100.00%

在过去一年中，没参加过日常科普活动的公众，主要是由于"本地没有"和"没听说过"。其中，"没听说过"是公众没参加过"全国科普日""科普宣传周""社科普及宣传周""社科咨询"的主要原因，分别有35.92%、38.08%、38.57%和23.51%没参加过的公众选择了该原因，而"本地没有"是公众没参加过"人文（社科）讲座"和"文化活动"的主要原因，分别有26.86%和25.89%没参加过的公众选择了这一原因。由于"交通不便"而没参加过各类日常科普活动的公众占比最少，均少于5.00%。由于"不知在哪里"而没参加过各类日常科普活动的公众基本上在10.00%左右，由于"不感兴趣"而没参加过"全国科普日""科普宣传周""社科普及宣传周"的公众在13.00%左右，而由于这一原因没参加过"社科咨询"、"人文（社科）讲座"和"文化活动"的公众在18.00%左右。"其他"原因大多是没有时间、不识字等，这部分原因大约占20.00%（表7-4）。

表7-4　江苏省公众未参加日常科普活动相关原因

日常科普活动	本地没有	交通不便	不知在哪里	没听说过	不感兴趣	其他
全国科普日	20.22%	2.13%	11.05%	35.92%	12.79%	17.89%
科普宣传周	17.39%	1.71%	10.88%	38.08%	14.23%	17.71%
社科普及宣传周	17.28%	1.61%	10.90%	38.57%	13.56%	18.08%
社科咨询	18.80%	2.55%	12.27%	23.51%	19.28%	23.59%
人文（社科）讲座	26.86%	1.74%	10.37%	21.57%	17.40%	22.06%
文化活动	25.89%	2.19%	9.74%	21.57%	17.74%	22.87%
其他	4.41%	0.53%	1.37%	5.87%	2.84%	84.98%

第二节　地域差异与群体差异比较

一、江苏省不同群体公众了解时事新闻的渠道比较

（一）性别差异

男性公众通过阅读报纸了解时事新闻的比例达到 37.14%，高于女性公众（25.42%）。男性公众通过收看电视、收听广播了解时事新闻的比重略高于女性公众。在上网浏览了解时事新闻上，女性公众的比例略高于男性，达到48.93%，男性公众则为 45.23%。女性公众对时事新闻不关心的比例略高于男性公众。而在与人交谈、阅读杂志（期刊）等方面，男性公众与女性公众均没有明显的差异（图 7-3）。

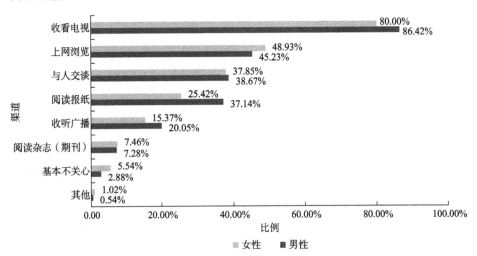

图 7-3　江苏省不同性别公众了解时事新闻的渠道差异

（二）年龄差异

调查数据显示，不同年龄段公众通过阅读报纸了解时事新闻的比例有一定差异，以25岁为界，25岁以下的公众通过此种方式了解时事新闻的较少，19~25岁公众的比例最低，只有14.84%，26 岁以上公众的比例在 30.00%左右。

不同年龄段公众通过收看电视了解时事新闻的比例也有一定差异，年龄大的公众更倾向于通过这一方式了解新闻，46 岁以上公众的比例均超过 90.00%，

而 19~25 岁公众的比例最低，只有 52.20%。

不同年龄段公众通过上网浏览了解时事新闻的比例存在显著差异，越年轻的公众使用上网浏览方式的比例越高，15~18 岁公众的使用比例高达 94.74%，19~25 岁和 26~35 岁公众的使用比例均超过 90.00%，而 56~69 岁公众的使用比例仅为 12.73%。

不同年龄段公众在阅读杂志（期刊）了解时事新闻方面存在一定差异，15~18 岁公众的比例最高，为 21.05%，19~45 岁公众通过这一方式了解时事新闻的比例在一成左右，而 46~69 岁公众的比例仅有 5%左右。

不同年龄段公众在收听广播了解时事新闻方面存在着显著的差异，年龄较大的公众更多地选择收听广播，56~69 岁公众的比例最高，达 27.58%，其次是 46~55 岁公众，为 15.88%，而 15~18 岁公众的比例为 0.00。

不同年龄段公众通过与人交谈了解时事新闻方面同样存在一定差异，25 岁以下的公众通过此种方式了解时事新闻的较多，比例最高的是 19~25 岁公众，达到 57.69%，25 岁以上公众的比例在 35.00%左右，36~45 岁公众的比例最低，为 32.46%。

不同年龄段公众在对时事新闻关心程度方面也有一定差异，15~18 岁公众基本不关心新闻的比例最高，为 10.53%，其次是 46~55 岁公众，为 6.24%，其余四个年龄段的比例均小于 5.00%（表 7-5）。

表 7-5　不同年龄段公众了解时事新闻的渠道差异

渠道	15~18 岁	19~25 岁	26~35 岁	36~45 岁	46~55 岁	56~69 岁
阅读报纸	21.05%	14.84%	27.65%	32.16%	35.73%	35.61%
收看电视	63.16%	52.20%	74.24%	80.70%	91.12%	92.12%
上网浏览	94.74%	92.31%	92.05%	67.84%	35.92%	12.73%
阅读杂志（期刊）	21.05%	10.99%	10.23%	9.06%	4.54%	6.36%
收听广播	0.00	7.69%	14.77%	11.99%	15.88%	27.58%
与人交谈	47.37%	57.69%	40.53%	32.46%	33.65%	38.33%
其他	0.00	2.75%	0.38%	0.58%	0.76%	0.45%
基本不关心	10.53%	1.65%	1.14%	2.34%	6.24%	4.85%

（三）文化程度差异

不同文化程度公众通过阅读报纸了解时事新闻的渠道存在显著的差异，中等学历的公众通过阅读报纸了解新闻的较多。高中或中专（技校）学历公众的报纸阅读率最高，达到 49.51%，而小学及以下学历和研究生及以上学历公众的报纸阅读率只有一成多。

以收看电视作为了解时事新闻的渠道，按照不同文化程度的分布显示，小学及以下学历、初中学历和高中或中专（技校）学历公众通过收看电视了解时事新闻的比例最高，均超过 80.00%，大专学历公众比例为 77.54%，而大学本科学历公众的比例下降到 62.89%，研究生及以上学历公众的比例仅有 44.07%。

通过上网浏览了解时事新闻的比例与文化程度呈高度正相关关系，研究生及以上学历公众使用网络了解新闻的比例最高，达到 98.31%，大专学历公众和大学本科学历公众的使用率也均在 85.00%以上。其他各学历公众随文化程度由高到低，使用网络的比例迅速下降，小学及以下的学历公众比例仅为 6.14%。

不同文化程度公众通过阅读杂志（期刊）了解时事新闻的比例普遍不高，文化程度越高的公众选择该方式的比例越高，最高的是研究生及以上学历公众，选择率为 22.03%，其次是大学本科学历公众（13.92%），小学以下学历公众选择率最低，仅为 1.02%。

通过收听广播了解时事新闻的比例同样不高，小学及以下学历公众的比例最高，为 22.51%，其次是大专学历公众（19.79%），大学本科学历公众和研究生及以上学历公众的收听率仅略高于 10.00%。

不同文化程度的公众在通过与人交谈了解时事新闻方面存在一定差异，高学历的公众更倾向于通过这一方式了解新闻，研究生及以上学历公众的比例最高，为 61.02%，其次是大学本科学历公众（52.06%），而高中或中专（技校）学历公众比例最低，为 30.88%。

文化程度和对时事新闻的关心程度有一定关系，文化程度越低的公众对新闻基本不关心的比例越高，小学及以下学历公众对新闻基本不关心的有 11.76%，其余组均低于 5.00%（表 7-6）。

表 7-6 不同文化程度公众了解时事新闻的渠道差异

渠道	小学及以下	初中	高中或中专（技校）	大专	大学本科	研究生及以上
阅读报纸	12.02%	31.93%	49.51%	44.92%	29.38%	11.86%
收看电视	84.91%	90.77%	87.50%	77.54%	62.89%	44.07%
上网浏览	6.14%	34.56%	59.31%	87.70%	95.88%	98.31%
阅读杂志（期刊）	1.02%	7.12%	7.60%	10.16%	13.92%	22.03%
收听广播	22.51%	19.26%	14.71%	19.79%	11.34%	11.86%
与人交谈	41.69%	34.96%	30.88%	39.57%	52.06%	61.02%
其他	1.53%	0.40%	0.25%	0.53%	1.55%	1.69%
基本不关心	11.76%	3.30%	1.72%	1.07%	0.00	0.00

注：在大学本科和研究生及以上学历公众中在校大学生占有一定比例，由于他们平时不方便收看电视，该群体此项比例较其他群体低

（四）职业差异

调查显示，领导干部和公务员（包括参照《公务员法》管理人员）、事业管理人员的报纸阅读率较高，分别为 65.45%和 52.38%，其次是离退休人员和企业管理人员，比例分别为 47.64%和 44.74%，在校大学生和中学生或待升学人员的报纸阅读率较低，分别为 10.38%和 15.79%，其他职业组的报纸阅读率多为 20.00%~40.00%。

除了在校大学生和中学生或待升学人员，其他职业的公众通过收看电视了解时事新闻的选择率均在 70.00%以上，最高的是离退休人员，高达 95.75%。最少的是中学生或待升学人员，比例骤减为 42.11%。

在上网浏览时事新闻方面，在校大学生的比例最高，达到 98.11%，其次是专业技术人员（86.42%）。最低的是农民，仅有 17.40%。

通过阅读杂志（期刊）了解时事新闻方面，中学生或待升学人员的比例最高，为 15.79%，其次是在校大学生（15.09%）。较低的是失业人员和农民，均不到 5.00%，失业人员的比例仅为 2.78%。

通过收听广播了解时事新闻方面，选择率较高的是离退休人员、事业管理人员和农民，比例分别为 27.36%、23.81%和 21.68%。而自由职业者、中学生或待升学人员和在校大学生的比例较低，均在 10.00%以下，在校大学生的选择率仅为 3.77%。

在校大学生通过与人交谈来了解时事新闻的比例最高，达到 66.98%，领导干部和公务员（包括参照《公务员法》管理人员）选择与人交谈的比例最低，为 23.64%，其他职业组的选择率为 30.00%~50.00%。

中学生或待升学人员基本不关心时事新闻的比例最高，为 15.79%，而领导干部和公务员（包括参照《公务员法》管理人员）、事业管理人员、专业技术人员和在校大学生基本不关心的选择率为 0.00（表 7-7）。

表 7-7　不同职业公众了解时事新闻的渠道差异

职业	阅读报纸	收看电视	上网浏览	阅读杂志（期刊）	收听广播	与人交谈	其他	基本不关心
领导干部和公务员（包括参照《公务员法》管理人员）	65.45%	83.64%	76.36%	10.91%	18.18%	23.64%	0.00	0.00
事业管理人员	52.38%	85.71%	76.19%	11.90%	23.81%	30.95%	0.00	0.00
企业管理人员	44.74%	80.26%	78.95%	10.53%	18.42%	35.53%	0.00	1.32%
专业技术人员	33.33%	77.78%	86.42%	9.88%	17.28%	43.21%	0.00	0.00
工人、普通勤杂人员、售货员、服务人员	33.33%	84.92%	58.73%	7.54%	15.48%	34.92%	0.40%	3.57%

续表

职业	阅读报纸	收看电视	上网浏览	阅读杂志（期刊）	收听广播	与人交谈	其他	基本不关心
自由职业者	33.96%	78.30%	73.58%	5.66%	9.43%	33.96%	0.94%	1.89%
个体户、小摊主	35.97%	82.01%	65.47%	5.76%	14.39%	32.37%	0.72%	4.32%
农民	25.11%	90.44%	17.40%	4.71%	21.68%	39.09%	0.57%	6.56%
进城务工人员	20.00%	71.76%	81.18%	10.59%	11.76%	35.29%	1.18%	1.18%
在校大学生	10.38%	42.45%	98.11%	15.09%	3.77%	66.98%	2.83%	0.00
中学生或待升学人员	15.79%	42.11%	84.21%	15.79%	5.26%	47.37%	5.26%	15.79%
失业人员	30.56%	86.11%	34.72%	2.78%	15.28%	37.50%	2.78%	5.56%
离退休人员	47.64%	95.75%	22.17%	8.96%	27.36%	37.26%	0.00	2.36%
其他	37.50%	75.00%	62.50%	8.33%	10.42%	29.17%	2.08%	8.33%

（五）收入差异

月收入 10 001 元及以上公众通过阅读报纸了解时事新闻的比例最高，达到 47.37%，其次是 2 001~2 500 元收入公众（42.53%），月收入 1 630 元及以下公众的阅读报纸率最低，仅有 25.76%。

在收看电视了解时事新闻方面，收入偏中下的公众选择率较高，2 001~2 500 元收入公众的比例最高，为 92.76%，其次是 1 631~2 000 元收入公众（89.64%）。7 001~10 000 元收入公众的选择率最低，为 77.19%。

通过上网浏览来了解时事新闻方面，基本上是收入越高，选择率越高。高收入公众较偏好这一方式，月收入 5 001~7 000 元公众所占的比例最高，为 80.77%，其次是 7 001~10 000 元收入公众（80.70%），而 1 630 元及以下收入公众的选择率仅为 22.18%。

各收入水平公众通过阅读杂志（期刊）了解时事新闻的比例都不高，其中月收入在 7 000 元以上的公众选择率相对略高，在 13.00%左右，其他收入公众均低于一成。

月收入在 1 630 元及以下公众选择收听广播了解新闻的比例最高，为 22.18%，其次是 7 001~10 000 元收入公众（21.05%）。月收入 2 001~2 500 元和 3 501~5 000 元公众的选择率较低，分别为 14.03%和 14.67%。

月收入在 10 001 元及以上的公众选择通过与人交谈了解新闻的比例最高，达到 42.11%，其余各收入公众均为 30.00%~40.00%，其中 2 001~2 500 元收入公众所占的比例最低，为 30.32%。

低收入的公众基本不关心时事新闻的比例相对略高，1 630 元及以下收入公众的选择率为 6.91%，而 5 001~7 000 元和 7 001~10 000 元收入公众对时事新闻最为关心，所有被访者都会从各个渠道了解时事新闻（不关心者占比 0.00）

（表7-8）。

表7-8 不同收入公众了解时事新闻的渠道差异

收入水平	阅读报纸	收看电视	上网浏览	阅读杂志（期刊）	收听广播	与人交谈	其他	基本不关心
1 630 元及以下	25.76%	85.79%	22.18%	4.38%	22.18%	37.58%	1.06%	6.91%
1 631~2 000 元	36.27%	89.64%	33.68%	7.25%	18.13%	38.34%	0.52%	4.66%
2 001~2 500 元	42.53%	92.76%	45.70%	8.14%	14.03%	30.32%	0.45%	1.81%
2 501~3 500 元	38.15%	86.67%	60.74%	8.15%	17.78%	34.81%	0.00	2.59%
3 501~5 000 元	36.29%	82.24%	68.73%	9.27%	14.67%	39.00%	0.39%	1.93%
5 001~7 000 元	39.74%	85.90%	80.77%	5.13%	20.51%	34.62%	0.00	0.00
7 001~10 000 元	33.33%	77.19%	80.70%	12.28%	21.05%	33.33%	0.00	0.00
10 001 元及以上	47.37%	81.58%	78.95%	13.16%	15.79%	42.11%	0.00	2.63%

（六）城乡差异

调查显示，城镇公众通过阅读报纸了解时事新闻的比例达 36.59%，高于乡村公众（29.11%）。城镇公众上网浏览了解时事新闻的比例为 66.15%，远高于乡村公众（34.80%）。在阅读杂志（期刊）方面，城乡公众的选择率均不高，城镇公众的比例略高于乡村公众。但乡村公众选择收看电视了解时事新闻的比例达到 87.80%，高于城镇公众。在收听广播和与人交谈两方面，城乡公众之间的差异不大。但是乡村公众基本不关心时事新闻的比例略高于城镇公众（图 7-4）。

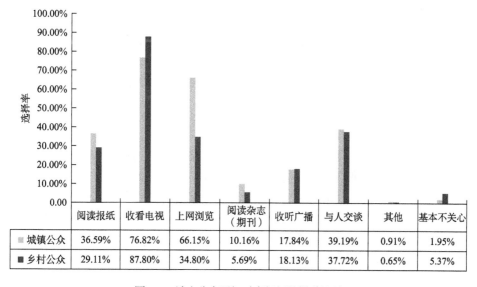

	阅读报纸	收看电视	上网浏览	阅读杂志（期刊）	收听广播	与人交谈	其他	基本不关心
城镇公众	36.59%	76.82%	66.15%	10.16%	17.84%	39.19%	0.91%	1.95%
乡村公众	29.11%	87.80%	34.80%	5.69%	18.13%	37.72%	0.65%	5.37%

图 7-4 城乡公众了解时事新闻的渠道差异

（七）地区差异

调查结果显示，不同地区公众通过上网浏览了解时事新闻的选择率由南向北依次递减，苏南地区公众上网浏览的选择率达 54.58%，而苏中、苏北地区公众的选择率不到 45.00%。在阅读报纸、收听广播方面，苏南地区公众的选择率最高，其次是苏北地区公众，苏中地区公众的选择率最低。收看电视、阅读杂志（期刊）和与人交谈的选择率不存在明显的地区间差异。苏中、苏北地区公众基本不关心时事新闻的比例相对略高，均高于 5.00%（图 7-5）。

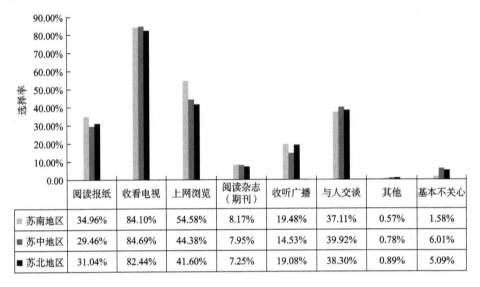

	阅读报纸	收看电视	上网浏览	阅读杂志（期刊）	收听广播	与人交谈	其他	基本不关心
苏南地区	34.96%	84.10%	54.58%	8.17%	19.48%	37.11%	0.57%	1.58%
苏中地区	29.46%	84.69%	44.38%	7.95%	14.53%	39.92%	0.78%	6.01%
苏北地区	31.04%	82.44%	41.60%	7.25%	19.08%	38.30%	0.89%	5.09%

图 7-5　不同区域公众了解时事新闻的渠道差异

二、江苏省不同群体公众获得人文社会科学知识的渠道

（一）性别差异

总体而言，在获得人文社会科学知识的渠道方面，男性和女性公众差异不大，占比最多的渠道均为收看电视、上网浏览。差异略大的主要是阅读报纸、收听广播、收看电视及上网浏览四方面。调查显示，男性公众通过阅读报纸、收看电视和收听广播获取人文社会科学知识信息的比例分别高出女性公众 8.99个百分点、4.21 个百分点和 4.14 个百分点，此外，女性公众获取人文社会科学知识排名第三的渠道是与人交谈，比例达到 29.15%，而男性公众是阅读报纸，占比为 34.53%（图 7-6）。

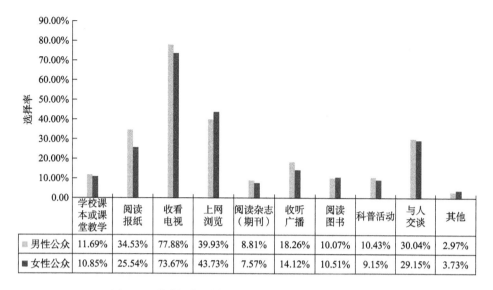

	学校课本或课堂教学	阅读报纸	收看电视	上网浏览	阅读杂志（期刊）	收听广播	阅读图书	科普活动	与人交谈	其他
男性公众	11.69%	34.53%	77.88%	39.93%	8.81%	18.26%	10.07%	10.43%	30.04%	2.97%
女性公众	10.85%	25.54%	73.67%	43.73%	7.57%	14.12%	10.51%	9.15%	29.15%	3.73%

图 7-6　不同性别公众获得人文社会科学知识的渠道差异

（二）年龄差异

不同年龄段公众在获得人文社会科学知识的渠道方面存在显著差异（表 7-9）。其中，在科普活动、阅读杂志（期刊）和与人交谈方面，不同年龄段公众的选择比例差异较小。但是收看电视、上网浏览、学校课本与课堂教学、阅读图书、阅读报纸几方面都体现出鲜明的年龄特征。其中，通过学校课本与课堂教学获得人文社会科学知识与年龄呈负相关关系，年龄越小，通过学校课本与课堂教学获得人文社会科学知识越多，15~18 岁公众通过这一方式获得人文社会科学知识的比重高达 89.47%，19~25 岁公众这一比例降到了 49.45%，而 36 岁以上的公众这一比例均不到 10.00%。与之相反，在 25 岁以上的公众中，通过收看电视获得人文社会科学知识的比例大体上随着年龄的增加而上升，46~55 岁及 56~69 岁公众的这一比例分别达到 85.63% 和 85.61%。19~25 岁公众通过收看电视获得人文社会科学知识的比例较低，仅有 30.77%，这可能是由于这一年龄段的公众多数外出求学，而学校宿舍没有电视设备。不同年龄的公众在使用网络渠道方面也存在较大差异，总体来说，成年公众年龄越高，越少通过上网浏览的方式获得人文社会科学知识。其中，19~25 岁及 26~35 岁公众通过这一方式获得人文社会科学知识的比例分别高达 83.52% 和 83.71%，而 56~69 岁公众这一比例仅有 11.06%。15~18 岁的未成年公众的这一比例相比 19~25 岁公众略低，但仍达到 68.42%，在所有年龄段中排名第三。公众通过阅读报纸获得人文社会科学知识的比例大体上随着年龄的增加而上升，不过比例差距并不大。但其中 19~25 岁公众是例外，通过阅读报纸获得人文社会科学知识的比例非常低，仅有 7.69%，与其他年龄段公众差距很大。有意思的是，公众通过阅读图书获得人文社会科学知识的比例变化与阅读报纸相反，基本随着年龄的增长而降低，36 岁以上的公众这一比例均不到 10.00%，而其中 19~25 岁公众通过阅读图书获得人文社会科学知识的比例却远高于其他公众，达到37.36%。

表7-9　不同年龄段公众获得人文社会科学知识的渠道差异

渠道	15~18 岁	19~25 岁	26~35 岁	36~45 岁	46~55 岁	56~69 岁
收看电视	47.37%	30.77%	66.29%	77.22%	85.63%	85.61%
上网浏览	68.42%	83.52%	83.71%	62.13%	30.43%	11.06%
阅读报纸	26.32%	7.69%	24.62%	31.95%	33.27%	36.67%
与人交谈	21.05%	24.73%	28.03%	24.26%	30.81%	33.94%
收听广播	0.00	4.95%	12.88%	11.83%	13.99%	25.76%
学校课本与课堂教学	89.47%	49.45%	14.02%	7.40%	5.29%	4.55%
阅读图书	21.05%	37.36%	15.91%	7.69%	5.67%	5.30%
科普活动	0.00	18.68%	13.26%	10.36%	7.56%	8.03%
阅读杂志（期刊）	5.26%	10.44%	14.77%	10.06%	4.91%	7.12%
其他方式	0.00	0.55%	0.00	1.18%	3.97%	5.00%

（三）文化程度差异

不同文化程度的公众在获得人文社会科学知识的渠道方面也存在较大差异（表 7-10）。其中上网浏览、学校课本与课堂教学、阅读图书、阅读杂志（期刊）、科普活动几个方面都与公众文化程度存在正相关关系，文化程度越高，选择以上几种渠道获取人文社会科学知识的比率也越高。其中，不同文化程度的公众通过上网浏览获取人文社会科学知识比例的差异最明显，研究生及以上学历的公众中有 94.92%选择这一渠道，而小学及以下学历公众的选择率仅有5.12%。此外，研究生及以上学历的公众通过学校课本与课堂教学、科普活动方式获得人文社会科学知识的比例也远远高于其他学历的公众，分别达到 45.76%和 33.90%。大学本科和研究生及以上学历的公众通过阅读图书获得人文社会科学知识的比例远高于其他学历的公众，比例超过 34.00%，而其他文化程度公众的比例不到 15.00%。

表7-10　不同文化程度公众获得人文社会科学知识的渠道差异

渠道	小学及以下	初中	高中或中专（技校）	大专	大学本科	研究生及以上
收看电视	77.75%	87.20%	79.17%	66.84%	49.84%	16.95%
上网浏览	5.12%	30.47%	49.26%	81.28%	88.14%	94.92%
阅读报纸	11.25%	35.09%	46.08%	36.36%	20.62%	8.47%

续表

渠道	小学及以下	初中	高中或中专（技校）	大专	大学本科	研究生及以上
与人交谈	39.39%	31.27%	25.49%	24.06%	21.13%	18.64%
收听广播	21.74%	17.02%	15.44%	17.65%	7.22%	6.78%
学校课本与课堂教学	3.58%	6.46%	9.80%	22.46%	28.35%	45.76%
阅读图书	2.30%	6.20%	7.84%	12.83%	34.54%	44.07%
科普活动	5.12%	6.86%	10.05%	14.44%	19.07%	33.90%
阅读杂志（期刊）	2.56%	6.60%	10.05%	14.44%	14.43%	16.95%
其他方式	11.51%	2.24%	0.98%	0.00	0.00	0.00

公众通过与人交谈获得人文社会科学知识的比例与文化程度呈负相关关系，小学及以下学历的公众有 39.39%选择这一方式，而研究生及以上学历公众的选择率仅有 18.64%。公众通过收听广播、收看电视获得人文社会科学知识大体上也与文化程度呈负相关关系。在收听广播方面，小学及以下学历公众选择比例最高，而大学本科及以上公众仅有不到 10.00%选择，但初中、高中或中专（技校）学历的公众选择这一方式的比例略低于大专学历的公众。小学及以下学历的公众选择通过收看电视获得人文社会科学知识的比例为 77.75%，略低于初中学历公众（87.20%），但小学学历以上的公众文化程度越高，越少选择通过收看电视获得人文社会科学知识，研究生及以上学历的公众仅有 16.95%选择这一方式。

中等学历的公众通过阅读报纸获得人文社会科学知识的比例较高，其中高中或中专（技校）学历的公众有 46.08%选择这一方式，初中和大专学历公众选择这一方式的比例也超过 30.00%，而小学及以下学历的公众仅有 11.25%，研究生及以上学历选择这一方式的比例更少，仅有 8.47%。

（四）职业差异

调查数据显示，获得人文社会科学知识的渠道差异也体现在不同的职业群体中（表 7-11）。

表 7-11　不同职业公众获得人文社会科学知识的渠道差异

职业	收看电视	上网浏览	阅读报纸	与人交谈	收听广播	学校课本与课堂教学	阅读图书	科普活动	阅读杂志（期刊）	其他方式
领导干部和公务员（包括参照《公务员法》管理人员）	80.00%	70.91%	50.91%	14.55%	14.55%	9.09%	9.09%	14.55%	18.18%	1.82%
事业管理人员	73.81%	64.29%	59.52%	21.43%	7.14%	16.67%	19.05%	19.05%	16.67%	0.00
企业管理人员	67.11%	73.68%	34.21%	19.74%	18.42%	10.53%	6.58%	13.16%	14.47%	0.00

职业	收看电视	上网浏览	阅读报纸	与人交谈	收听广播	学校课本与课堂教学	阅读图书	科普活动	阅读杂志（期刊）	其他方式
专业技术人员	72.84%	82.72%	24.69%	28.40%	20.99%	12.35%	16.05%	12.35%	8.64%	0.00
工人、普通勤杂人员、售货员、服务人员	78.17%	51.98%	33.33%	22.62%	13.89%	7.94%	11.11%	9.13%	7.94%	1.59%
自由职业者	70.75%	62.26%	32.08%	27.36%	9.43%	10.38%	7.55%	9.43%	9.43%	0.94%
个体户、小摊主	78.42%	58.27%	38.13%	27.34%	12.23%	9.35%	5.76%	7.91%	10.79%	2.88%
农民	85.45%	14.27%	26.11%	35.24%	20.11%	5.85%	4.42%	7.99%	4.99%	6.42%
进城务工人员	57.65%	71.76%	15.29%	27.06%	8.24%	30.59%	11.76%	9.41%	10.59%	0.00
在校大学生	16.98%	91.51%	4.72%	16.98%	1.89%	55.66%	53.77%	26.42%	13.21%	0.00
中学生或待升学人员	36.84%	68.42%	21.05%	26.32%	5.26%	84.21%	15.79%	0.00	5.26%	0.00
失业人员	77.78%	27.78%	26.39%	50.00%	15.28%	1.39%	8.33%	1.39%	6.94%	4.17%
离退休人员	87.74%	21.70%	47.64%	33.02%	26.42%	2.36%	7.08%	7.08%	7.55%	2.36%
其他	70.83%	52.08%	27.08%	25.00%	8.33%	10.42%	12.5%	14.58%	8.33%	6.25%

收看电视的比例，在校大学生及中学生或待升学人员较低，其中在校大学生最低，只有 16.98%。离退休人员、领导干部和公务员（包括参照《公务员法》管理人员）、农民的比例较高，均在 80.00% 以上。

上网浏览是专业技术人员与在校大学生获得人文社会科学知识的主要渠道，除农民、失业人员、离退休人员较低，其他群体均在 50.00% 以上。

阅读报纸的比例，领导干部和公务员（包括参照《公务员法》管理人员）、事业管理人员、离退休人员相对较高，均在四成以上，事业管理人员最高，近六成。在校大学生和进城务工人员比例较低，均不到两成，其中最低的为在校大学生，只有 4.72%。

与人交谈的比例各群体较为接近。失业人员和农民的比例相对较高，其中失业人员比例最高，达到五成。而领导干部和公务员（包括参照《公务员法》管理人员）、在校大学生的比例较低，不到两成。

收听广播的比例总体不是很高，离退休人员、农民、专业技术人员较高，在 20.00% 左右，在校大学生、中学生或待升学人员、事业管理人员比例较低，均不到 10.00%。

学校课本与课堂教学方面，中学生或待升学人员和在校大学生两类学生群体的比例最高，其中中学生或待升学人员达到 84.21%。领导干部和公务员（包括参照《公务员法》管理人员），失业人员，离退休人员，农民，工人、普通勤杂人员、售货员、服务人员比例较低，均未能达到 10%。其中失业人员比例最低，仅为 1.39%。

阅读图书方面，在校大学生的比例最高，超过五成。其他群体均不到两成。农民的比例最低，为 4.42%。

科普活动方面，在校大学生比例最高，为 26.42%。领导干部和公务员（包括参照《公务员法》管理人员）、事业管理人员、企业管理人员、专业技术人员、其他人员较为接近。其他几类工作群体均不到一成，其中中学生或待升学群体为 0.00，说明中学生或待升学群体科普活动参加的机会和次数都极为稀少。

阅读杂志（期刊）方面，各群体比例均不高。其中，领导干部和公务员（包括参照《公务员法》管理人员）比例最高，为 18.18%，事业管理人员和企业管理人员紧随其后。其他群体差距相对较小。

（五）收入差异

总体来看，不同收入公众在获得人文社会科学知识的渠道方面存在较大差异（表 7-12）。不同收入水平的公众通过收看电视获得人文社会科学知识的比例差距不明显，但低收入水平群体通过该渠道获得人文社会科学知识的比例略高，收入在 1 630 元及以下及 2 001~2 500 元的公众选择比例都超过了 80.00%，而收入为 7 001~10 000 元的公众选择比例最低，为 66.67%。公众在通过阅读报纸获取人文社会科学知识方面的差距同样不是很明显，除了收入在 1 630 元及以下及 7 001~10 000 元的公众选择这一方式的比例略低，其余收入水平的公众选择比例均在 30.00% 以上。

表 7-12　不同收入公众获得人文社会科学知识的渠道差异

渠道	1 630 元及以下	1 631~2 000 元	2 001~2 500 元	2 501~3 500 元	3 501~5 000 元	5 001~7 000 元	7 001~10 000 元	10 001 元及以上
收看电视	82.87%	79.79%	83.71%	79.26%	72.59%	75.64%	66.67%	73.68%
上网浏览	17.93%	31.09%	38.91%	55.56%	62.16%	70.51%	84.21%	63.16%
阅读报纸	27.22%	32.64%	39.82%	36.67%	34.36%	37.18%	22.81%	34.21%
与人交谈	34.53%	26.42%	28.05%	27.78%	26.25%	24.36%	31.58%	36.84%
收听广播	19.12%	19.69%	17.19%	14.81%	15.44%	16.67%	10.53%	10.53%
学校课本与课堂教学	5.31%	8.29%	7.24%	12.22%	9.65%	15.38%	7.02%	15.79%
阅读图书	5.18%	5.18%	4.98%	9.63%	12.36%	17.95%	8.77%	15.79%
科普活动	7.04%	6.22%	10.41%	12.22%	8.11%	8.97%	21.05%	15.79%
阅读杂志（期刊）	5.31%	7.25%	9.50%	7.78%	10.81%	16.67%	12.28%	13.16%
其他方式	5.98%	4.15%	1.36%	1.85%	1.93%	0.00	0.00	0.00

不同收入的公众在通过上网浏览获得人文社会科学知识方面的差距较大，总体来说，收入水平越高的公众选择这一方式的比例越高。收入在 1 630 元及以

下的公众选择这一方式的比例最低，仅为 17.93%，而收入为 7 001~10 000 元的公众选择这一方式的比例高达 84.21%，但收入在 10 001 元以上的公众选择这一方式的比例有所下降，降至 63.16%。

不同收入的公众对收听广播、学校课本与课堂教学、阅读图书、科普活动、阅读杂志（期刊）几种渠道的选择率都不高，基本都在 20.00% 以下。其中，收入为 7 001~10 000 元的公众通过科普活动获得人文社会科学知识的比重相对略高，达到了 21.05%。

（六）城乡差异

江苏省的城镇公众和乡村公众在获取人文社会科学知识的渠道方面存在较大差异（图 7-7）。收看电视和上网浏览是两类群体选择的主要渠道，但是乡村公众比城镇公众更多选择收看电视作为主要渠道，比例达到 81.71%，城镇公众仅有 66.93%。而城镇公众更多选择上网浏览获得人文社会科学知识，选择比例高达 59.90%，远高于乡村公众的 30.16%。在阅读报纸、与人交谈及收听广播三个渠道方面，城乡公众的差异不大。而在学校课本与课堂教学、阅读图书、科普活动和阅读杂志（期刊）方面，城镇公众选择的比例均高于乡村公众。

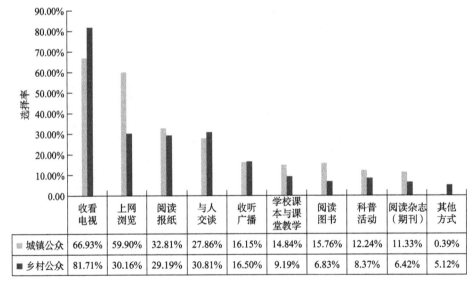

	收看电视	上网浏览	阅读报纸	与人交谈	收听广播	学校课本与课堂教学	阅读图书	科普活动	阅读杂志（期刊）	其他方式
城镇公众	66.93%	59.90%	32.81%	27.86%	16.15%	14.84%	15.76%	12.24%	11.33%	0.39%
乡村公众	81.71%	30.16%	29.19%	30.81%	16.50%	9.19%	6.83%	8.37%	6.42%	5.12%

图 7-7　城乡公众获得人文社会科学知识的渠道差异

（七）地区差异

调查数据显示，苏南、苏中、苏北三地公众获得人文社会科学知识的渠道存在一定差异（图 7-8）。其中，苏南、苏中、苏北地区公众选择通过收看电视获得人文社会科学知识的比例较为接近，分别为 75.50%、73.84% 和 77.99%，苏北地区公众略高于苏南和苏中地区公众。而在上网浏览这样的新媒体使用方面，苏南地区公众的选择比例为 49.86%，明显高于苏中和苏北地区公众的38.76% 和 36.13%。三地的公众在阅读报纸、阅读图书两种方式上的选择率上非常接近，但阅读报纸的选择率总体较高，在 30.00% 左右，而阅读图书仅在 10% 左右。在与人交谈这一渠道上，苏南地区公众的选择率最低，而苏北地区公众最高，但三地公众的选择率都在 30.00% 左右，差别并不大。有意思的是，苏中地区公众通过学校课本与课堂教学获得人文社会科学知识的比例在三地中最高，达到 16.09%，而其他两地的比例在 10.00% 左右。但是在收听广播、科普活动、阅读杂志（期刊）方面，苏中地区公众的选择率在三地中最低，其中在收听广播方式上苏中地区公众与苏南、苏北两地公众的差距相对较大。

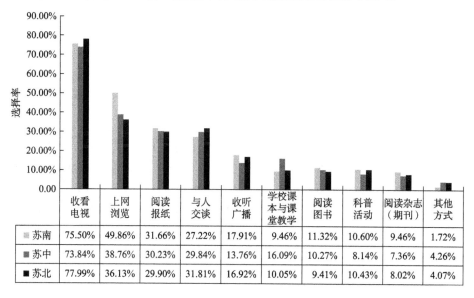

	收看电视	上网浏览	阅读报纸	与人交谈	收听广播	学校课本与课堂教学	阅读图书	科普活动	阅读杂志（期刊）	其他方式
苏南	75.50%	49.86%	31.66%	27.22%	17.91%	9.46%	11.32%	10.60%	9.46%	1.72%
苏中	73.84%	38.76%	30.23%	29.84%	13.76%	16.09%	10.27%	8.14%	7.36%	4.26%
苏北	77.99%	36.13%	29.90%	31.81%	16.92%	10.05%	9.41%	10.43%	8.02%	4.07%

图 7-8　不同地区公众获得人文社会科学知识的渠道差异

三、江苏省不同群体公众接触人文社会科学相关场所的差异

（一）城乡差异

调查结果显示，在公众接触的人文社会科学相关场所的比例中，城镇公众都比乡村公众高，其中差距较大的有：博物馆，书店、书市，展览馆、美术馆，历史文化主题公园，公共图书馆，差距达到 20.00% 以上。在去过这些场所

一两次的题项中，城乡公众选择的比例差距大部分不是特别大，科普宣传橱窗或报刊宣传栏及书店、书市两个场所，城镇公众去过的比例仅比乡村公众高了 2 个百分点左右，其他场所城镇公众去过的比例高出乡村公众 15 个百分点左右。但在去过这些场所三次及以上的题项中，城镇公众去过的比例明显高出许多。城镇公众去过书店、书市三次及以上的比例高达 47.14%，远高于乡村公众的 18.29%。城镇公众去过博物馆、公共图书馆、科普宣传橱窗或报刊宣传栏、历史文化主题公园三次及以上的比例约高出乡村公众 13 个百分点，去过展览馆、美术馆和文化馆三次及以上的比例高出乡村公众 5 个百分点左右（表7-13）。

表 7-13　城乡公众去过人文社会科学相关场所次数情况

去过人文社会科学相关场所次数		博物馆	展览馆、美术馆	公共图书馆	科普宣传橱窗或报刊宣传栏	文化馆	书店、书市	历史文化主题公园
一两次	城镇公众	39.97%	31.51%	28.26%	25.78%	23.31%	24.35%	30.08%
	乡村公众	17.72%	13.25%	18.13%	23.74%	17.32%	23.41%	18.54%
三次及以上	城镇公众	16.02%	10.29%	27.08%	30.99%	9.90%	47.14%	18.36%
	乡村公众	4.31%	3.01%	14.63%	20.49%	6.34%	18.29%	5.53%
没去过	城镇公众	44.01%	58.20%	44.66%	43.23%	66.80%	28.52%	51.56%
	乡村公众	77.97%	83.74%	67.24%	55.77%	76.34%	58.29%	75.93%

城乡公众没有接触过人文社会科学相关场所的原因基本上集中在"不感兴趣"、"本地没有"和"其他"三方面，但在城乡间存在一些差别（表7-14）。乡村公众更多的是因为"本地没有"，这与乡村的人文社会科学场所基础设施相对缺乏相关，而城镇公众更多的是因为"不感兴趣"和以"没有时间"为主的"其他"原因，这反映出城镇公众日常事务繁忙，对人文社会科学知识兴趣薄弱。城镇公众因为"不知在哪里"而没有去过书店、书市以外的人文社会科学相关场所的比例相对较高，尤其是文化馆和历史文化主题公园，比例分别达到 23.78% 和 17.17%，这可能与城镇规模、相关场所的宣传力度等因素相关。城乡公众对"交通不便"和"缺乏展品"两项原因的选择比例十分接近，且比例均较低，"交通不便"的比例大部分在 5.00% 左右，"缺乏展品"的比例大部分在 2.00% 左右，可见这两方面并非制约公众接触人文社会科学相关场所的主要原因。

表 7-14　城乡公众没去过人文社会科学相关场所的原因

原因		博物馆	展览馆、美术馆	公共图书馆	科普宣传橱窗或报刊宣传栏	文化馆	书店、书市	历史文化主题公园
本地没有	城镇公众	20.12%	15.21%	8.75%	9.94%	13.84%	5.02%	21.21%
	乡村公众	44.21%	40.39%	33.86%	27.55%	35.46%	26.78%	42.93%

续表

原因		博物馆	展览馆、美术馆	公共图书馆	科普宣传橱窗或报刊宣传栏	文化馆	书店、书市	历史文化主题公园
交通不便	城镇公众	7.69%	6.26%	6.12%	3.31%	3.51%	4.57%	3.79%
	乡村公众	6.47%	5.83%	4.96%	3.50%	4.37%	6.56%	4.18%
不知在哪里	城镇公众	6.80%	12.98%	12.24%	13.25%	23.78%	2.74%	17.17%
	乡村公众	6.67%	7.77%	8.95%	9.33%	10.86%	7.11%	10.71%
缺乏展品	城镇公众	3.25%	2.01%	2.33%	4.52%	2.92%	0.91%	1.26%
	乡村公众	1.36%	1.46%	1.45%	3.50%	1.81%	2.51%	1.28%
不感兴趣	城镇公众	29.59%	30.65%	31.49%	34.64%	25.54%	40.64%	25.25%
	乡村公众	17.31%	19.13%	21.77%	26.82%	20.98%	26.64%	14.35%
其他	城镇公众	32.54%	32.89%	39.07%	34.34%	30.41%	46.12%	31.31%
	乡村公众	23.98%	25.44%	29.02%	29.30%	26.52%	30.40%	26.55%

（二）地区差异

除了公共图书馆和文化馆，其他人文社会科学相关场所的接触比例均是苏南地区公众最高，苏中地区公众其次，苏北地区公众最低。公共图书馆和文化馆接触率最高的是苏中地区公众，其次是苏南地区公众，苏北地区公众最低。从过去一年中去过人文社会科学场所的频次来看，苏南地区公众去过博物馆、展览馆、美术馆、历史文化主题公园一两次的比例最高，其次是苏中地区公众，苏北地区公众比例最低。但苏中地区公众去过公共图书馆、科普宣传橱窗或报刊宣传栏、文化馆和书店、书市一两次的比例高于苏南地区公众，苏北地区公众去过这些场所一两次的比例依然较低。三地公众去过博物馆、公共图书馆、文化馆、历史文化主题公园三次及以上的比例很接近，分别在 8.00%、19.00%、8.00%和10.00%左右，但苏中地区公众去过展览馆、美术馆三次及以上的比例仅有 3.88%，明显低于苏南和苏北两地公众，苏南地区公众去过书店、书市三次及以上的比例达到34.81%，比其他两地高了8个百分点左右（表7-15）。

表 7-15　不同地区公众去过人文社会科学相关场所次数情况

去过人文社会科学相关场所次数		博物馆	展览馆、美术馆	公共图书馆	科普宣传橱窗或报刊宣传栏	文化馆	书店、书市	历史文化主题公园
一两次	苏南地区公众	31.81%	26.50%	23.64%	25.07%	20.49%	22.49%	27.51%
	苏中地区公众	24.42%	19.96%	25.00%	26.94%	23.84%	26.36%	24.81%
	苏北地区公众	22.52%	14.89%	18.58%	22.39%	16.03%	23.16%	17.68%
三次及以上	苏南地区公众	9.89%	6.88%	19.20%	27.22%	7.59%	34.81%	11.32%

续表

去过人文社会科学相关场所次数		博物馆	展览馆、美术馆	公共图书馆	科普宣传橱窗或报刊宣传栏	文化馆	书店、书市	历史文化主题公园
三次及以上	苏中地区公众	7.95%	3.88%	18.02%	23.26%	9.69%	25.78%	10.27%
	苏北地区公众	8.40%	6.11%	20.48%	22.90%	6.49%	26.84%	9.80%
没去过	苏南地区公众	58.31%	66.62%	57.16%	47.71%	71.92%	42.69%	61.17%
	苏中地区公众	67.64%	76.16%	56.98%	49.81%	66.47%	47.87%	64.92%
	苏北地区公众	69.08%	79.01%	60.94%	54.71%	77.48%	50.00%	72.52%

没有接触人文社会科学相关场所的原因，各地区都集中在"本地没有"、"不感兴趣"和"其他"三方面（表 7-16）。"本地没有"是苏北地区公众不接触这些场所的最主要原因。苏中地区公众主要由于"本地没有"而不去博物馆、展览馆、美术馆、历史文化主题公园，不去书店、书市的主要原因是"不感兴趣"，不去公共图书馆、科普宣传橱窗或报刊宣传栏和文化馆的原因集中在"其他"。在苏南地区，公众没去过这些场所的最主要原因是"其他"。

表 7-16 不同地区公众没去过人文社会科学相关场所的原因

原因		博物馆	展览馆、美术馆	公共图书馆	科普宣传橱窗或报刊宣传栏	文化馆	书店、书市	历史文化主题公园
本地没有	苏南地区公众	20.88%	16.34%	15.29%	13.21%	18.92%	10.40%	24.82%
	苏中地区公众	38.97%	34.35%	25.51%	20.23%	23.32%	21.05%	34.93%
	苏北地区公众	50.09%	44.12%	36.33%	29.30%	37.60%	30.53%	46.14%
交通不便	苏南地区公众	7.86%	4.30%	3.51%	1.20%	2.59%	4.03%	3.51%
	苏中地区公众	7.16%	7.89%	5.78%	3.89%	4.08%	6.07%	5.07%
	苏北地区公众	5.71%	5.96%	6.47%	4.88%	5.25%	7.63%	3.86%
不知在哪里	苏南地区公众	6.39%	9.68%	9.77%	12.91%	20.32%	5.03%	14.52%
	苏中地区公众	6.88%	9.92%	10.54%	9.34%	14.87%	5.26%	13.13%
	苏北地区公众	6.81%	8.70%	9.60%	9.53%	11.66%	7.38%	10.88%
缺乏展品	苏南地区公众	0.74%	0.22%	1.00%	3.00%	1.00%	0.00	0.70%

续表

原因		博物馆	展览馆、美术馆	公共图书馆	科普宣传橱窗或报刊宣传栏	文化馆	书店、书市	历史文化主题公园
缺乏展品	苏中地区公众	2.01%	2.80%	3.40%	4.67%	3.50%	5.67%	2.69%
	苏北地区公众	2.58%	1.93%	1.25%	3.95%	2.46%	1.53%	0.88%
不感兴趣	苏南地区公众	27.03%	32.26%	30.08%	33.03%	24.50%	37.58%	23.89%
	苏中地区公众	20.06%	18.07%	22.79%	29.18%	25.07%	28.74%	15.82%
	苏北地区公众	16.02%	18.36%	21.50%	26.74%	19.70%	25.19%	14.04%
其他	苏南地区公众	37.10%	37.20%	40.35%	36.64%	32.67%	42.95%	32.55%
	苏中地区公众	24.93%	26.97%	31.97%	32.68%	29.15%	33.20%	28.36%
	苏北地区公众	18.78%	20.93%	24.84%	25.58%	23.32%	27.74%	24.21%

在苏北地区，"本地没有"是公众不接触这些场所的最主要原因，该原因的选择比例高于苏中和苏南地区公众，其中反映"本地没有"博物馆、展览馆、美术馆和历史文化主题公园的比例特别高，高于40.00%。而苏南地区公众因为"本地没有"而没接触过的比例在三地中最低，在15.00%左右，其中博物馆、历史文化主题公园两个场所的比例略高，高于20.00%，可见苏南地区的人文社会科学场所建设相对其他两地更加完善。

除了文化馆，苏南地区公众因为"不感兴趣"而没去过人文社会科学相关场所的比例在三地中最高，苏中地区公众其次，苏北地区公众选择这一原因的比例基本上最低。因为这一原因而没去过文化馆的公众中，苏中地区公众占比略高于苏南地区公众，苏北地区公众的比例依然最低。

苏南地区公众因为"其他"原因没去过人文社会科学相关场所的比例最高，均高于30.00%，其次是苏中地区公众，苏北地区公众选择这一原因的比例最低。

"交通不便"的选择比例三地公众相差不大，其中苏南地区公众相对略低。"不知在哪里"的选择比例也比较相近，但是苏南地区公众因为这一原因而没去过科普宣传橱窗或报刊宣传栏和文化馆的比例略高。因为"缺乏展品"而没去过这些场所的公众三地区均较少，比例在2.00%左右，其中苏中地区公众的比例相对略高。

（三）性别差异

总体上，江苏省男性公众和女性公众去过人文社会科学相关场所的情况很接近，性别差异并不明显（表 7-17）。男性公众在过去一年中去过科普宣传橱窗或报刊宣传栏、文化馆的比例略高于女性公众，而女性公众去过博物馆、书店、书市的比例略高于男性公众。从频次来看，男性公众去过科普宣传橱窗或报刊宣传栏三次及以上的比例比女性公众高了 4.5 个百分点，而女性公众去过书店、书市三次及以上的比例比男性公众高了 4.84 个百分点。

表 7-17　不同性别公众去过人文社会科学相关场所次数情况

去过人文社会科学相关场所次数		博物馆	展览馆、美术馆	公共图书馆	科普宣传橱窗或报刊宣传栏	文化馆	书店、书市	历史文化主题公园
一两次	男性公众	25.72%	19.51%	22.12%	24.01%	19.78%	25.18%	22.57%
	女性公众	27.01%	21.24%	21.92%	25.20%	19.44%	22.03%	23.50%
三次及以上	男性公众	8.45%	5.85%	19.42%	26.53%	8.72%	27.25%	10.43%
	女性公众	9.27%	5.76%	19.44%	22.03%	6.44%	32.09%	10.51%
没去过	男性公众	65.83%	74.64%	58.45%	49.46%	71.49%	47.57%	67.00%
	女性公众	63.73%	72.99%	58.64%	52.77%	74.12%	45.88%	65.99%

在没有接触过人文社会科学相关场所的原因方面，性别差异也不明显（表 7-18），都集中在"本地没有"、"不感兴趣"和"其他"方面。其中，在科普宣传橱窗或报刊宣传栏以外的场所中，男性公众因为"本地没有"而没去过的比例略高于女性公众，而女性公众因为"不知在哪里"而没去过的比例略高于男性公众。此外，女性公众因为"没有时间""不识字"等其他原因而没去过这些场所的比例略高于男性公众。

表 7-18　不同性别公众没去过人文社会科学相关场所的原因

原因		博物馆	展览馆、美术馆	公共图书馆	科普宣传橱窗或报刊宣传栏	文化馆	书店、书市	历史文化主题公园
本地没有	男性公众	39.62%	33.98%	27.38%	21.64%	29.69%	23.44%	38.93%
	女性公众	35.82%	31.42%	25.43%	22.06%	25.46%	19.46%	33.56%
交通不便	男性公众	6.97%	6.14%	5.23%	3.45%	3.90%	5.86%	4.16%
	女性公众	6.56%	5.73%	5.39%	3.43%	4.27%	6.40%	3.94%
不知在哪里	男性公众	4.51%	8.19%	8.77%	10.91%	13.96%	5.10%	11.81%
	女性公众	9.57%	10.84%	11.37%	10.28%	17.23%	7.39%	13.70%
缺乏展品	男性公众	2.32%	1.69%	2.15%	4.73%	3.02%	2.65%	1.48%
	女性公众	1.24%	1.55%	1.16%	2.78%	1.22%	1.48%	1.03%

原因		博物馆	展览馆、美术馆	公共图书馆	科普宣传橱窗或报刊宣传栏	文化馆	书店、书市	历史文化主题公园
不感兴趣	男性公众	21.04%	23.49%	24.77%	28.55%	22.01%	29.30%	16.91%
	女性公众	19.68%	21.36%	24.47%	30.19%	23.32%	30.79%	18.32%
其他	男性公众	25.55%	26.51%	31.69%	30.73%	27.42%	33.65%	26.71%
	女性公众	27.13%	29.10%	32.18%	31.26%	28.51%	34.48%	29.45%

（四）年龄差异

整体来看，随着年龄的增长，成年公众去过人文社会科学相关场所的比例逐渐降低。除文化馆、书店、书市以外，19~25 岁公众在过去一年中去过其他人文社会科学相关场所的比例最高。而 15~18 岁公众去过书店、书市的比例最高，没去过的比例仅有 10.53%，且这一年龄段的公众去过文化馆、书店、书市、历史文化主题公园三次及以上的比例明显高于其他公众。而 56~69 岁公众在过去一年中去过博物馆、展览馆、美术馆三次及以上的比例反而略高于 46~55 岁公众（表 7-19）。

表 7-19 不同年龄段公众去过人文社会科学相关场所次数情况

去过人文社会科学相关场所次数		博物馆	展览馆、美术馆	公共图书馆	科普宣传橱窗或报刊宣传栏	文化馆	书店、书市	历史文化主题公园
一两次	15~18 岁	36.84%	31.58%	26.32%	26.32%	5.26%	15.79%	10.53%
	19~25 岁	45.60%	46.15%	29.67%	36.81%	26.92%	26.92%	41.21%
	26~35 岁	34.47%	25.76%	26.14%	25.00%	30.30%	31.82%	29.92%
	36~45 岁	30.41%	21.35%	25.73%	25.73%	23.98%	25.44%	26.02%
	46~55 岁	21.93%	14.74%	18.34%	24.20%	15.88%	22.50%	19.85%
	56~69 岁	18.64%	14.39%	19.24%	20.45%	14.39%	20.15%	16.36%
三次及以上	15~18 岁	10.53%	5.26%	42.11%	26.32%	15.79%	73.68%	31.58%
	19~25 岁	26.92%	14.29%	47.25%	26.37%	10.44%	57.69%	12.64%
	26~35 岁	11.36%	7.20%	24.62%	22.35%	7.58%	41.29%	12.88%
	36~45 岁	7.31%	5.56%	21.64%	23.10%	10.82%	40.06%	12.57%
	46~55 岁	5.10%	3.40%	16.26%	25.52%	6.81%	19.66%	10.59%
	56~69 岁	6.52%	5.00%	10.30%	24.85%	5.76%	17.73%	7.12%
没去过	15~18 岁	52.63%	63.16%	31.58%	47.37%	78.95%	10.53%	57.89%
	19~25 岁	27.47%	39.56%	23.08%	36.81%	62.64%	15.38%	46.15%
	26~35 岁	54.17%	67.05%	49.24%	52.65%	62.12%	26.89%	57.20%
	36~45 岁	62.28%	73.10%	52.63%	51.17%	65.20%	34.50%	61.40%
	46~55 岁	72.97%	81.85%	65.41%	50.28%	77.32%	57.84%	69.57%
	56~69 岁	74.85%	80.61%	70.45%	54.70%	79.85%	62.12%	76.52%

在没有接触过人文社会科学相关场所的原因方面，不同年龄段的公众表现出一定的差异（表 7-20）。15~18 岁公众更多因为"本地没有"而没去过，19~35 岁公众更多因为"不感兴趣"而没去过，而 36~69 岁公众更多因为"本地没有"和"其他"而没去过。需要注意的是，有 17.86% 的 19~25 岁公众因为"交通不便"而没去过书店、书市，远高于其他年龄段公众的比例。15~18 岁及19~25 岁公众因为"不知在哪里"而没去过文化馆的比例均超过 30.00%，远高于其他年龄段的公众。26~35 岁公众因为"其他"原因而没去过书店、书市的比例高达 42.25%，在所有年龄段中最高。

表 7-20 不同年龄段公众没去过人文社会科学相关场所的原因

原因		博物馆	展览馆、美术馆	公共图书馆	科普宣传橱窗或报刊宣传栏	文化馆	书店、书市	历史文化主题公园
本地没有	15~18 岁	40.00%	33.33%	33.33%	22.22%	20.00%	50.00%	36.36%
	19~25 岁	24.00%	20.83%	14.29%	19.40%	16.67%	14.29%	27.38%
	26~35 岁	29.37%	29.38%	21.54%	17.27%	20.73%	16.90%	27.15%
	36~45 岁	41.31%	33.60%	31.67%	25.14%	26.91%	19.49%	40.95%
	46~55 岁	38.86%	34.18%	30.35%	24.06%	32.03%	24.84%	39.95%
	56~69 岁	39.88%	34.40%	24.09%	20.78%	29.79%	21.22%	36.63%
交通不便	15~18 岁	0.00	0.00	0.00	0.00	0.00	0.00	0.00
	19~25 岁	6.00%	0.00	4.76%	1.49%	4.39%	17.86%	2.38%
	26~35 岁	7.69%	5.08%	6.15%	4.32%	4.88%	2.82%	5.30%
	36~45 岁	7.04%	4.80%	3.89%	2.29%	2.69%	7.63%	4.29%
	46~55 岁	6.99%	7.85%	6.94%	5.64%	5.38%	8.17%	5.71%
	56~69 岁	7.09%	6.39%	4.73%	2.49%	3.61%	4.15%	2.97%
不知在哪里	15~18 岁	10.00%	16.67%	16.67%	11.11%	33.33%	0.00	18.18%
	19~25 岁	6.00%	23.61%	9.52%	13.43%	36.84%	7.14%	28.57%
	26~35 岁	7.69%	10.17%	8.46%	10.07%	19.51%	5.63%	18.54%
	36~45 岁	6.57%	8.40%	8.33%	10.86%	14.80%	3.39%	11.43%
	46~55 岁	6.22%	7.16%	9.83%	10.15%	11.49%	5.56%	9.51%
	56~69 岁	7.49%	9.77%	11.18%	10.53%	12.52%	7.32%	11.09%
缺乏展品	15~18 岁	0.00	0.00	0.00	11.11%	6.67%	0.00	0.00
	19~25 岁	6.00%	1.39%	2.38%	5.97%	1.75%	0.00	1.19%
	26~35 岁	0.70%	1.69%	2.31%	7.19%	4.27%	4.23%	1.99%
	36~45 岁	2.82%	2.80%	2.22%	4.00%	2.24%	1.69%	1.90%
	46~55 岁	2.07%	1.39%	1.45%	3.01%	1.96%	1.96%	1.36%
	56~69 岁	1.21%	1.32%	1.51%	2.77%	1.71%	2.20%	0.79%

续表

原因		博物馆	展览馆、美术馆	公共图书馆	科普宣传橱窗或报刊宣传栏	文化馆	书店、书市	历史文化主题公园
不感兴趣	15~18 岁	20.00%	25.00%	16.67%	33.33%	26.67%	50.00%	27.27%
	19~25 岁	32.00%	41.67%	40.48%	44.78%	23.68%	42.86%	25.00%
	26~35 岁	28.67%	30.51%	32.31%	38.13%	28.05%	28.17%	20.53%
	36~45 岁	18.78%	18.80%	19.44%	23.43%	21.08%	27.12%	13.33%
	46~55 岁	17.10%	18.24%	19.65%	25.56%	21.27%	28.43%	13.59%
	56~69 岁	20.65%	23.12%	27.10%	28.53%	22.39%	31.71%	20.00%
其他	15~18 岁	30.00%	25.00%	33.33%	22.22%	13.33%	0.00	18.18%
	19~25 岁	26.00%	12.50%	28.57%	14.93%	16.67%	17.86%	16.67%
	26~35 岁	25.87%	23.16%	29.23%	23.74%	22.56%	42.25%	26.49%
	36~45 岁	23.94%	32.00%	34.44%	34.29%	32.74%	41.53%	28.57%
	46~55 岁	28.76%	31.18%	31.79%	31.58%	28.12%	31.37%	29.89%
	56~69 岁	25.10%	26.32%	32.04%	34.90%	30.17%	33.41%	28.51%

（五）文化程度差异

总体上看，公众的文化程度越高，在过去一年中去过人文社会科学相关场所的比例越高（表 7-21）。不过研究生及以上学历的公众去过科普宣传橱窗或报刊宣传栏、文化馆的比例反而低于大学本科学历的公众。

表 7-21　不同文化程度公众去过人文社会科学相关场所次数情况

去过人文社会科学相关场所次数		博物馆	展览馆、美术馆	公共图书馆	科普宣传橱窗或报刊宣传栏	文化馆	书店、书市	历史文化主题公园
一两次	小学及以下	13.30%	9.21%	12.28%	18.41%	10.49%	14.07%	11.76%
	初中	19.79%	14.25%	20.18%	21.37%	14.12%	23.35%	17.81%
	高中或中专（技校）	32.11%	21.81%	26.72%	28.19%	23.77%	29.17%	27.45%
	大专	39.04%	31.55%	30.48%	31.02%	36.36%	33.69%	34.22%
	大学本科	45.36%	40.72%	31.96%	32.99%	31.96%	24.74%	42.27%
	研究生及以上	52.54%	57.63%	18.64%	30.51%	28.81%	22.03%	33.90%
三次及以上	小学及以下	1.79%	2.30%	4.35%	10.74%	3.32%	4.86%	2.81%
	初中	5.41%	3.03%	12.53%	23.35%	5.94%	23.22%	8.84%
	高中或中专（技校）	9.07%	6.37%	26.47%	31.37%	11.76%	35.78%	12.75%
	大专	12.83%	8.02%	29.95%	30.48%	10.16%	45.45%	13.90%
	大学本科	24.74%	19.07%	40.21%	35.05%	12.37%	61.86%	18.56%

续表

去过人文社会科学相关场所次数		博物馆	展览馆、美术馆	公共图书馆	科普宣传橱窗或报刊宣传栏	文化馆	书店、书市	历史文化主题公园
三次及以上	研究生及以上	32.20%	10.17%	57.63%	30.51%	8.47%	69.49%	28.81%
没去过	小学及以下	84.91%	88.49%	83.38%	70.84%	86.19%	81.07%	85.42%
	初中	74.80%	82.72%	67.28%	55.28%	79.95%	53.43%	73.35%
	高中或中专（技校）	58.82%	71.81%	46.81%	40.44%	64.46%	35.05%	59.80%
	大专	48.13%	60.43%	39.57%	38.50%	53.48%	20.86%	51.87%
	大学本科	29.90%	40.21%	27.84%	31.96%	55.67%	13.40%	39.18%
	研究生及以上	15.25%	32.20%	23.73%	38.98%	62.71%	8.47%	37.29%

在没去过相关场所的原因方面，学历越高的公众，选择"本地没有"的比例大体上越低，不过在科普宣传橱窗或报刊宣传栏及书店、书市两个场所，研究生及以上学历的公众因为"本地没有"而没去过的比例反而高于大学本科学历的公众。不同文化程度公众选择"交通不便"原因的比例相近，不过研究生及以上学历的公众因为这一原因而没去过博物馆、公共图书馆及书店、书市的比例相对略高。因为"不感兴趣"而没去过相关场所的比例，总体上随着文化程度的升高呈现先下降后上升再下降的规律。博物馆、展览馆、美术馆、公共图书馆、科普宣传橱窗或报刊宣传栏，均以大专学历为分界线，大专以下学历的公众学历越高，因为"不感兴趣"而没去过这些场所的比例越低，而大专及大学本科的公众，这一比例反而有所上升，到了研究生及以上学历该比例又有所下降。与其他文化程度的公众相比，研究生及以上学历的公众因为"不感兴趣"而没去过相关场所的比例明显更低，这部分群体的原因主要集中在"不知在哪里"和"其他"方面（表7-22）。

表7-22　不同文化程度公众没去过人文社会科学相关场所的原因

原因		博物馆	展览馆、美术馆	公共图书馆	科普宣传橱窗或报刊宣传栏	文化馆	书店、书市	历史文化主题公园
本地没有	小学及以下	36.14%	32.37%	25.46%	22.74%	29.08%	22.08%	35.93%
	初中	39.33%	34.93%	30.78%	23.39%	31.52%	25.43%	36.69%
	高中或中专（技校）	47.92%	35.84%	25.65%	24.85%	28.52%	15.38%	41.39%
	大专	25.56%	25.66%	14.86%	13.89%	20.00%	15.38%	36.08%
	大学本科	20.69%	20.51%	14.81%	9.68%	14.81%	3.85%	28.95%
	研究生及以上	0.00	21.05%	14.29%	17.39%	10.81%	20.00%	13.64%

续表

原因		博物馆	展览馆、美术馆	公共图书馆	科普宣传橱窗或报刊宣传栏	文化馆	书店、书市	历史文化主题公园
交通不便	小学及以下	7.23%	6.94%	4.60%	2.89%	4.15%	5.99%	3.29%
	初中	6.53%	5.58%	4.31%	3.58%	3.30%	4.94%	4.14%
	高中或中专（技校）	6.25%	6.83%	7.33%	4.85%	7.22%	9.09%	5.33%
	大专	5.56%	6.19%	6.76%	2.78%	1.00%	5.13%	3.09%
	大学本科	10.34%	2.56%	7.41%	3.23%	3.70%	7.69%	5.26%
	研究生及以上	11.11%	0.00	14.29%	0.00	2.70%	20.00%	0.00
不知在哪里	小学及以下	8.43%	9.25%	11.35%	7.94%	10.09%	8.52%	9.28%
	初中	6.88%	9.41%	10.00%	12.17%	15.02%	5.19%	12.05%
	高中或中专（技校）	4.17%	6.48%	8.90%	9.09%	12.93%	5.59%	12.30%
	大专	6.67%	12.39%	9.46%	11.11%	17.00%	0.00	16.49%
	大学本科	5.17%	11.54%	7.41%	9.68%	25.93%	3.85%	18.42%
	研究生及以上	11.11%	26.32%	0.00	26.09%	54.05%	0.00	45.45%
缺乏展品	小学及以下	0.60%	0.87%	1.23%	1.08%	1.19%	1.58%	0.60%
	初中	1.59%	1.59%	1.18%	3.58%	1.49%	2.22%	1.98%
	高中或中专（技校）	2.08%	2.73%	3.14%	6.06%	3.42%	3.50%	0.82%
	大专	3.33%	0.88%	2.70%	6.94%	3.00%	0.00	2.06%
	大学本科	5.17%	1.28%	3.70%	4.84%	5.56%	3.85%	0.00
	研究生及以上	11.11%	5.26%	0.00	13.04%	2.70%	0.00	0.00
不感兴趣	小学及以下	21.69%	24.57%	27.91%	32.49%	28.19%	30.91%	22.75%
	初中	19.58%	20.10%	22.16%	25.54%	19.47%	27.65%	16.19%
	高中或中专（技校）	16.25%	19.80%	20.94%	24.85%	19.77%	32.87%	13.11%
	大专	25.56%	23.01%	29.73%	37.50%	25.00%	33.33%	12.37%
	大学本科	31.03%	39.74%	31.48%	46.77%	27.78%	34.62%	25.00%
	研究生及以上	22.22%	31.58%	28.57%	21.74%	18.92%	0.00	18.18%
其他	小学及以下	25.90%	26.01%	29.45%	32.85%	27.30%	30.91%	28.14%
	初中	26.10%	28.39%	31.57%	31.74%	29.21%	34.57%	28.96%
	高中或中专（技校）	23.33%	28.33%	34.03%	30.30%	28.14%	33.57%	27.05%
	大专	33.33%	31.86%	36.49%	27.78%	34.00%	46.15%	29.90%
	大学本科	27.59%	24.36%	35.19%	25.81%	22.22%	46.15%	22.37%
	研究生及以上	44.44%	15.79%	42.86%	21.74%	10.81%	60.00%	22.73%

四、江苏省不同群体公众参加日常科普活动的差异

（一）城乡差异

调查结果显示，乡村公众参与各项日常科普活动的比例均低于城镇公众。其中，城镇公众参加过社科咨询、人文（社科）讲座、文化活动一两次的比例在 20.00%以上，明显高于乡村公众，参加这三项活动次数在三次及以上的比例超过 12.00%，而乡村公众不到 10.00%（表 7-23）。

表 7-23　城乡公众参加日常科普活动的差异

参加日常科普活动次数		全国科普日	科普宣传周	社科普及宣传周	社科咨询	人文（社科）讲座	文化活动
一两次	城镇公众	20.83%	18.62%	15.76%	29.43%	22.66%	27.73%
	乡村公众	17.97%	15.69%	16.26%	25.61%	17.24%	21.22%
三次及以上	城镇公众	3.52%	3.39%	3.26%	12.50%	12.89%	15.76%
	乡村公众	3.58%	4.63%	3.17%	8.78%	6.34%	6.50%
没去过	城镇公众	75.65%	77.99%	80.99%	58.07%	64.45%	56.51%
	乡村公众	78.46%	79.67%	80.57%	65.61%	76.42%	72.28%

从城乡公众没参加过这些活动的原因来看，乡村公众选择"本地没有"的比例均超过 20.00%，远高于城镇公众。而城镇公众选择"不知在哪里""不感兴趣""其他"的比例较高，分别在 10.00%、15.00%和 20.00%以上，高出乡村公众较多。在"交通不便"方面，城乡公众选择比例均很低，城镇公众不到2.00%，乡村公众相对稍高，但绝大部分不超过 3.00%。城镇公众因为"没听说过"而没参加过全国科普日、科普宣传周、社科普及宣传周、社科咨询的比例大约高出农村公众 3 个百分点，而乡村公众因为这一原因没参加人文（社科）讲座的比例略高于城镇公众（表 7-24）。

表 7-24　城乡公众未参加日常科普活动的原因

原因		全国科普日	科普宣传周	社科普及宣传周	社科咨询	人文（社科）讲座	文化活动
本地没有	城镇公众	7.06%	6.34%	7.56%	7.85%	12.53%	13.36%
	乡村公众	28.19%	24.18%	23.41%	24.91%	34.47%	31.95%
交通不便	城镇公众	1.55%	1.17%	0.80%	1.35%	1.41%	1.84%
	乡村公众	2.49%	2.04%	2.12%	3.22%	1.91%	2.36%
不知在哪里	城镇公众	16.18%	14.36%	13.02%	17.71%	14.14%	14.06%
	乡村公众	7.98%	8.78%	9.59%	9.29%	8.40%	7.65%
没听说过	城镇公众	38.73%	41.57%	41.32%	25.34%	21.01%	21.66%

续表

原因		全国科普日	科普宣传周	社科普及宣传周	社科咨询	人文（社科）讲座	文化活动
没听说过	乡村公众	34.20%	35.92%	36.83%	22.43%	21.81%	21.60%
不感兴趣	城镇公众	16.01%	16.36%	16.72%	21.52%	22.63%	20.05%
	乡村公众	10.78%	12.86%	11.50%	17.97%	14.57%	16.54%
其他	城镇公众	20.48%	20.20%	20.58%	26.23%	28.28%	29.03%
	乡村公众	16.37%	16.22%	16.55%	22.18%	18.83%	19.91%

由此反映出，城镇的日常科普活动设施比乡村更为齐全，公众参加科普活动的机会更多，阻碍其参加这些活动的主要因素在于活动宣传力度不够、公众时间和兴趣不足等。而乡村地区首先需要解决的问题在于为村民开展更多的日常科普活动，并加大宣传告知力度。

（二）地区差异

从不同地区公众参加日常科普活动的情况来看，苏南、苏北与苏中地区公众存在较大差异（表 7-25）。总体看来，苏中地区公众的参与程度最高，其次是苏北地区公众，苏南地区公众的参与比例最低。在参与频次上，苏中地区公众参与这些科普活动一两次的比例明显高于苏南和苏北地区公众，苏南地区公众参与全国科普日、科普宣传周、社科普及宣传周、社科咨询一两次的比例与苏北地区公众接近，但在人文（社科）讲座方面低于苏北地区公众较多。而苏北公众参与除全国科普日、社科咨询以外的日常科普活动三次及以上的比例略高于其他两地公众，苏南地区公众参与社科咨询和文化活动三次及以上的比例略高于苏中地区公众。

表 7-25　不同地区公众参加日常科普活动的差异

参加日常科普活动次数		全国科普日	科普宣传周	社科普及宣传周	社科咨询	人文（社科）讲座	文化活动
一两次	苏南地区公众	16.48%	15.76%	13.32%	26.65%	16.05%	23.50%
	苏中地区公众	25.58%	19.77%	19.19%	28.68%	22.09%	25.19%
	苏北地区公众	17.05%	15.78%	16.41%	26.34%	20.36%	22.90%
三次及以上	苏南地区公众	2.72%	2.44%	2.29%	10.89%	7.88%	10.46%
	苏中地区公众	4.07%	4.65%	3.10%	8.72%	7.95%	8.53%
	苏北地区公众	3.94%	5.34%	4.07%	10.56%	10.31%	10.69%
未参与	苏南地区公众	80.80%	81.81%	84.38%	62.46%	76.07%	66.05%
	苏中地区公众	70.35%	75.58%	77.71%	62.60%	69.96%	66.28%
	苏北地区公众	79.01%	78.88%	79.52%	63.10%	69.34%	66.41%

没有参加过的原因中，"本地没有"和"没听说过"是三地公众较为主要的原因（表 7-26）。苏北地区公众有 20.00%以上因为"本地没有"而没有参加过日常科普活动，在三地中最高，远高于苏南和苏中地区公众。"交通不便"的选择率普遍偏低，三地均不到 5.00%，但是苏北地区公众相对偏高。苏南地区公众对"不知在哪里"的选择率最高，苏中地区公众其次，苏北地区公众最低。除人文（社科）讲座以外，"没听说过"的比例同样是苏南地区公众最高，但苏中和苏北地区公众相差不大。苏南地区公众因为"不感兴趣"而未参加科普活动的比例最高，苏中地区公众其次，苏北地区公众最低。"其他"原因的选择率方面，苏南和苏中地区公众较为接近，在 20.00%左右，而苏北地区公众相比其他两地公众低了大约 7 个百分点。

表 7-26　不同地区公众未参加日常科普活动的原因

原因		全国科普日	科普宣传周	社科普及宣传周	社科咨询	人文（社科）讲座	文化活动
本地没有	苏南地区公众	13.12%	10.16%	10.02%	13.30%	18.46%	17.14%
	苏中地区公众	16.53%	14.62%	14.71%	17.34%	24.65%	22.51%
	苏北地区公众	28.82%	25.81%	25.76%	24.60%	36.51%	35.82%
交通不便	苏南地区公众	0.71%	0.53%	0.51%	0.00	0.75%	1.08%
	苏中地区公众	1.93%	1.79%	2.00%	3.10%	1.39%	1.75%
	苏北地区公众	3.54%	2.74%	2.40%	4.44%	2.94%	3.45%
不知在哪里	苏南地区公众	12.59%	12.08%	12.73%	14.22%	12.24%	12.15%
	苏中地区公众	11.02%	11.03%	11.72%	12.38%	11.63%	11.70%
	苏北地区公众	9.66%	9.68%	8.64%	10.48%	7.71%	6.32%
没听说过	苏南地区公众	38.48%	41.86%	41.43%	24.08%	21.85%	22.78%
	苏中地区公众	35.26%	35.38%	37.16%	23.53%	20.50%	20.18%
	苏北地区公众	33.98%	36.29%	36.80%	22.98%	22.02%	21.46%
不感兴趣	苏南地区公众	15.07%	16.64%	14.77%	19.72%	20.34%	20.39%
	苏中地区公众	13.50%	14.87%	13.22%	18.58%	17.45%	17.84%
	苏北地区公众	10.31%	11.61%	12.64%	19.35%	14.50%	15.33%
其他	苏南地区公众	20.04%	18.74%	20.54%	28.67%	26.37%	26.46%
	苏中地区公众	21.76%	22.31%	21.20%	25.08%	24.38%	26.02%
	苏北地区公众	13.69%	13.87%	13.76%	18.15%	16.33%	17.62%

由此反映出，苏北地区科普活动的基础设施建设不足是当前制约当地公众参加日常科普活动的主要原因。而在苏南地区，加大科普活动宣传力度和培养公众参与兴趣是当前的主要工作。

（三）性别差异

总体上看，男性公众在过去一年中参加过日常科普活动的比例相对更高（表 7-27）。其中，男性公众参加过全国科普日、科普宣传周和社科咨询三项活动的比例超过女性公众 5.00%。在文化活动以外的其他科普活动中，无论是高频次还是低频次的活动参与，男性公众的比例均高于女性公众。

表 7-27　不同性别公众参加日常科普活动的差异

参加日常科普活动次数		全国科普日	科普宣传周	社科普及宣传周	社科咨询	人文（社科）讲座	文化活动
一两次	男性公众	20.86%	18.35%	17.45%	27.52%	19.78%	24.19%
	女性公众	16.84%	14.80%	15.31%	26.33%	18.76%	23.05%
三次及以上	男性公众	4.23%	4.95%	3.60%	12.23%	9.35%	9.98%
	女性公众	2.71%	3.16%	2.68%	7.68%	8.25%	10.17%
没去过	男性公众	74.91%	76.71%	78.96%	60.25%	70.86%	65.83%
	女性公众	80.45%	82.03%	82.01%	65.99%	72.99%	66.78%

在未参与的原因中，男性公众和女性公众的选择差距并不大，均集中在"没听说过"、"本地没有"和"其他"方面。其中，男性公众选择"本地没有"的比例略高于女性公众，而女性公众因为"没听说过"未参与的比重相对略高。"交通不便""不知在哪里""不感兴趣""其他"四个原因上，两个群体的选择比例均相差不大（表 7-28）。

表 7-28　不同性别公众未参加日常科普活动的原因

原因		全国科普日	科普宣传周	社科普及宣传周	社科咨询	人文（社科）讲座	文化活动
本地没有	男性公众	22.09%	19.11%	19.36%	21.04%	31.35%	27.46%
	女性公众	17.98%	15.43%	14.85%	16.27%	21.36%	23.86%
交通不便	男性公众	2.64%	1.76%	1.71%	2.99%	2.28%	2.87%
	女性公众	1.54%	1.65%	1.50%	2.05%	1.08%	1.35%
不知在哪里	男性公众	10.32%	11.02%	11.50%	12.69%	10.03%	9.29%
	女性公众	11.94%	10.74%	10.22%	11.82%	10.84%	10.32%
没听说过	男性公众	34.93%	36.46%	36.33%	20.15%	18.53%	20.36%
	女性公众	37.08%	39.94%	41.28%	27.40%	25.39%	23.18%

原因		全国科普日	科普宣传周	社科普及宣传周	社科咨询	人文（社科）讲座	文化活动
不感兴趣	男性公众	11.88%	13.48%	12.53%	18.21%	15.99%	17.35%
	女性公众	13.76%	15.01%	14.58%	20.38%	18.89%	18.10%
其他	男性公众	18.13%	18.17%	18.56%	24.93%	21.83%	22.68%
	女性公众	17.70%	17.22%	17.57%	22.09%	22.45%	23.18%

（四）年龄差异

不同年龄的公众所偏好的日常科普活动有所不同（表 7-29）。15~18 岁及 19~25 岁公众参加过人文（社科）讲座和文化活动的比例明显高于其他年龄段的公众，而参加过其他活动的比例均较低。26~35 及 36~45 岁公众参加过社科咨询的比例相对较高，36~45 岁及 56~69 岁公众参加过科普宣传周和社科普及宣传周的比例较高，除了 36~45 岁公众以外，各年龄段公众参加过全国科普日的比例均不是很高。

表 7-29　不同年龄段公众参加日常科普活动的差异

参加日常科普活动次数		全国科普日	科普宣传周	社科普及宣传周	社科咨询	人文（社科）讲座	文化活动
一两次	15~18 岁	15.79%	5.26%	0.00	21.05%	31.58%	36.84%
	19~25 岁	17.58%	11.54%	10.44%	21.98%	33.52%	43.96%
	26~35 岁	19.32%	14.39%	14.02%	29.55%	19.70%	26.14%
	36~45 岁	23.39%	20.18%	17.25%	31.87%	18.13%	23.98%
	46~55 岁	16.45%	15.31%	14.74%	27.41%	15.12%	21.74%
	56~69 岁	19.39%	19.09%	19.39%	24.85%	18.94%	18.18%
三次及以上	15~18 岁	0.00	0.00	0.00	0.00	0.00	10.53%
	19~25 岁	0.55%	0.55%	1.10%	5.49%	26.37%	18.13%
	26~35 岁	3.41%	3.79%	3.03%	11.36%	8.33%	10.61%
	36~45 岁	3.80%	3.80%	5.26%	11.40%	7.89%	10.82%
	46~55 岁	5.10%	4.73%	3.78%	11.15%	6.24%	7.94%
	56~69 岁	3.18%	5.15%	2.42%	9.85%	6.82%	8.79%
没去过	15~18 岁	84.21%	94.74%	100.00%	78.95%	68.42%	52.63%
	19~25 岁	81.87%	87.91%	88.46%	72.53%	40.11%	37.91%
	26~35 岁	77.27%	81.82%	82.95%	59.09%	71.97%	63.26%
	36~45 岁	72.81%	76.02%	77.49%	56.73%	73.98%	65.20%
	46~55 岁	78.45%	79.96%	81.47%	61.44%	78.64%	70.32%
	56~69 岁	77.42%	75.76%	78.18%	65.30%	74.24%	73.03%

在未参加过的原因中，不同年龄段的公众选择"没听说过"的比例均最高。15~18 岁、19~25 岁及 26~35 岁公众因为"本地没有"而没参加过的比例相对较高。而 46~55 岁公众因为"不感兴趣"而没参加过的比例较高。56~69 岁公众因为"不知在哪里"而没参加过的比例较高。此外，26~55 岁公众因为"其他"原因没参加过的比例较高，在 20.00%左右（表 7-30）。

表 7-30　不同年龄段公众未参加日常科普活动的原因

原因		全国科普日	科普宣传周	社科普及宣传周	社科咨询	人文（社科）讲座	文化活动
本地没有	15~18 岁	22.81%	20.30%	19.71%	21.23%	26.85%	26.87%
	19~25 岁	23.68%	20.66%	20.25%	22.95%	29.37%	28.62%
	26~35 岁	21.38%	18.41%	18.31%	17.54%	31.05%	28.13%
	36~45 岁	14.63%	11.76%	12.68%	14.29%	20.97%	17.82%
	46~55 岁	6.02%	4.70%	6.00%	5.66%	6.98%	10.96%
	56~69 岁	4.35%	4.26%	4.17%	4.44%	11.76%	0.00
交通不便	15~18 岁	3.22%	2.39%	2.94%	4.11%	4.01%	2.69%
	19~25 岁	2.24%	1.58%	1.41%	2.59%	1.32%	2.97%
	26~35 岁	1.45%	1.08%	1.36%	1.42%	1.08%	0.45%
	36~45 岁	1.63%	2.21%	2.11%	3.06%	0.81%	1.98%
	46~55 岁	1.50%	1.34%	0.00	0.94%	0.00	0.00
	56~69 岁	0.00	2.13%	0.00	0.00	0.00	0.00
不知在哪里	15~18 岁	4.39%	5.67%	5.59%	6.51%	5.56%	5.07%
	19~25 岁	10.24%	10.09%	11.62%	10.78%	9.74%	8.90%
	26~35 岁	11.23%	12.27%	12.20%	14.22%	12.64%	13.84%
	36~45 岁	17.07%	14.71%	9.86%	17.35%	10.48%	9.90%
	46~55 岁	21.80%	17.45%	16.67%	18.87%	19.77%	15.07%
	56~69 岁	23.91%	19.15%	16.67%	31.11%	41.18%	50.00%
没听说过	15~18 岁	42.40%	42.99%	44.41%	29.45%	28.09%	26.57%
	19~25 岁	36.32%	38.17%	37.52%	21.16%	22.61%	20.94%
	26~35 岁	28.26%	30.32%	31.19%	16.11%	13.36%	15.18%
	36~45 岁	29.27%	31.62%	36.62%	24.49%	18.55%	22.77%
	46~55 岁	33.83%	41.61%	41.33%	28.30%	22.09%	23.29%
	56~69 岁	50.00%	53.19%	52.08%	31.11%	11.76%	12.50%
不感兴趣	15~18 岁	12.57%	14.63%	12.94%	18.49%	17.90%	18.81%
	19~25 岁	10.40%	11.99%	11.46%	17.96%	15.68%	16.23%
	26~35 岁	14.13%	15.16%	13.90%	18.48%	17.33%	18.75%
	36~45 岁	15.45%	16.18%	14.08%	16.33%	19.35%	15.84%
	46~55 岁	18.05%	18.79%	20.00%	29.25%	24.42%	21.92%
	56~69 岁	15.22%	14.89%	20.83%	24.44%	17.65%	25.00%

续表

原因		全国科普日	科普宣传周	社科普及宣传周	社科咨询	人文（社科）讲座	文化活动
其他	15~18 岁	14.62%	14.03%	14.41%	20.21%	17.59%	20.00%
	19~25 岁	17.12%	17.51%	17.74%	24.55%	21.29%	22.34%
	26~35 岁	23.55%	22.74%	23.05%	32.23%	24.55%	23.66%
	36~45 岁	21.95%	23.53%	24.65%	24.49%	29.84%	31.68%
	46~55 岁	18.80%	16.11%	16.00%	16.98%	26.74%	28.77%
	56~69 岁	6.52%	6.38%	6.25%	8.89%	17.65%	12.50%

（五）文化程度差异

不同文化程度的公众参与日常科普活动的差异与活动形式有关（表 7-31）。公众在过去一年中参加过人文（社科）讲座和文化活动的比例大体上随着文化程度的提高而上升，研究生及以上学历的公众参加过的比例分别达到 71.18%和 72.88%。而科普宣传周、社科普及宣传周和社科咨询的参加率以大专学历为分界线，大专学历以下的公众参加过的比例随着文化程度的提高而总体上升，但是大专及以上学历的公众反而大体上呈现出文化程度越高，参加比例越低的情况。研究生及以上学历的公众参加过这三项科普活动的比例分别为 20.34%、18.64%和 23.73%，低于高中或中专（技校）学历的公众。

表 7-31　不同文化程度公众参加日常科普活动的差异

参加日常科普活动次数		全国科普日	科普宣传周	社科普及宣传周	社科咨询	人文（社科）讲座	文化活动
一两次	小学及以下	11.00%	12.28%	11.76%	21.48%	14.07%	11.51%
	初中	14.51%	12.14%	12.66%	23.48%	13.46%	17.28%
	高中或中专（技校）	25.74%	24.51%	22.55%	34.07%	23.53%	31.86%
	大专	29.95%	24.60%	21.93%	33.69%	25.13%	33.16%
	大学本科	28.87%	20.62%	19.07%	35.05%	34.54%	40.72%
	研究生及以上	18.64%	16.95%	15.25%	13.56%	32.20%	45.76%
三次及以上	小学及以下	1.53%	2.05%	1.28%	3.84%	3.07%	2.81%
	初中	3.03%	4.22%	3.30%	10.42%	6.60%	7.12%
	高中或中专（技校）	6.62%	7.60%	5.15%	14.22%	8.58%	13.24%
	大专	4.28%	2.67%	2.14%	13.90%	8.56%	12.83%
	大学本科	2.58%	2.58%	3.61%	10.31%	21.13%	21.65%
	研究生及以上	3.39%	3.39%	3.39%	10.17%	38.98%	27.12%

续表

参加日常科普活动次数		全国科普日	科普宣传周	社科普及宣传周	社科咨询	人文（社科）讲座	文化活动
没去过	小学及以下	87.47%	85.68%	86.96%	74.68%	82.86%	85.68%
	初中	82.45%	83.64%	84.04%	66.09%	79.95%	75.59%
	高中或中专（技校）	67.65%	67.89%	72.30%	51.72%	67.89%	54.90%
	大专	65.78%	72.73%	75.94%	52.41%	66.31%	54.01%
	大学本科	68.56%	76.80%	77.32%	54.64%	44.33%	37.63%
	研究生及以上	77.97%	79.66%	81.36%	76.27%	28.81%	27.12%

从没参加过的原因来看，低学历公众的选择主要集中在"本地没有""没听说过"两项上，中等学历公众主要集中在"没听说过""其他"两项上，而高学历公众的选择集中在"不知在哪里""没听说过"两项上。此外，不同文化程度的公众选择"交通不便"均较少，其中小学及以下学历的公众选择的比例相对略高（表 7-32）。

表 7-32　不同文化程度公众未参加日常科普活动的原因

原因		全国科普日	科普宣传周	社科普及宣传周	社科咨询	人文（社科）讲座	文化活动
本地没有	小学及以下	22.81%	20.30%	19.71%	21.23%	26.85%	26.87%
	初中	23.68%	20.66%	20.25%	22.95%	29.37%	28.62%
	高中或中专（技校）	21.38%	18.41%	18.31%	17.54%	31.05%	28.13%
	大专	14.63%	11.76%	12.68%	14.29%	20.97%	17.82%
	大学本科	6.02%	4.70%	6.00%	5.66%	6.98%	10.96%
	研究生及以上	4.35%	4.26%	4.17%	4.44%	11.76%	0.00
交通不便	小学及以下	3.22%	2.39%	2.94%	4.11%	4.01%	2.69%
	初中	2.24%	1.58%	1.41%	2.59%	1.32%	2.97%
	高中或中专（技校）	1.45%	1.08%	1.36%	1.42%	1.08%	0.45%
	大专	1.63%	2.21%	2.11%	3.06%	0.81%	1.98%
	大学本科	1.50%	1.34%	0.00	0.94%	0.00	0.00
	研究生及以上	0.00	2.13%	0.00	0.00	0.00	0.00
不知在哪里	小学及以下	4.39%	5.67%	5.59%	6.51%	5.56%	5.07%
	初中	10.24%	10.09%	11.62%	10.78%	9.74%	8.90%
	高中或中专（技校）	11.23%	12.27%	12.20%	14.22%	12.64%	13.84%
	大专	17.07%	14.71%	9.86%	17.35%	10.48%	9.90%

原因		全国科普日	科普宣传周	社科普及宣传周	社科咨询	人文（社科）讲座	文化活动
不知在哪里	大学本科	21.80%	17.45%	16.67%	18.87%	19.77%	15.07%
	研究生及以上	23.91%	19.15%	16.67%	31.11%	41.18%	50.00%
没听说过	小学及以下	42.40%	42.99%	44.41%	29.45%	28.09%	26.57%
	初中	36.32%	38.17%	37.52%	21.16%	22.61%	20.94%
	高中或中专（技校）	28.26%	30.32%	31.19%	16.11%	13.36%	15.18%
	大专	29.27%	31.62%	36.62%	24.49%	18.55%	22.77%
	大学本科	33.83%	41.61%	41.33%	28.30%	22.09%	23.29%
	研究生及以上	50.00%	53.19%	52.08%	31.11%	11.76%	12.50%
不感兴趣	小学及以下	12.57%	14.63%	12.94%	18.49%	17.90%	18.81%
	初中	10.40%	11.99%	11.46%	17.96%	15.68%	16.23%
	高中或中专（技校）	14.13%	15.16%	13.90%	18.48%	17.33%	18.75%
	大专	15.45%	16.18%	14.08%	16.33%	19.35%	15.84%
	大学本科	18.05%	18.79%	20.00%	29.25%	24.42%	21.92%
	研究生及以上	15.22%	14.89%	20.83%	24.44%	17.65%	25.00%
其他	小学及以下	14.62%	14.03%	14.41%	20.21%	17.59%	20.00%
	初中	17.12%	17.51%	17.74%	24.55%	21.29%	22.34%
	高中者中专（技校）	23.55%	22.74%	23.05%	32.23%	24.55%	23.66%
	大专	21.95%	23.53%	24.65%	24.49%	29.84%	31.68%
	大学本科	18.80%	16.11%	16.00%	16.98%	26.74%	28.77%
	研究生及以上	6.52%	6.38%	6.25%	8.89%	17.65%	12.50%

第三节　2009年与2016年两次调查结果对比分析

一、公众获取时事新闻和人文社会科学知识渠道的比例

在两次调查中，公众获取时事新闻的主要渠道发生了明显变化（表7-33）。在2016年，收看电视依然是公众获取时事新闻最主要的渠道，但公众选择的比例相比2009年下降到83.60%，下降了近10个百分点。阅读报纸的占比从2009

年的 65.40%下降至 2016 年的 32.00%，下降了 33.40 个百分点，从第二大主要渠道降至第四位。2009 年调查中另一重要的时事新闻获取渠道——与人交谈的比例也有所下降，从 43.70%降至 38.30%。与之相反的是上网浏览的比例上升幅度较大，从 2009 年的 30.10%提高到 2016 年的 46.85%，成为仅次于收看电视的时事新闻获取渠道。这一变化反映出互联网时代传统媒体及人际传播方式在时事新闻的传播过程中影响逐渐减弱，而网络传播方式越来越受到公众的青睐，公众的信息获取习惯正在改变。

表 7-33 两次调查中公众获取时事新闻渠道的比例

获取时事新闻渠道	2009 年	2016 年
阅读报纸	65.40%	32.00%
收看电视	92.65%	83.60%
上网浏览	30.10%	46.85%
阅读杂志（期刊）	13.00%	7.45%
收听广播	18.80%	18.05%
与人交谈	43.70%	38.30%
其他方式	0.30%	0.75%
基本不关心	—	4.10%

两次调查的结果中，人文社会科学知识获取渠道的比例同样呈现较大差异（表 7-34）。由于两次调查选项设置存在差异，且 2016 年调查中增加的"学校课本与课堂教学"选择比例达到 11.40%，这在一定程度上分散了其他选项的比例，因此两次调查的比例不适合直接进行比较。但从 2009 年的调查结果可以看出，公众获取人文社会科学知识的三大主要渠道是收看电视、阅读报纸、与人交谈，而到了 2016 年，收看电视依然是最主要渠道，但上网浏览成了第二大渠道，阅读报纸和与人交谈均下降了一位。这一变动同样反映出在人文社会科学知识传播方面，传统媒介和人际传播的影响力在下降，互联网的渗透势不可挡。

表 7-34 两次调查中公众获取人文社会科学知识渠道的比例

获取人文社会科学知识渠道	2009 年	2016 年
学校课本与课堂教学	—	11.40%
阅读报纸	52.70%	30.60%
收看电视	84.45%	76.05%
上网浏览	23.55%	41.60%
阅读杂志（期刊）	13.40%	8.35%

续表

获取人文社会科学知识渠道	2009 年	2016 年
收听广播	21.55%	16.45%
阅读图书	7.95%	10.30%
听讲座、看展览等科普活动	3.45%	9.90%
与人交谈	44.85%	29.70%
其他方式	0.65%	3.30%

二、公众接触人文社会科学相关场所和日常科普活动情况

两次调查结果相比，2016 年的调查中公众去过博物馆、展览馆、美术馆无论是一两次还是三次及以上的比例均比 2009 年略有上升。2016 年调查中公众去过历史文化主题公园一两次的比例相比 2009 年略有上升，但去过三次及以上的比例略有下降。而 2016 年调查中，公众去过公共图书馆、科普宣传橱窗或报刊宣传栏、文化馆以及书店、书市一两次及三次及以上的比例相比于 2009 年均有所下降，其中，文化馆和书店、书市两个场所的比例下降明显。公众去过书店、书市比例的下降可能是由于网上书店的发展及电子阅读的兴起，去书店不再是一个获取阅读材料的主要途径。而公众去过文化馆比例的下降一方面可能是公众日常生活中文化活动的形式越来越丰富，不再固定在文化馆中；另一方面可能是由于线上教育的兴起，孩子的教育培训不再需要到文化馆进行（表 7-35）。

表 7-35 两次调查中公众去过人文社会科学相关场所次数

人文社会科学相关场所	2009 年		2016 年	
	一两次	三次及以上	一两次	三次及以上
博物馆	25.50%	7.40%	26.25%	8.80%
展览馆、美术馆	19.70%	4.60%	20.25%	5.80%
公共图书馆	24.80%	21.05%	22.00%	19.40%
科普宣传橱窗或报刊宣传栏	30.65%	26.40%	24.50%	24.50%
文化馆	27.25%	12.35%	19.60%	7.70%
书店、书市	28.80%	42.15%	23.75%	29.35%
历史文化主题公园	21.15%	11.35%	22.95%	10.45%

在公众没去过的原因方面，2009 年的调查以总样本数为分母计算各原因的占比，这一计算方法在判断公众不去各场所的主要原因上不存在问题，但事实上没去过的原因仅适用于没去过相关场所的公众，用总样本作分母得出的比例会受到公众去过次数比例的影响，如果要比较不同场所没去过原因的比例会存在干扰。因此在 2016 年的调查中，没去过原因比例的计算以没去过相关场所的公众数量作为分母计算。因此，两次调查中各场所没去过原因的具体比例数据没有直接的可比性。但从没去过各场所的主要原因来看，2009 年调查中主要集中在"本地没有"、"不知在哪里"和"不感兴趣"方面。2016 年调查中主要集中在"本地没有"、"不感兴趣"和"其他"上，"不知在哪里"不再居于制约公众接触人文社会科学相关场所的三大主要原因中。从这一变化可以看出，各地人文社会科学相关场所的知名度有所提高，活动信息的扩散更加通畅，但人文社会科学基础设施和公众兴趣缺乏依然是阻碍其参与的重要原因。此外，随着生活和工作节奏的加快，越来越多的公众因为没有时间、工作太忙等"其他"原因而不曾接触过人文社会科学相关场所。

在日常科普活动的参与上，相比 2009 年，2016 年调查中公众参与过人文（社科）讲座一两次及三次及以上的比例均有所上升，可见人文（社科）讲座对公众的吸引力有所提高。公众参与过文化活动一两次的比例相比 2009 年有所下降，但参与三次及以上的比例略有上升，不过上升幅度小于下降幅度。而公众参与过全国科普日、科普宣传周、社科普及宣传周、社科咨询一两次及三次及以上的比例相比于 2009 年均有所下降，其中去过科普宣传周和社科咨询一两次的比例下降幅度较大，在 7 个百分点左右（表 7-36）。

表 7-36　两次调查中公众参加过日常科普活动次数

日常科普活动	2009 年		2016 年	
	一两次	三次及以上	一两次	三次及以上
全国科普日	22.60%	3.60%	19.05%	3.55%
科普宣传周	25.05%	4.75%	18.30%	4.15%
社科普及宣传周	20.35%	3.95%	16.05%	3.20%
社科咨询	35.15%	11.50%	27.05%	10.20%
人文（社科）讲座	16.95%	4.85%	19.30%	8.85%
文化活动	29.30%	9.70%	23.70%	10.05%
其他	5.10%	1.75%	3.75%	1.05%

2006 年调查中没参加过日常科普活动各原因的比例同样无法直接和 2009 年的结果进行比较，但从原因的主次来看，2009 年公众主要因为"不知在哪里"、"本地没有"、"不感兴趣"和"缺乏展品"而没参加过。在 2016 年的

调查中，"缺乏展品"的选项被"没听说过"替代，公众没参加过的主要原因集中在"没听说过"、"本地没有"、"其他"和"不感兴趣"上。从两次调查中主要原因的变化来看，各科普活动的宣传力度有待加强，提高活动的知晓度和扩大影响范围尤为重要。另外，同样有越来越多的公众因为没有时间、工作太忙等"其他"原因而不曾参与过日常科普活动。

第四节　小结与讨论

总体而言，江苏省公众通过各种渠道关注时事新闻的比例较高。无论是了解时事新闻还是获取人文社会科学知识，收看电视、上网浏览均是公众所青睐的渠道，这两个渠道在知识和信息传播中的作用值得重视。总体上在过去一年中，公众去过人文社会科学相关场所及参加过日常科普活动的比例均不高，参与次数在三次及以上的比例更低，在动员公众参与活动方面有待加强。公众没参加的原因主要集中在"本地没有"、"不感兴趣"和"其他"方面，可从这几个原因上着手改进。

一、公众获取时事新闻及人文社会科学知识的渠道

（1）多数公众关注时事新闻，在获取时事新闻的渠道中，最多的是收看电视，占83.60%，其次是上网浏览（46.85%）和与人交谈（38.30%）。

（2）在获取人文社会科学知识的渠道中，最多的是收看电视，占76.05%，其次是上网浏览（41.60%）和阅读报纸（30.60%）。

（3）在性别差异上，男性公众通过阅读报纸了解时事新闻的比例高于女性公众。但在上网浏览了解时事新闻方面，女性公众的比例略高于男性公众。而在获取人文社会科学知识的渠道方面，男性公众通过阅读报纸、收看电视的比例明显高于女性公众。

（4）在不同年龄段公众获取时事新闻的渠道方面，上网浏览的比例与年龄呈反比关系，除了19~25岁公众，选择阅读报纸、收看电视的公众比例与年龄呈正比关系。而在获取人文社会科学知识的渠道方面，收看电视、上网浏览、学校课本与课堂教学、阅读图书存在明显年龄特征。通过学校课本与课堂教学获取人文社会科学知识与年龄呈负相关关系，通过收看电视获取人文社会科学知识的公众的比例随着年龄的增加而上升，成年公众总体上年龄越大越少通过上网浏览的方式获取人文社会科学知识，通过阅读图书获取人文社会科学知识的

比例基本随着年龄的增长而降低。

（5）在不同文化程度公众获取时事新闻的渠道方面，上网浏览的比例随文化程度的提高而上升，收看电视总体随文化程度的提高而降低。在获取人文社会科学知识的渠道方面，上网浏览、学校课本与课堂教学、阅读图书、阅读杂志（期刊）、参加科普活动几个方面都与文化程度存在正相关关系，收听广播、收看电视、与人交谈整体上与文化程度呈负相关关系。

（6）在不同收入公众获取时事新闻的渠道方面，总体上收入越高，选择上网浏览的比例越高，其他渠道与收入水平的关系略有波动但差距不大。在获取人文社会科学知识的渠道方面，上网浏览是差异较大的渠道，总体来说，公众收入水平越高，选择这一方式的比例也越高。

（7）在城乡公众获取时事新闻的渠道方面，城镇公众选择上网浏览、阅读报纸的比例明显高于乡村公众，而乡村公众选择收看电视的比例略高。在获取人文社会科学知识的渠道方面，乡村公众比城镇公众更多选择收看电视，而城镇公众更多选择上网浏览。城镇公众选择学校课本与课堂教学、阅读图书、科普活动和阅读杂志（期刊）的比例也均高于乡村公众。

（8）在不同地区公众获取时事新闻的渠道方面，苏南地区公众选择上网浏览的比例明显更高。在获取人文社会科学知识的渠道方面，苏北地区公众选择收看电视的比例略高于苏南和苏中地区公众，而苏南地区公众选择上网浏览的比例明显高于苏中和苏北地区公众。

二、公众接触人文社会科学相关场所与参加过相关活动次数及没去的原因

（1）总体上，公众在过去一年中去过人文社会科学相关场所的比例不高。在各相关场所中，书店、书市较受公众欢迎，有 53.10% 的公众去过，其次是科普宣传橱窗或报刊宣传栏（49.00%），而公众去过文化馆和展览馆、美术馆的比例最低，分别为 27.30% 和 26.05%。而没接触过这些场所的公众，主要原因在于"本地没有"、"不感兴趣"和"其他"。

（2）公众在过去一年中参加过日常科普活动的比例同样不高。在各项日常科普活动中，社科咨询相对最受公众欢迎，有 37.25% 的公众参加过，其次是文化活动，有 33.75% 的公众参加过。社科普及宣传周、科普宣传周及全国科普日三项活动的公众参与度不高，分别仅有 19.25%、22.45% 和 22.60% 的公众参加过。没参加过日常科普活动的公众，主要是由于"本地没有"和"没听说过"。

（3）在过去一年中，城镇公众去过各类人文社会科学相关场所的比例均高

于乡村公众。在没去过这些场所的公众中，乡村公众更多的是因为"本地没有"，而城镇公众更多的是因为"不感兴趣"和"其他"原因。城镇公众因为"不知在哪里"而没有去过书店、书市以外的人文社会科学相关场所的比例相对较高，尤其是文化馆和历史文化主题公园。

（4）苏南地区公众在过去一年中接触过除公共图书馆和文化馆以外的人文社会科学相关场所的比例最高，苏中地区公众其次，苏北地区公众最低。苏中地区公众去过公共图书馆和文化馆的比例最高，其次是苏南地区公众，苏北地区公众最低。"本地没有"是苏北地区公众没有接触这些场所的最主要原因，苏中地区公众主要由于"本地没有"而不去博物馆、展览馆、美术馆、历史文化主题公园，不去书店、书市的主要原因是"不感兴趣"，不去公共图书馆、科普宣传橱窗或报刊宣传栏和文化馆的原因集中于"其他"。苏南地区公众主要由于"其他"原因而没去过这些场所。

（5）男性和女性公众在过去一年中去过人文社会科学相关场所的情况很接近，在没去过的原因方面，性别差异也不明显，集中在"本地没有"、"不感兴趣"和"其他"原因上。

（6）总体上，随着年龄的增长，公众去过人文社会科学相关场所的比例逐渐降低，其中 19~25 岁公众去过的比例最高。没去过的原因方面，15~18 岁公众更多的是因为"本地没有"，19~35 岁公众更多的是因为"不感兴趣"，而36~69 岁公众更多的是因为"本地没有"和"其他"原因。

（7）15~18 岁及 19~25 岁公众参加过人文（社科）讲座和文化活动的比例明显更高，而参加过其他科普活动的比例低于其他年龄段的公众。没参加过的原因方面，"没听说过"的比例均最多，此外，15~18 岁及 36~69 岁公众选择"本地没有"的比例相对较高，而 19~25 岁及 26~35 岁公众选择"不知在哪里"的比例相对较高。

（8）公众的文化程度越高，在过去一年中去过人文社会科学相关场所的比例越高，且学历越高的公众，选择"本地没有"的比例总体越低。公众因为"不感兴趣"而没去过人文社会科学相关场所的比例，总体上随着文化程度的升高呈现出先下降后上升再下降的规律。

（9）乡村公众在过去一年中参加过各项日常科普活动的比例均低于城镇公众，乡村公众因为"本地没有"而没参加的比例均超过20.00%，远高于城镇公众。而城镇公众选择"不知在哪里"、"不感兴趣"和"其他"原因的比例较高。

（10）总体上苏中地区公众参与过各项日常科普活动的比例最高，其次是苏北地区公众，苏南地区公众的参与比例最低。苏北地区公众有 20.00%以上因为"本地没有"而没有参加过日常科普活动，远高于苏南和苏中地区公众。苏南地区公众选择"不知在哪里"和"没听说过"的比例最高。

（11）总体来看，男性公众在过去一年中参加过日常科普活动的比例相对更高。在未参与的原因中，男性和女性公众的差距不大，集中在"没听说过"、"本地没有"和"其他"原因方面。

（12）不同文化程度的公众参与日常科普活动的差异与活动形式有关，参加过人文（社科）讲座和文化活动的比例随着文化程度的提高而上升，而科普宣传周、社科普及宣传周和社科咨询的参加率以大专学历为分界线，大专学历以下的公众参加过的比例随着文化程度的提高而上升，但是大专及以上学历的公众反而呈现相反情况。低学历公众没参加过的原因主要集中在"本地没有"和"没听说过"两项上，中等学历公众主要由于"没听说过"和"其他"原因而没参加过，而高学历公众的选择集中在"不知在哪里"和"没听说过"上。

三、相关的对策建议

（1）重视发挥电视和互联网在传播知识和信息上的作用，社科普及工作者可以考虑参与科普类电视节目，或借助制作短视频、建立科普网站、开设微信公众号和微博账号等形式进行科普，丰富科普的内容和形式。此外，注重发挥报纸在传播人文社会科学知识方面的作用，借助报纸的权威性和专业性，在社科普及宣传周等时间段借助报纸专版集中性地发布社科普及类文章。

（2）学校课本与课堂教学是青少年获取人文社会科学知识的重要渠道，要加强学校教育的作用，丰富教学内容和形式，采用符合不同年龄段学生特点的形式进行教学，并尽可能多地涉及人文社会科学相关内容。

（3）电视是年龄较大、文化程度较低、生活在乡村的公众所青睐的渠道，借助电视媒介传播人文社会科学知识的时候要考虑到受众对信息的接受能力，采用通俗易懂的方式进行传播，加强故事性和趣味性以帮助这部分公众理解。同时了解他们平时所关注和偏好的内容主题，制作出他们感兴趣的科普内容。

（4）乡村及苏北、苏中地区公众在学校课本与课堂教学、科普活动、阅读杂志（期刊）等渠道上相对匮乏，因此要加强这些地区人文社会科学普及的基础设施建设，加强对乡村和相对不发达地区的教育扶持，促进当地科普活动的开展，请专家进行讲座或咨询。鼓励城镇或发展较好的地区采用赠书、赠杂志等方式推动不发达地区的文化建设，村委会可组织相关的读书活动，或建立读书角给村民提供获得文化资源的渠道以满足其需求。

（5）加强社科宣传的基础设施建设，解决较为普遍存在的"本地没有"的问题，尤其是苏北和乡村地区，该问题较为明显，政府可尝试开发当地固有的文化历史资源，并投入一定资金建设博物馆、历史文化主题公园。此外，需借助形式多样的活动在线上及线下进行宣传，提高公众对活动信息的知晓度，同时激发公众参与活动的兴趣。尤其是社科普及宣传周、科普宣传周、全国科普日等活动，可深入每个社区和村进行宣传和讲解，避免公众因为没听说过而错过。

第八章 江苏省公众对社会科学普及工作的评价、看法及需求分析

第一节 总体状况分析

社会科学普及工作对于提升公众人文社会科学素养，促进人的全面发展和推动社会进步等方面具有关键作用。随着社会进一步发展及信息技术的进步，人们对于人文社会科学知识的需求也发生了巨大改变，越来越多的公众意识到提升自我人文社会科学素养的重要性，也开始积极表达自我提升人文社会科学素养的需求和愿望。

本书在问卷中设立了"公众对本地区社会科学普及工作的满意度评价"、"公众对推进社会科学普及工作措施的看法"、"公众最希望通过社会科学普及解决的问题"和"公众最希望获取的人文社会科学知识或信息"四个题项，来考察江苏省公众对社会科学普及工作的评价、看法及需求情况，以便在未来更好地满足公众对人文社会科学知识的需要，更有针对性地推行提升公众人文社会科学素养水平的措施。

一、江苏省公众对本地区社会科学普及工作的满意度评价

调查数据显示，14.05%的公众对本地区社会科学普及工作非常满意，45.80%的公众对本地区社会科学普及工作满意，17.15%的公众对本地区社会科学普及工作比较满意，11.95%的公众对本地区社会科学普及工作不满意，1.30%的公众对本地区社会科学普及工作很不满意，9.75%的公众选择不知道（图 8-1）。数据反映出，绝大多数公众对本地区社会科学普及工作持相对满意的态度，也有少数公众对本地区社会科学普及工作较为不满，说明江苏省社会科学普及工作总体上能够做到让公众满意，但是仍有待加强。

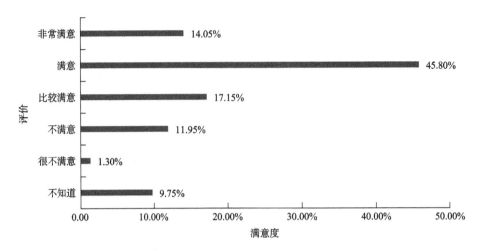

图 8-1　江苏省公众对本地区社会科学普及工作的满意度评价

二、江苏省公众对推进社会科学普及工作措施的看法

为考察在社会科学普及中哪些措施更为必要，调查中设置了"您对下列推进社科普及工作的一些主要措施有什么看法?"一题，其中包含 10 项措施，每项分 4 级统计，分别为"很有必要""有必要""没必要""不知道"。

对于推进社会科学普及工作的十项主要措施，公众认为必要的比例都较高，均在七成以上：有 89.05% 的公众认为"很有必要或有必要"定期举办社科普及宣传主题活动；有 85.85% 的公众认为"很有必要或有必要"加强新媒体对人文社会科学知识的传播和普及；有 84.75% 的公众认为"很有必要或有必要"重视社科普及成果的宣传和奖励；有 84.65% 的公众认为"很有必要或有必要"促进人文社会科学研究者广泛参与普及工作；有 84.65% 的公众认为"很有必要或有必要"建立和完善社科普及人才培养和激励机制；有 84.60%的公众认为"很有必要或有必要"出台具体法规鼓励和支持社会各界参与社科普及；有 84.20%的公众认为"很有必要或有必要"政府每年拨出社科普及专项经费并予逐年递增；有 83.10%的公众认为"很有必要或有必要"多建社科普及公益设施，不断增加普及基地；有 81.45%的公众认为"很有必要或有必要"将社科普及工作纳入精神文明建设相关指标体系；有 78.90%的公众认为"很有必要或有必要"在已有科普场馆增设人文社会科学知识普及内容（表 8-1 和图 8-2）。

表8-1 江苏省公众对推进社会科学普及工作措施的看法

措施	很有必要或有必要	没必要	不知道
A 出台具体法规鼓励和支持社会各界参与社科普及	84.60%	4.45%	10.95%
B 政府每年拨出社科普及专项经费并予逐年递增	84.20%	4.65%	11.15%
C 加强新媒体对人文社会科学知识的传播和普及	85.85%	2.95%	11.20%
D 在已有科普场馆增设人文社会科学知识普及内容	78.90%	5.80%	15.30%
E 多建社科普及公益设施，不断增加普及基地	83.10%	6.05%	10.85%
F 定期举办社科普及宣传主题活动	89.05%	3.35%	7.60%
G 促进人文社会科学研究者广泛参与普及工作	84.65%	4.45%	10.90%
H 建立和完善社科普及人才培养和激励机制	84.65%	3.55%	11.80%
I 重视社科普及成果的宣传和奖励	84.75%	6.70%	8.55%
J 将社科普及工作纳入精神文明建设相关指标体系	81.45%	3.85%	14.70%

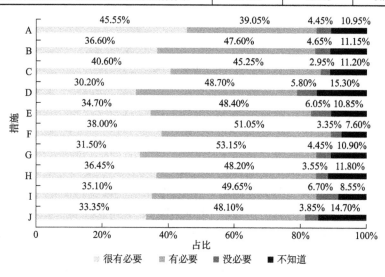

图8-2 江苏省公众对推进社会科学普及工作措施的看法

A 表示出台具体法规鼓励和支持社会各界参与社科普及；B 表示政府每年拨出社科普及专项经费并予逐年递增；C 表示加强新媒体对人文社会科学知识的传播和普及；D 表示在已有科普场馆增设人文社会科学知识普及内容；E 表示多建社科普及公益设施，不断增加普及基地；F 表示定期举办社科普及宣传主题活动；G 表示促进人文社会科学研究者广泛参与普及工作；H 表示建立和完善社科普及人才培养和激励机制；I 表示重视社科普及成果的宣传和奖励；J 表示将社科普及工作纳入精神文明建设相关指标体系

三、江苏省公众对社会科学普及工作的需求

（一）公众最希望通过社会科学普及解决的问题

调查结果显示，58.60%的公众希望通过社会科学普及提升自己的科学文化

素养，其次是提高理论和知识水平、增强学习和工作能力，二者均接近50.00%。改进生活方式和优化人际关系分别排在第四、第五位（图8-3）。

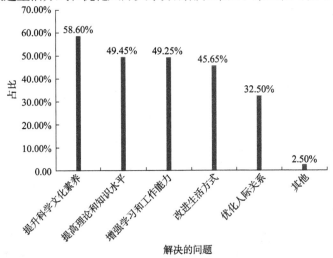

图8-3　公众希望通过社会科学普及解决的问题

（二）公众最希望获取的人文社会科学知识或信息

公众总体上更希望获取哪些方面的人文社会科学知识或信息？在12个选项中，选择占比在30.00%以上的有五项，依次为"法律常识"（46.40%）、"家庭教育"（43.30%）、"心理健康"（32.95%）、"时政热点"（32.50%）、"生态环境"（30.85%）；占比在10.00%以下的有"企业管理"（5.20%）、"公关礼仪"（3.85%）、"收藏鉴赏"（3.15%）和"其他"（1.95%）四项（图8-4）。从中可以看出，公众对文史哲及与日常生活关系更为紧密的实用性知识或信息需求更为集中，对社会热点和现实问题更为关注。

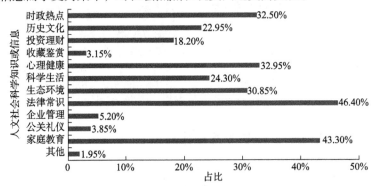

图8-4　公众希望获取的人文社会科学知识或信息

第二节 地域差异与群体差异比较

一、不同群体对本地区社会科学普及工作的满意度评价差异

（一）城乡差异

在对本地区社会科学普及工作的满意度评价中，城乡公众基本趋于一致。其中乡村公众选择"非常满意"和"满意"的比例略高于城镇公众，但两个地区公众的满意度整体接近；对本地区社会科学普及工作"不满意"的城镇公众比例为13.41%，明显高于乡村公众。选择"很不满意"的城乡公众比例接近（图 8-5）。从中可以看到，城镇公众较乡村公众而言有更高的人文社会科学知识需求。

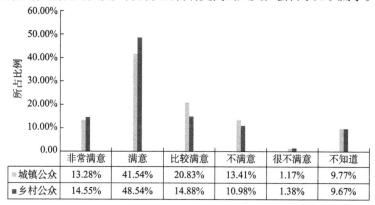

	非常满意	满意	比较满意	不满意	很不满意	不知道
城镇公众	13.28%	41.54%	20.83%	13.41%	1.17%	9.77%
乡村公众	14.55%	48.54%	14.88%	10.98%	1.38%	9.67%

图 8-5 城乡公众对本地区社会科学普及工作的满意度评价

（二）地区差异

不同地区公众对本地区社会科学普及工作的满意度也基本接近。整体来看，苏中地区公众的满意度相对较高，苏南和苏北地区公众情况较为接近。约65.00%的苏中地区公众对本地区社会科学普及工作表现出"非常满意"或"满意"，比例高于苏南和苏北地区公众；接近15.00%的苏北地区公众对本地区社会科学普及工作表现出"不满意"或"很不满意"，比例高于苏南和苏中地区公众（图 8-6）。由此可见，苏北地区公众的不满度较高，对苏北地区的社会科学普及工作有待加强。

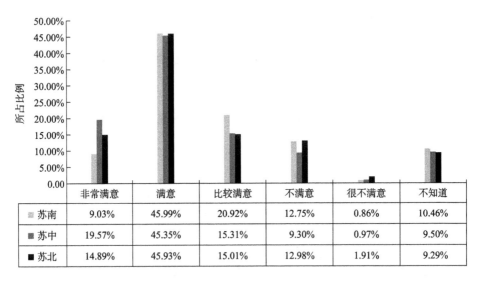

	非常满意	满意	比较满意	不满意	很不满意	不知道
苏南	9.03%	45.99%	20.92%	12.75%	0.86%	10.46%
苏中	19.57%	45.35%	15.31%	9.30%	0.97%	9.50%
苏北	14.89%	45.93%	15.01%	12.98%	1.91%	9.29%

图 8-6　不同地区公众对本地区社会科学普及工作的满意度评价

（三）性别差异

不同性别公众对本地区社会科学普及工作的满意度差异不大。但总体上，女性公众的评价比男性公众更为积极。选择"非常满意"和"满意"的女性公众占比分别为 15.03% 和 46.67%，两项均略高于男性公众 1~2 个百分点。与之相反的是，选择"不满意"和"很不满意"两项的男性公众占比均高于女性公众（图 8-7）。

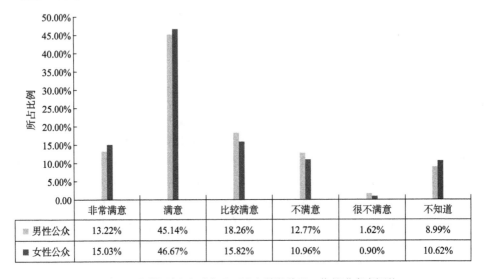

	非常满意	满意	比较满意	不满意	很不满意	不知道
男性公众	13.22%	45.14%	18.26%	12.77%	1.62%	8.99%
女性公众	15.03%	46.67%	15.82%	10.96%	0.90%	10.62%

图 8-7　不同性别公众对本地区社会科学普及工作的满意度评价

（四）年龄差异

不同年龄段公众对本地区社会科学普及工作满意度情况呈现出"年龄越大，满意度越高"的走向。56~69 岁公众选择"非常满意"和"满意"的比率最高，超过 65.00%，15~18 岁、19~25 岁公众选择"非常满意"或"满意"的比率则偏低，分别为 42.11%和 42.85%，不到五成。19~25 岁公众选择"不满意"或"很不满意"的比例最高，超过 25.00%，这可能与该群体多为在校学生，对人文社会科学知识本身具有更高需求有关；其次是 26~35 岁公众和 36~45 岁公众。只有不到 10.00%的 56~69 岁公众选择"不满意"或"很不满意"。低年龄段公众对满意度尚无明确判断，26.32%的 15~18 岁公众选择"不知道"（表 8-2）。

表 8-2　不同年龄段公众对本地区社会科学普及工作的满意度评价

年龄	非常满意	满意	比较满意	不满意	很不满意	不知道
15~18 岁	15.79%	26.32%	21.05%	10.53%	0.00	26.32%
19~25 岁	7.69%	35.16%	21.98%	22.53%	3.30%	9.34%
26~35 岁	14.02%	39.77%	17.42%	17.05%	0.38%	11.36%
36~45 岁	16.37%	42.98%	16.37%	13.74%	1.17%	9.36%
46~55 岁	15.12%	47.45%	15.50%	11.91%	1.32%	8.70%
56~69 岁	13.79%	51.82%	17.27%	6.21%	1.21%	9.70%

（五）文化程度差异

不同文化程度公众对本地区社会科学普及工作的评价大体上呈现出"文化程度越高，满意度越低"的态势。文化程度在小学及以下的公众选择"非常满意"或"满意"的比例最高，为 66.24%；文化程度在大学本科和研究生及以上的公众对本地区社会科学普及工作评价均不理想，选择"非常满意"或"满意"的比例不到五成。其中，研究生及以上学历的公众选择比例最低，仅有 33.89%。与之相反的是，研究生及以上文化程度公众选择"不满意"或"很不满意"的比例最高，接近30.00%，而小学及以下文化程度公众选择"不满意"或"很不满意"的比例最低，仅为 7.00%左右（表 8-3）。可见，高文化程度公众对社会科学普及工作具有更高的期待和评价标准，当前的社会科学普及工作无法满足他们的需求。

表 8-3　不同文化程度公众对本地区社会科学普及工作的满意度评价

文化程度	非常满意	满意	比较满意	不满意	很不满意	不知道
小学及以下	11.51%	54.73%	10.74%	5.63%	2.05%	15.35%
初中	15.57%	49.47%	15.44%	10.95%	0.92%	7.65%

续表

文化程度	非常满意	满意	比较满意	不满意	很不满意	不知道
高中或中专（技校）	17.16%	42.40%	20.34%	11.76%	0.98%	7.35%
大专	15.51%	36.36%	19.25%	18.18%	0.53%	10.16%
大学本科	7.22%	36.08%	24.74%	18.56%	2.58%	10.82%
研究生及以上	8.47%	25.42%	28.81%	25.42%	1.69%	10.17%

（六）收入差异

不同收入公众对本地区社会科学普及工作的评价情况相对复杂。收入为 1 631~3 500 元的公众选择"非常满意"或"满意"的比例较高。收入在 3 501 元及以上的公众对社会科学普及工作满意度较低，2.70%的收入为 3 501~5 000 元的公众选择"很不满意"，收入为 7 001~10 000 元和 10 001 元及以上的公众中，均有 25.00%左右的被访者选择了"不满意"（表 8-4）。总体而言，中等及高收入群体对社会科学普及工作的满意度偏低，低收入群体对社会科学普及工作满意度相对较高。

表8-4　不同收入公众对本地区社会科学普及工作的满意度评价

收入水平	非常满意	满意	比较满意	不满意	很不满意	不知道
1 630 及元以下	12.35%	50.07%	15.14%	9.56%	1.20%	11.69%
1 631~2 000 元	19.69%	49.74%	11.40%	10.36%	1.04%	7.77%
2 001~2 500 元	13.12%	51.58%	18.10%	9.95%	0.00	7.24%
2 501~3 500 元	18.89%	46.67%	17.78%	10.74%	1.11%	4.81%
3 501~5 000 元	14.67%	43.24%	19.31%	11.58%	2.70%	8.49%
5 001~7 000 元	17.95%	29.49%	23.08%	15.38%	0.00	14.10%
7 001~10 000 元	7.02%	40.35%	14.04%	24.56%	0.00	14.04%
10 001 元及以上	13.16%	34.21%	21.05%	26.32%	0.00	5.26%

（七）职业差异

不同职业公众对本地区社会科学普及工作的满意度存在一定差异。自由职业者，个体户、小摊主，农民，领导干部和公务员（包括参照《公务员法》管理人员）几个群体，选择"满意"或"非常满意"的比例居多。在各个职业中，事业管理人员选择"非常满意"的比例最高，达到 23.81%，领导干部和公务员（包括参照《公务员法》管理人员），自由职业者，个体户、小摊主，工人、普通勤杂人员、售货员、服务人员选择"非常满意"的比例也较高，均在 15.0%以上。自

由职业者选择"满意"的比例最高，达到 52.83%。领导干部和公务员（包括参照
《公务员法》管理人员）、农民、进城务工人员、离退休人员及工人、普通勤杂
人员、售货员、服务人员选择"满意"的比例也较高，均在 45.00%以上。在校大
学生、中学生或待升学人员选择"非常满意"的比例相对偏低，分别为 5.66%和
5.26%。25.47%的在校大学生对本地区社会科学普及工作"不满意"，在所有职
业中比例最高，其次是企业管理人员，比例为 19.74%；同时也存在 4.72%的在校
大学生对本地区社会科学普及工作"很不满意"，同样是所有职业中比例最高
的。36.84%的中学生或待升学人员选择"不知道"（表8-5）。

表8-5　不同职业公众对本地区社会科学普及工作的满意度评价

职业	非常满意	满意	比较满意	不满意	很不满意	不知道
领导干部和公务员（包括参照《公务员法》管理人员）	16.36%	52.73%	16.36%	9.09%	0.00	5.45%
事业管理人员	23.81%	30.95%	30.95%	7.14%	0.00	7.14%
企业管理人员	11.84%	36.84%	18.42%	19.74%	2.63%	10.53%
专业技术人员	13.58%	34.57%	18.52%	17.28%	1.23%	14.81%
工人、普通勤杂人员、售货员、服务人员	17.46%	47.62%	19.44%	10.32%	0.79%	4.37%
自由职业者	16.98%	52.83%	11.32%	9.43%	0.94%	8.49%
个体户、小摊主	17.99%	44.60%	13.67%	12.23%	0.72%	10.79%
农民	13.98%	49.50%	13.41%	10.84%	1.00%	11.27%
进城务工人员	8.24%	48.24%	17.65%	18.82%	1.18%	5.88%
在校大学生	5.66%	24.53%	29.25%	25.47%	4.72%	10.38%
中学生或待升学人员	5.26%	26.32%	21.05%	10.53%	0.00	36.84%
失业人员	12.50%	44.44%	18.06%	12.50%	2.78%	9.72%
离退休人员	12.26%	51.89%	18.87%	6.60%	1.89%	8.49%
其他	12.50%	37.50%	31.25%	8.33%	0.00	10.42%

需要注意的是，当前的社会科学普及工作已经难以满足一些青年群体的需
求，特别是对于在校大学生而言，他们本身已经接触到足够丰富而专业的知识
教育，因而对人文社会科学知识的获取有更高的要求，在未来有必要结合不同
群体不同层次的需求，有针对性地开展社会科学普及工作。

二、不同群体公众对推进社会科学普及工作的看法差异

（一）城乡差异

城镇与乡村公众之间的差异数据显示，整体上城镇公众认为各项措施"很
有必要和有必要"的比例高于乡村公众。城镇公众选择"不知道"的比例低于

乡村公众。从数据中可以看出，城镇公众比乡村公众对社会科学普及工作的各项措施的态度更为积极，也更乐于表达自我的看法（表8-6）。

表8-6 城乡公众对推进社会科学普及工作的看法

对推进社会科学普及工作的看法		a	b	c	d	e	f	g	h	j
有必要和很有必要	城镇公众	88.93%	86.85%	92.97%	88.67%	88.54%	93.10%	91.54%	91.54%	90.36%	88.41%
	乡村公众	81.95%	82.60%	81.46%	72.93%	79.76%	86.67%	80.41%	80.41%	81.30%	77.15%
没必要	城镇公众	5.73%	5.47%	1.82%	4.56%	5.73%	2.34%	3.39%	3.39%	5.34%	3.91%
	乡村公众	3.66%	4.15%	3.66%	6.59%	6.26%	3.98%	5.12%	3.66%	7.56%	3.82%
不知道	城镇公众	5.34%	7.68%	5.21%	6.77%	5.73%	4.56%	5.08%	5.08%	4.30%	7.68%
	乡村公众	14.39%	13.25%	14.88%	20.49%	13.98%	9.35%	14.47%	15.93%	11.14%	19.02%

注：a 表示出台具体法规鼓励和支持社会各界参与社科普及；b 表示政府每年拨出社科普及专项经费并予以逐年递增；c 表示加强新媒体对人文社会科学知识的传播和普及；d 表示在已有科普场馆增设人文社会科学知识普及内容；e 表示多建社科普及公益设施，不断增加普及基地；f 表示定期举办社科普及宣传主题活动；g 表示促进人文社会科学研究者广泛参与普及工作；h 表示建立和完善社科普及人才培养和激励机制；i 表示重视社科普及成果的宣传和奖励；j 表示将社科普及工作纳入精神文明建设相关指标体系

（二）地区差异

从地区差异来看，苏南地区公众认为"有必要和很有必要"的前三项措施是"定期举办社科普及宣传主题活动"（90.26%）、"加强新媒体对人文社会科学知识的传播和普及"（88.54%）和"促进人文社会科学研究者广泛参与普及工作"（87.68%）；苏中和苏北地区公众认为"有必要和很有必要"的前三项措施是"定期举办社科普及宣传主题活动"、"加强新媒体对人文社会科学知识的传播和普及"和"政府每年拨出社科普及专项经费并予逐年递增"（表8-7）。

表8-7 不同地区公众对推进社会科学普及工作的看法

对推进社会科学普及工作的看法		a	b	c	d	e	f	g	h	i	j
有必要和很有必要	苏南地区公众	86.39%	83.81%	88.54%	84.67%	85.53%	90.26%	87.68%	87.54%	87.39%	84.38%
	苏中地区公众	83.53%	84.30%	84.30%	79.84%	80.43%	86.43%	82.95%	81.59%	83.33%	80.04%
	苏北地区公众	83.72%	84.48%	84.48%	73.16%	82.70%	89.69%	83.08%	84.10%	83.33%	79.77%

续表

对推进社会科学普及工作的看法		a	b	c	d	e	f	g	h	i	j
没必要	苏南地区公众	5.01%	5.44%	2.87%	4.44%	5.44%	2.44%	2.58%	2.72%	5.16%	3.87%
	苏中地区公众	4.46%	4.07%	2.52%	5.62%	7.17%	4.65%	5.62%	4.07%	6.98%	4.07%
	苏北地区公众	3.94%	4.33%	3.31%	7.12%	5.85%	3.31%	5.34%	3.94%	7.89%	3.69%
不知道	苏南地区公众	8.60%	10.74%	8.60%	10.89%	9.03%	7.31%	9.74%	9.74%	7.45%	11.75%
	苏中地区公众	12.02%	11.63%	13.18%	14.53%	12.40%	8.91%	11.43%	14.34%	9.69%	15.89%
	苏北地区公众	12.34%	11.20%	12.21%	19.72%	11.45%	7.00%	11.58%	11.96%	8.78%	16.54%

注：a 表示出台具体法规鼓励和支持社会各界参与社科普及；b 表示政府每年拨出社科普及专项经费并予以逐年递增；c 表示加强新媒体对人文社会科学知识的传播和普及；d 表示在已有科普场馆增设人文社会科学知识普及内容；e 表示多建社科普及公益设施，不断增加普及基地；f 表示定期举办社科普及宣传主题活动；g 表示促进人文社会科学研究者广泛参与普及工作；h 表示建立和完善社科普及人才培养和激励机制；i 表示重视社科普及成果的宣传和奖励；j 表示将社科普及工作纳入精神文明建设相关指标体系

（三）性别差异

整体上，男性公众比女性公众对推进社会科学普及工作的态度更为积极，对各项措施认为"有必要和很有必要"的比例均超过 80.00%，对有些措施的支持比例甚至超过 90.00%，而女性公众对待推进社科普及工作的态度则趋于保守，认为各项措施"有必要和很有必要"的比例基本在 80.00% 左右。

在各类措施实施必要性最高和最低认知方面，男性和女性公众的看法较为一致。男性、女性公众选择"有必要和很有必要"比例最高的均为"定期举办社科普及宣传主题活动"，比例最低的均为"在已有科普场馆增设人文社会科学知识普及内容"；男性、女性公众认为"没必要"比例最高的均为"重视社科普及成果的宣传和奖励"。

但是具体而言，不同性别公众看待各项措施的必要性仍存在细微差异。男性公众选择"有必要和很有必要"比例最高的三项措施依次为"定期举办社科普及宣传主题活动""促进人文社会科学研究者广泛参与普及工作""建立和完善社科普及人才培养和激励机制"；女性公众选择"有必要和很有必要"比例最高的三项措施依次为"定期举办社科普及宣传主题活动""加强新媒体对人文社会科学知识的传播和普及""重视社科普及成果的宣传和奖励"（表 8-8）。从中可以看到，男性公众更看重推进社会科学普及工作的制度完善，而女性公众则更重视对社会科学普及工作的宣传策略。

表8-8　不同性别公众对推进社会科学普及工作的看法

对推进社会科学普及工作的看法		a	b	c	d	e	f	g	h	i	j
有必要和很有必要	男性公众	87.77%	86.42%	87.41%	81.47%	85.88%	91.01%	88.13%	87.86%	86.69%	83.99%
	女性公众	80.68%	81.36%	83.95%	75.93%	79.77%	86.78%	80.34%	80.68%	82.26%	78.19%
没必要	男性公众	4.59%	4.77%	3.33%	6.12%	5.58%	2.79%	3.60%	3.33%	6.21%	4.05%
	女性公众	4.18%	4.52%	2.49%	5.42%	6.67%	4.07%	5.54%	3.84%	7.34%	3.62%
不知道	男性公众	7.64%	8.81%	9.26%	12.41%	8.54%	6.21%	8.27%	8.81%	7.10%	11.96%
	女性公众	15.14%	14.12%	13.56%	18.64%	13.56%	9.15%	14.12%	15.48%	10.40%	18.19%

注：a 表示出台具体法规鼓励和支持社会各界参与社科普及；b 表示政府每年拨出社科普及专项经费并予逐年递增；c 表示加强新媒体对人文社会科学知识的传播和普及；d 表示在已有科普场馆增设人文社会科学知识普及内容；e 表示多建社科普及公益设施，不断增加普及基地；f 表示定期举办社科普及宣传主题活动；g 表示促进人文社会科学研究者广泛参与普及工作；h 表示建立和完善社科普及人才培养和激励机制；i 表示重视社科普及成果的宣传和奖励；j 表示将社科普及工作纳入精神文明建设相关指标体系

（四）文化程度差异

不同文化程度公众对推进社会科学普及工作的看法存在一定差异。整体上，文化程度越高的公众认为推进各项措施"有必要和很有必要"的比例越高。

具体来看，文化程度在高中或中专（技校）及以下群体普遍认为"定期举办社科普及宣传主题活动"、"加强新媒体对人文社会科学知识的传播和普及""有必要和很有必要"的比例较高；文化程度在大专及以上的群体认为"加强新媒体对人文社会科学知识的传播和普及"、"建立和完善社科普及人才培养和激励机制"和"在已有科普场馆增设人文社会科学知识普及内容""有必要和很有必要"的比例相对更高（表 8-9）。总体而言，文化程度相对低一些的公众更期望加强社会科学普及的力度和资金投入，而文化程度相对高一些的公众则认为社会科学普及工作在管理和奖励机制上有待进一步完善，已有的人文社会科学资源也需要进一步更新和丰富。

表8-9　不同文化程度公众对推进社会科学普及工作的看法

对推进社会科学普及工作的看法		a	b	c	d	e	f	g	h	i	j
有必要和很有必要	A	68.03%	72.12%	63.68%	56.78%	70.59%	75.96%	64.71%	65.73%	69.82%	62.40%
	B	84.83%	82.72%	86.02%	74.54%	82.32%	89.31%	84.17%	83.38%	83.91%	80.34%
	C	90.69%	89.71%	93.63%	88.48%	87.25%	93.87%	92.89%	92.89%	90.93%	91.18%
	D	94.12%	91.98%	97.86%	98.40%	93.05%	96.79%	94.12%	95.19%	93.05%	93.05%

续表

对推进社会科学普及工作的看法		a	b	c	d	e	f	g	h	i	j
有必要和很有必要	E	92.27%	91.75%	97.94%	97.94%	89.18%	95.88%	96.91%	96.39%	93.81%	90.21%
	F	93.22%	96.61%	100.00%	94.92%	96.61%	94.92%	96.61%	100.00%	96.61%	91.53%
没必要	A	4.09%	4.60%	5.12%	7.93%	4.60%	3.84%	5.37%	4.35%	6.39%	3.84%
	B	3.56%	5.15%	3.30%	7.52%	5.67%	3.43%	5.28%	3.69%	8.31%	3.96%
	C	5.39%	4.17%	1.96%	4.90%	7.35%	3.43%	3.43%	2.94%	5.39%	3.43%
	D	3.74%	3.74%	1.07%	1.07%	5.35%	2.67%	3.74%	3.74%	5.88%	2.14%
	E	7.73%	5.67%	2.06%	1.55%	9.79%	2.58%	2.58%	3.61%	5.67%	6.19%
	F	3.39%	1.69%	0.00	3.39%	1.69%	3.39%	3.39%	0.00	3.39%	3.39%
不知道	A	27.88%	23.27%	31.20%	35.29%	24.81%	20.20%	29.92%	29.92%	23.79%	33.76%
	B	11.61%	12.14%	10.69%	17.94%	12.01%	7.26%	10.55%	12.93%	7.78%	15.70%
	C	3.92%	6.13%	4.41%	6.62%	5.39%	2.70%	3.68%	4.17%	3.68%	5.39%
	D	2.14%	4.28%	1.07%	0.53%	1.60%	0.53%	2.14%	1.07%	1.07%	4.81%
	E	0.00	2.58%	0.00	0.52%	1.03%	1.55%	0.52%	0.00	0.52%	3.61%
	F	3.39%	1.69%	0.00	1.69%	1.69%	1.69%	0.00	0.00	0.00	5.08%

注：A 表示小学及以下；B 表示初中；C 表示高中或中专（技校）；D 表示大专；E 表示大学本科；F 表示研究生及以上

a 表示出台具体法规鼓励和支持社会各界参与社科普及；b 表示政府每年拨出社科普及专项经费并予逐年递增；c 表示加强新媒体对人文社会科学知识的传播和普及；d 表示在已有科普场馆增设人文社会科学知识普及内容；e 表示多建社科普及公益设施，不断增加普及基地；f 表示定期举办社科普及宣传主题活动；g 表示促进人文社会科学研究者广泛参与普及工作；h 表示建立和完善社科普及人才培养和激励机制；i 表示重视社科普及成果的宣传和奖励；j 表示将社科普及工作纳入精神文明建设相关指标体系

（五）年龄差异

公众对推进社会科学普及工作的看法呈现年龄差异。年龄为 19~25 岁和 26~35 岁的公众，对推进工作表现出更为积极的态度；而 15~18 岁公众则更多选择"没必要"和"不知道"，这可能与该年龄群体年龄较小，对推进社会科学普及的工作措施相对陌生有关。其他几个年龄群体对推进社会科学普及工作的看法基本接近。

总体来看，"定期举办社科普及宣传主题活动"依然是各个年龄段公众认为较有必要的举措；对于年龄为 15~18 岁和 19~25 岁的群体而言，"加强新媒体对人文社会科学知识的传播和普及"和"在已有科普场馆增设人文社会科学知识普及内容"被认为是必要性较强的措施；对于 36~45 岁的公众而言，"定期举办社科普及宣传主题活动"及"加强新媒体对人文社会科学知识的传播和普及"被认为是必要性较强的措施；对于 46 岁以上的公众而言，"定期举办社科

普及宣传主题活动"被认为是必要性较强的措施。（表 8-10）。

表 8-10　不同年龄段公众对推进社会科学普及工作的看法

对推进社会科学普及工作的看法		a	b	c	d	e	f	g	h	i	j
有必要和很有必要	15~18 岁	73.68%	63.16%	89.47%	94.74%	78.95%	78.95%	84.21%	78.95%	89.47%	73.68%
	19~25 岁	90.11%	91.76%	97.25%	96.15%	89.01%	97.80%	95.05%	95.60%	93.96%	89.01%
	26~35 岁	86.74%	86.36%	92.80%	90.53%	85.98%	90.53%	92.42%	92.05%	88.64%	87.50%
	36~45 岁	85.38%	86.55%	90.94%	82.75%	88.89%	91.81%	87.13%	85.67%	86.55%	82.75%
	46~55 岁	82.61%	82.42%	82.99%	73.53%	79.77%	88.85%	83.18%	82.42%	83.74%	80.72%
	56~69 岁	83.79%	82.12%	79.39%	71.52%	80.00%	85.30%	78.64%	80.00%	80.30%	76.97%
没必要	15~18 岁	10.53%	15.79%	5.26%	0.00	15.79%	15.79%	10.53%	10.53%	5.26%	5.26%
	19~25 岁	6.59%	5.49%	1.65%	1.65%	7.69%	1.10%	3.85%	3.30%	4.40%	5.49%
	26~35 岁	6.82%	3.79%	3.41%	2.65%	9.09%	5.68%	2.65%	4.17%	7.20%	2.65%
	36~45 岁	5.26%	4.68%	2.34%	5.85%	4.09%	3.80%	4.97%	4.97%	8.48%	4.39%
	46~55 岁	3.97%	5.48%	3.59%	8.32%	6.62%	3.40%	5.67%	3.97%	7.75%	3.78%
	56~69 岁	2.58%	3.64%	2.88%	6.21%	4.70%	2.27%	3.79%	2.12%	5.45%	3.64%
不知道	15~18 岁	15.79%	21.05%	5.26%	5.26%	5.26%	5.26%	5.26%	10.53%	5.26%	21.05%
	19~25 岁	3.30%	2.75%	1.10%	2.20%	3.30%	1.10%	1.10%	1.10%	1.65%	5.49%
	26~35 岁	6.44%	9.85%	3.79%	6.82%	4.92%	3.79%	4.92%	3.79%	4.17%	9.85%
	36~45 岁	9.36%	8.77%	6.73%	11.40%	7.02%	4.39%	7.89%	9.36%	4.97%	12.87%
	46~55 岁	13.42%	12.10%	13.42%	18.15%	13.61%	7.75%	11.15%	13.61%	8.51%	15.50%
	56~69 岁	13.64%	14.24%	17.73%	22.27%	15.30%	12.42%	17.58%	17.88%	14.24%	19.39%

注：a 表示出台具体法规鼓励和支持社会各界参与社普及；b 表示政府每年拨出社科普及专项经费并予逐年递增；c 表示加强新媒体对人文社会科学知识的传播和普及；d 表示在已有科普场馆增设人文社会科学知识普及内容；e 表示多建社科普及公益设施，不断增加普及基地；f 表示定期举办社科普及宣传主题活动；g 表示促进人文社会科学研究者广泛参与普及工作；h 表示建立和完善社科普及人才培养和激励机制；i 表示重视社科普及成果的宣传和奖励；j 表示将社科普及工作纳入精神文明建设相关指标体系

（六）收入差异

不同收入公众也反映出对推进社会科学普及工作看法的差异。对于收入在 2 500 元及以下和收入在 3 501~5 000 元的公众而言，"定期举办社科普及宣传主题活动"措施体现出较强的必要性；收入在 2 501~3 500 元和收入在 10 001 元及以上的公众认为有必要和很有必要"加强新媒体对人文社会科学知识的传播和普及"的比例最高；收入在 5 001~7 000 元的公众认为有必要和很有必要"在已有科普场馆增设人文社会科学知识普及内容"的比例最高；而对于收入在 7 001~10 000 元的公众而言，"重视社科普及成果的宣传和奖励"措施具有较强的必要性。（表 8-11）。

表8-11 不同收入公众对推进社会科学普及工作的看法

对推进社会科学普及工作的看法		a	b	c	d	e	f	g	h	i	j
有必要和很有必要	1 630 以下	77.69%	80.35%	76.89%	66.67%	75.43%	83.53%	75.70%	75.43%	76.36%	72.64%
	1 631~2 000	84.97%	80.31%	81.87%	77.20%	82.90%	89.64%	86.01%	87.05%	83.94%	80.31%
	2 001~2 500	90.95%	84.16%	94.12%	81.00%	86.43%	94.57%	89.59%	86.43%	90.95%	90.50%
	2 501~3 500	89.63%	89.26%	92.59%	87.78%	88.89%	92.22%	89.26%	90.37%	88.52%	87.41%
	3 501~5 000	86.87%	86.87%	90.35%	86.87%	88.42%	94.21%	90.73%	91.51%	90.73%	88.03%
	5 001~7 000	87.18%	87.18%	94.87%	96.15%	89.74%	93.59%	93.59%	94.87%	91.03%	84.62%
	7 001~10 000	89.47%	87.72%	89.47%	89.47%	89.47%	84.21%	89.47%	89.47%	91.23%	85.96%
	10 001 及以上	92.11%	84.21%	97.37%	92.11%	92.11%	89.47%	92.11%	89.47%	92.11%	84.21%
没必要	1 630 以下	3.45%	4.52%	3.59%	7.57%	6.51%	3.72%	6.11%	4.25%	7.84%	3.85%
	1 631~2 000	3.63%	4.15%	3.63%	4.15%	5.70%	2.59%	2.07%	2.07%	8.81%	3.63%
	2 001~2 500	3.17%	4.07%	0.45%	8.60%	5.43%	1.36%	2.26%	3.62%	5.43%	2.71%
	2 501~3 500	5.93%	4.44%	2.22%	5.19%	5.56%	3.70%	4.07%	4.07%	5.93%	2.96%
	3 501~5 000	6.95%	5.79%	4.25%	4.25%	4.63%	1.93%	3.47%	3.09%	5.79%	3.47%
	5 001~7 000	6.41%	7.69%	1.28%	2.56%	5.13%	2.56%	3.85%	1.28%	6.41%	3.85%
	7 001~10 000	7.02%	5.26%	5.26%	3.51%	8.77%	12.28%	8.77%	5.26%	7.02%	8.77%
	10 001 及以上	5.26%	10.53%	2.63%	5.26%	7.89%	7.89%	5.26%	7.89%	7.89%	5.26%
不知道	1 630 以下	18.86%	15.14%	19.52%	25.76%	18.06%	12.75%	18.19%	20.32%	15.80%	23.51%
	1 631~2 000	11.40%	15.54%	14.51%	18.65%	11.40%	7.77%	11.92%	10.88%	7.25%	16.06%
	2 001~2 500	5.88%	11.76%	5.43%	10.41%	8.14%	4.07%	8.14%	9.95%	3.62%	6.79%
	2 501~3 500	4.44%	6.30%	5.19%	7.04%	5.56%	4.07%	6.67%	5.56%	5.56%	9.63%
	3 501~5 000	6.18%	7.34%	5.41%	8.88%	6.95%	3.86%	5.79%	5.41%	3.47%	8.49%
	5 001~7 000	6.41%	5.13%	3.85%	1.28%	5.13%	3.85%	2.56%	3.85%	2.56%	11.54%
	7 001~10 000	3.51%	7.02%	5.26%	7.02%	1.75%	3.51%	1.75%	5.26%	1.75%	5.26%
	10 001 及以上	2.63%	5.26%	0.00%	2.63%	0.00%	2.63%	2.63%	2.63%	0.00%	10.53%

注：a. 出台具体法规鼓励和支持社会各界参与社科普及；b. 政府每年拨出社科普及专项经费并予逐年递增；c. 加强新媒体对人文社会科学知识的传播和普及；d. 在已有科普场馆增设人文社会科学知识普及内容；e. 多建社科普及公益设施不断增加普及基地；f. 定期举办社科普及宣传主题活动；g. 促进人文社会科学研究者广泛参与普及工作；h. 建立和完善社科普及人才培养和激励机制；i. 重视社科普及成果的宣传和奖励；j. 将社科普及工作纳入精神文明建设相关指标体系

由此可以看出，对于收入较低群体而言，广泛开展更多的社科普及活动是更为必要的；对中等收入群体而言，需要加强人文社会科学知识的宣传和普及力度；而对于中高收入群体而言，社会科学普及工作的规划性和可持续性则显示出更大的重要性。

（七）职业差异

不同职业公众也反映出对推进社会科学普及工作看法的差异。总体来看，各个职业群体认为"定期举办社科普及宣传主题活动"有必要和非常有必要的比例最高，"多建社科普及公益设施，不断增加普及基地"则被多数职业群体视为必要性不强的措施。

领导干部和公务员（包括参照《公务员法》管理人员），事业管理人员，企业管理人员，专业技术人员，工人、普通勤杂人员、售货员、服务人员，自由职业者，在校大学生，离退休人员几个群体认为"定期举办社科普及宣传主题活动"有必要和很有必要的比例较高；企业管理人员中，最多比例的人（97.37%）则认为"在已有科普场馆增设人文社会科学知识普及内容"、"促进人文社会科学研究者广泛参与普及工作"和"建立和完善社科普及人才培养和激励机制"有必要和很有必要；98.77%的专业技术人员认为"加强新媒体对人文社会科学知识的传播和普及"和"建立和完善社科普及人才培养和激励机制"有必要和很有必要；对于在校大学生群体而言，"建立和完善社科普及人才培养和激励机制"有较强的必要性，所有被访在校大学生均认为这一措施有必要和很有必要。

但是仔细比对具体选择情况，各个职业群体之间对于推进社会科学普及工作的看法也存在着明显的矛盾和差异。自由职业者中，认为"出台具体法规鼓励和支持社会各界参与社科普及"有必要和很有必要的比例最高，占比为 94.34%，但是领导干部和公务员（包括参照《公务员法》管理人员）、企业管理人员中则有较多比例的人认为该项措施没必要；进城务工人员、中学生或待升学人员选择"在已有科普场馆增设人文社会科学知识普及内容"有必要和很有必要的比例最高，分别为 91.76% 和 94.74%，而农民和离退休人员认为该项措施没必要的比例居多；事业管理人员、在校大学生中较多比例的人认为"重视社科普及成果的宣传和奖励"具有较强必要性，但是专业技术人员，工人、普通勤杂人员、售货员、服务人员，自由职业者，个体户、小摊主，农民，离退休人员几个群体中，选择该项措施没必要的比例则高于其他措施（表8-12）。

表8-12　不同职业公众对推进社会科学普及工作的看法

对推进社会科学普及工作的看法		a	b	c	d	e	f	g	h	i	j
有必要和很有必要	领导干部和公务员（包括参照《公务员法》管理人员）	89.09%	94.55%	98.18%	92.73%	94.55%	98.18%	94.55%	92.73%	92.73%	94.55%
	事业管理人员	90.48%	85.71%	97.62%	95.24%	92.86%	97.62%	92.86%	92.86%	95.24%	92.86%
	企业管理人员	90.79%	86.84%	96.05%	97.37%	96.05%	94.74%	97.37%	97.37%	94.74%	90.79%
	专业技术人员	96.30%	93.83%	98.77%	97.53%	92.59%	97.53%	96.30%	98.77%	91.36%	95.06%
	工人、普通勤杂人员、售货员、服务人员	86.51%	83.33%	90.48%	82.54%	82.94%	90.87%	85.71%	84.92%	86.11%	82.14%
	自由职业者	94.34%	85.85%	92.45%	85.85%	91.51%	92.45%	93.40%	89.62%	89.62%	88.68%
	个体户、小摊主	87.77%	85.61%	87.05%	84.89%	87.05%	89.93%	87.05%	87.77%	87.77%	83.45%
	农民	77.18%	80.46%	75.61%	64.76%	76.18%	83.74%	75.18%	76.46%	76.75%	72.47%
	进城务工人员	74.12%	80.00%	89.41%	91.76%	82.35%	88.24%	90.59%	89.41%	91.76%	88.24%
	在校大学生	94.34%	97.17%	99.06%	98.11%	92.45%	97.17%	97.17%	100.00%	98.11%	91.51%
	中学生或待升学人员	89.47%	78.95%	89.47%	94.74%	84.21%	84.21%	89.47%	84.21%	89.47%	78.95%
	失业人员	80.56%	73.61%	79.17%	72.22%	75.00%	81.94%	80.56%	77.78%	77.78%	77.78%
	离退休人员	91.51%	87.74%	89.62%	79.25%	83.96%	91.98%	86.32%	84.91%	86.79%	84.43%
	其他	85.42%	85.42%	89.58%	83.33%	87.50%	93.75%	93.75%	91.67%	89.58%	85.42%
没必要	领导干部和公务员（包括参照《公务员法》管理人员）	7.27%	3.64%	0.00	1.82%	1.82%	0.00	1.82%	3.64%	5.45%	3.64%
	事业管理人员	4.76%	11.90%	0.00	2.38%	4.76%	0.00	4.76%	4.76%	2.38%	4.76%
	企业管理人员	5.26%	5.26%	2.63%	1.32%	2.63%	0.00	0.00	1.32%	2.63%	3.95%
	专业技术人员	1.23%	2.47%	0.00	1.23%	4.94%	2.47%	2.47%	0.00	7.41%	1.23%
	工人、普通勤杂人员、售货员、服务人员	5.16%	4.37%	3.17%	4.37%	6.35%	3.57%	4.76%	5.56%	6.75%	3.97%
	自由职业者	1.89%	4.72%	0.94%	2.83%	1.89%	3.77%	2.83%	3.77%	8.49%	1.89%
	个体户、小摊主	5.76%	2.88%	4.32%	3.60%	5.76%	3.60%	5.04%	2.88%	7.91%	4.32%
	农民	3.57%	4.14%	3.57%	8.27%	5.71%	3.99%	5.99%	3.71%	8.13%	3.57%
	进城务工人员	22.35%	15.29%	7.06%	5.88%	14.12%	9.41%	7.06%	8.24%	4.71%	2.35%
	在校大学生	2.83%	0.94%	0.94%	0.94%	7.55%	1.89%	2.83%	0.00	1.89%	6.60%
	中学生或待升学人员	5.26%	5.26%	5.26%	0.00	10.53%	10.53%	5.26%	5.26%	5.26%	5.26%
	失业人员	1.39%	2.78%	4.17%	5.56%	6.94%	2.78%	2.78%	1.39%	4.17%	1.39%
	离退休人员	2.36%	5.66%	2.83%	10.38%	8.49%	1.89%	3.77%	3.77%	7.08%	6.13%
	其他	2.08%	4.17%	0.00	6.25%	2.08%	2.08%	0.00	2.08%	6.25%	4.17%

续表

对推进社会科学普及工作的看法		a	b	c	d	e	f	g	h	i	j
不知道	领导干部和公务员（包括参照《公务员法》管理人员）	3.64%	1.82%	1.82%	5.45%	3.64%	1.82%	3.64%	3.64%	1.82%	1.82%
	事业管理人员	4.76%	2.38%	2.38%	2.38%	2.38%	2.38%	2.38%	2.38%	2.38%	2.38%
	企业管理人员	3.95%	7.89%	1.32%	1.32%	1.32%	5.26%	2.63%	1.32%	2.63%	5.26%
	专业技术人员	2.47%	3.70%	1.23%	1.23%	2.47%	0.00	1.23%	1.23%	1.23%	3.70%
	工人、普通勤杂人员、售货员、服务人员	8.33%	12.30%	6.35%	13.10%	10.71%	5.56%	9.52%	9.52%	7.14%	13.89%
	自由职业者	3.77%	9.43%	6.60%	11.32%	6.60%	3.77%	3.77%	6.60%	1.89%	9.43%
	个体户、小摊主	6.47%	11.51%	8.63%	11.51%	7.19%	6.47%	7.91%	9.35%	4.32%	12.23%
	农民	19.26%	15.41%	20.83%	26.96%	18.12%	12.27%	18.83%	19.83%	15.12%	23.97%
	进城务工人员	3.53%	4.71%	3.53%	2.35%	3.53%	2.35%	2.35%	2.35%	3.53%	9.41%
	在校大学生	2.83%	1.89%	0.00	0.94%	0.00	0.94%	0.00	0.00	0.00	1.89%
	中学生或待升学人员	5.26%	15.79%	5.26%	5.26%	5.26%	5.26%	5.26%	10.53%	5.26%	15.79%
	失业人员	18.06%	23.61%	16.67%	22.22%	18.06%	15.28%	16.67%	20.83%	18.06%	20.83%
	离退休人员	6.13%	6.60%	7.55%	10.38%	7.55%	6.13%	9.91%	11.32%	6.13%	9.43%
	其他	12.50%	10.42%	10.42%	10.42%	10.42%	4.17%	6.25%	6.25%	4.17%	10.42%

注：a 表示出台具体法规鼓励和支持社会各界参与社科普及；b 表示政府每年拨出社科普及专项经费并予逐年递增；c 表示加强新媒体对人文社会科学知识的传播和普及；d 表示在已有科普场馆增设人文社会科学知识普及内容；e 表示多建社科普及公益设施，不断增加普及基地；f 表示定期举办社科普及宣传主题活动；g 表示促进人文社会科学研究者广泛参与普及工作；h 表示建立和完善社科普及人才培养和激励机制；i 表示重视社科普及成果的宣传和奖励；j 表示将社科普及工作纳入精神文明建设相关指标体系

三、不同群体公众对社会科学普及工作的需求

（一）不同性别公众的社会科学普及需求

对于男性公众而言，希望通过社会科学普及解决的首要问题是"提升科学文化素养"，占比 61.60%；其次是"提高理论和知识水平"，占比 55.31%；之后是"增强学习和工作能力"（51.26%）与"改进生活方式"（41.73%）；最后是"优化人际关系"（29.86%）。女性公众最希望通过社会科学普及解决的首要问题也是"提升科学文化素养"（54.92%），但是女性公众需求排名第二位的是"改进生活方式"，占 50.73%；"增强学习和工作能力"（46.55%）与"提高理论和知识水平"（42.03%）分列第三、第四位；最后是"优化人际关系"（35.82%）。男性公众比女性公众希望通过社会科学普及"提升科学文化

素养"、"提高理论和知识水平"及"增强学习和工作能力"的比例更高，而女性公众在"改进生活方式"和"优化人际关系"方面的需求比例则高于男性公众（图8-8）。

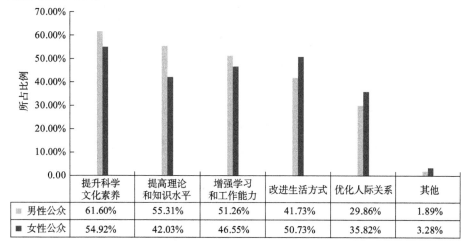

	提升科学文化素养	提高理论和知识水平	增强学习和工作能力	改进生活方式	优化人际关系	其他
男性公众	61.60%	55.31%	51.26%	41.73%	29.86%	1.89%
女性公众	54.92%	42.03%	46.55%	50.73%	35.82%	3.28%

图 8-8　不同性别公众希望通过社会科学普及解决的问题

在希望获取的人文社会科学知识或信息方面，女性公众需求最高的是家庭教育，选择该项的女性公众占比 49.83%；男性公众需求最高的是法律常识，选择该项的男性占比 49.37%。女性公众对投资理财、收藏鉴赏、心理健康、公关礼仪、家庭教育几个方面的需求高于男性公众，而男性公众在时政热点、历史文化、法律常识几个方面的需求则明显高于女性公众（图8-9）。

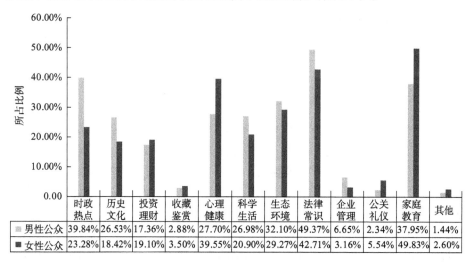

	时政热点	历史文化	投资理财	收藏鉴赏	心理健康	科学生活	生态环境	法律常识	企业管理	公关礼仪	家庭教育	其他
男性公众	39.84%	26.53%	17.36%	2.88%	27.70%	26.98%	32.10%	49.37%	6.65%	2.34%	37.95%	1.44%
女性公众	23.28%	18.42%	19.10%	3.50%	39.55%	20.90%	29.27%	42.71%	3.16%	5.54%	49.83%	2.60%

图 8-9　不同性别公众希望获取的人文社会科学知识或信息

（二）城乡公众的社会科学普及需求

在希望通过社会科学普及解决哪些问题的考察上，城镇公众和乡村公众的差异不是很明显。城镇公众最希望通过社会科学普及"提升科学文化素养"，选择这一项的占比62.37%；其次是"增强学习和工作能力"和"改进生活方式"，占比均为50.52%；第四位是"提高理论和知识水平"，占比43.23%，最后是"优化人际关系"，占比38.15%。乡村公众的需求与城镇公众基本一致，差异主要表现在乡村公众最希望通过社会科学普及"提升科学文化素养"，占比56.26%，其次是"提高理论和知识水平"，占比53.33%，希望"增强学习和工作能力"的乡村公众也很多，占比48.46%（图8-10）。从中可以看出，城乡公众对于提升自身科学文化素养和理论知识水平有着较高的需求，特别是乡村公众，对于提高自我知识素养和学习工作能力的需求非常迫切。

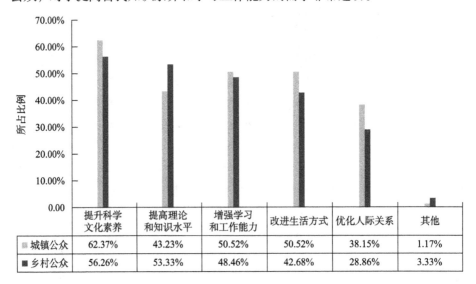

	提升科学文化素养	提高理论和知识水平	增强学习和工作能力	改进生活方式	优化人际关系	其他
城镇公众	62.37%	43.23%	50.52%	50.52%	38.15%	1.17%
乡村公众	56.26%	53.33%	48.46%	42.68%	28.86%	3.33%

图 8-10 城乡公众希望通过社会科学普及解决的问题

对于更希望获取哪些方面的人文社会科学知识或信息，城乡公众的差异也不是很明显（图8-11）。总体来看，城乡公众都对"法律常识"和"家庭教育"两个方面非常重视，其次是"心理健康"、"时政热点"和"生态环境"。具体来看，城镇公众除"法律常识"、"家庭教育"和"企业管理"三方面之外，对其他方面人文社会科学知识的需求度均高于乡村公众；特别是在对"历史文化"的需求上高出乡村公众约13个百分点，在对"心理健康"的需求上高出乡村公众6个百分点左右。从中可以看到，乡村公众的人文社会科学知识需求偏重实用性，而城镇公众则体现出了对人文社会科学知识更多样化和学术化的需求。

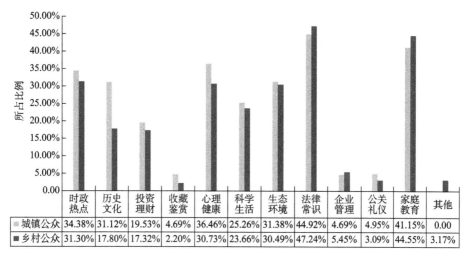

	时政热点	历史文化	投资理财	收藏鉴赏	心理健康	科学生活	生态环境	法律常识	企业管理	公关礼仪	家庭教育	其他
城镇公众	34.38%	31.12%	19.53%	4.69%	36.46%	25.26%	31.38%	44.92%	4.69%	4.95%	41.15%	0.00
乡村公众	31.30%	17.80%	17.32%	2.20%	30.73%	23.66%	30.49%	47.24%	5.45%	3.09%	44.55%	3.17%

图 8-11　城乡公众希望获取的人文社会科学知识或信息

（三）不同地区公众的社会科学普及需求

在对社会科学普及工作的需求方面，苏北和苏中地区公众情况接近，苏南地区公众的情况略有不同。苏北、苏中地区公众均最希望通过社会科学普及工作"提升科学文化素养"，其次是"提高理论和知识水平"和"增强学习和工作能力"，最后是"改进生活方式"和"优化人际关系"。苏南地区公众同样最希望通过社会科学普及"提升科学文化素养"，但紧随其后的是"增强学习和工作能力"及"改进生活方式"，最后是"提高理论和知识水平"及"优化人际关系"（图 8-12）。

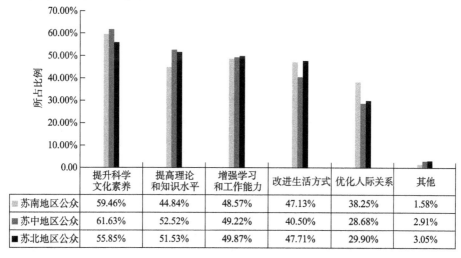

	提升科学文化素养	提高理论和知识水平	增强学习和工作能力	改进生活方式	优化人际关系	其他
苏南地区公众	59.46%	44.84%	48.57%	47.13%	38.25%	1.58%
苏中地区公众	61.63%	52.52%	49.22%	40.50%	28.68%	2.91%
苏北地区公众	55.85%	51.53%	49.87%	47.71%	29.90%	3.05%

图 8-12　不同地区公众希望通过社会科学普及解决的问题

　　苏南地区公众最希望获取的前三位人文社会科学知识或信息为家庭教育（45.42%）、法律常识（43.55%）、心理健康（36.10%）；苏中地区公众最希望获取的前三位人文社会科学知识或信息为法律常识（43.80%）、家庭教育（35.66%）、时政热点（33.72%）；苏北地区公众最希望获取的前三位人文社会科学知识或信息为法律常识（50.64%）、家庭教育（46.44%）和心理健康（31.17%）（图 8-13）。可见，苏南地区公众将家庭教育的需求放在首要位置，而苏北、苏中地区公众对法律常识的需求则更为突出。

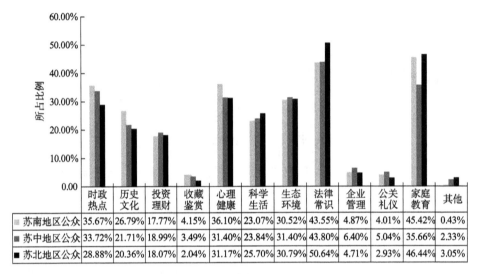

	时政热点	历史文化	投资理财	收藏鉴赏	心理健康	科学生活	生态环境	法律常识	企业管理	公关礼仪	家庭教育	其他
苏南地区公众	35.67%	26.79%	17.77%	4.15%	36.10%	23.07%	30.52%	43.55%	4.87%	4.01%	45.42%	0.43%
苏中地区公众	33.72%	21.71%	18.99%	3.49%	31.40%	23.84%	31.40%	43.80%	6.40%	5.04%	35.66%	2.33%
苏北地区公众	28.88%	20.36%	18.07%	2.04%	31.17%	25.70%	30.79%	50.64%	4.71%	2.93%	46.44%	3.05%

图 8-13　不同地区公众希望获取的人文社会科学知识或信息

（四）不同文化程度公众的社会科学普及需求

　　小学及以下公众最希望通过社会科学普及解决的问题依次为"改进生活方式""提升科学文化素养""提高理论和知识水平""增强学习和工作能力""优化人际关系"。初中、高中或中专（技校）公众最希望通过社会科学普及解决的问题依次为"提升科学文化素养""提高理论和知识水平""增强学习和工作能力""改进生活方式""优化人际关系"。大专和大学本科公众最希望通过社会科学普及解决的问题依次为"提升科学文化素养""增强学习和工作能力""改进生活方式""提高理论和知识水平""优化人际关系"。研究生及以上学历公众最希望通过社会科学普及解决的问题依次为"提升科学文化素养""改进生活方式""增强学习和工作能力""优化人际关系""提高理论和知识水平"（表 8-13）。不难看出，文化程度越高，公众对于提升自身科学文化素养和优化人际关系的需求也越高；中等文化程度拥有更强的提高理论知识水平和增强学习工作能力的欲望；各个文化程度公众对于改进生活方式的需求情况基本持平。

表8-13　不同文化程度公众希望通过社会科学普及解决的问题

文化程度	提升科学文化素养	提高理论和知识水平	增强学习和工作能力	改进生活方式	优化人际关系	其他
小学及以下	42.97%	41.69%	39.13%	46.04%	28.39%	7.42%
初中	56.86%	52.64%	47.49%	46.17%	31.00%	1.19%
高中或中专（技校）	65.44%	56.37%	55.88%	42.16%	33.09%	1.72%
大专	66.84%	47.06%	57.75%	47.59%	37.43%	1.60%
大学本科	70.10%	44.33%	54.12%	45.36%	38.14%	0.52%
研究生及以上	74.58%	37.29%	49.15%	55.93%	38.98%	1.69%

　　小学及以下文化程度公众最希望获取的前三位人文社会科学知识或信息为家庭教育（50.13%）、法律常识（36.57%）和心理健康（33.76%）；初中文化程度公众最希望获取的前三位人文社会科学知识或信息为法律常识（51.32%）、家庭教育（48.42%）和心理健康（32.59%）；高中或中专（技校）文化程度公众最希望获取的前三位人文社会科学知识或信息为法律常识（52.70%）、家庭教育（39.22%）和时政热点（38.24%）；大专文化程度公众最希望获取的前三位人文社会科学知识或信息为法律常识（38.50%）、家庭教育（38.50%）和时政热点（35.83%）；大学本科文化程度公众最希望获取的前三位人文社会科学知识或信息为法律常识（41.24%）、时政热点（40.21%）和历史文化（37.63%）；研究生及以上文化程度公众最希望获取的前三位人文社会科学知识或信息为历史文化（55.93%）、法律常识（45.76%）和时政热点（40.68%）。总体而言，法律常识和家庭教育信息为各个文化程度公众所重视。但是文化程度偏低群体对心理健康更为关注，而文化程度偏高群体往往表现出对时政热点和历史文化的更大需求（表8-14）。

表8-14　不同文化程度公众希望获取的人文社会科学知识或信息

文化程度	时政热点	历史文化	投资理财	收藏鉴赏	心理健康	科学生活	生态环境	法律常识	企业管理	公关礼仪	家庭教育	其他
小学及以下	26.85%	16.11%	9.21%	3.58%	33.76%	15.86%	25.06%	36.57%	4.60%	1.79%	50.13%	7.42%
初中	28.89%	16.89%	18.73%	2.64%	32.59%	23.22%	31.40%	51.32%	4.22%	2.11%	48.42%	1.06%
高中或中专（技校）	38.24%	24.51%	18.63%	2.45%	31.62%	27.94%	37.50%	52.70%	6.13%	3.68%	39.22%	0.25%

文化程度	时政热点	历史文化	投资理财	收藏鉴赏	心理健康	科学生活	生态环境	法律常识	企业管理	公关礼仪	家庭教育	其他
大专	35.83%	32.62%	22.46%	2.14%	30.48%	32.62%	34.76%	38.50%	7.49%	6.95%	38.50%	0.00
大学本科	40.21%	37.63%	25.77%	4.64%	37.63%	26.29%	27.32%	41.24%	7.22%	8.25%	25.77%	0.00
研究生及以上	40.68%	55.93%	27.12%	10.17%	33.90%	35.59%	15.25%	45.76%	0.00	15.25%	32.20%	0.00

（五）不同年龄段公众的社会科学普及需求

46~55 岁、56~69 岁公众最希望通过社会科学普及解决的问题依次为"提升科学文化素养""提高理论和知识水平""增强学习和工作能力""改进生活方式""优化人际关系"。15~18 岁公众最希望通过社会科学普及解决的问题依次为"提升科学文化素养"、"提高理论和知识水平"和"增强学习和工作能力"、"优化人际关系"、"改进生活方式"。19~25 岁公众最希望通过社会科学普及解决的问题依次为"提升科学文化素养""增强学习和工作能力""改进生活方式""优化人际关系""提高理论和知识水平"。26~35 岁、36~45 岁公众最希望通过社会科学普及解决的问题依次为"提升科学文化素养""增强学习和工作能力""改进生活方式""提高理论和知识水平""优化人际关系"。由此可以看到，对于低年龄和高年龄群体而言，提升自己科学文化素养和理论知识水平的需求更为强烈，而对于处于工作阶段的 19~45 岁公众而言，增强学习和工作能力、改进生活方式则是更为迫切的需求（表 8-15）。

表 8-15　不同年龄段公众希望通过社会科学普及解决的问题

年龄	提升科学文化素养	提高理论和知识水平	增强学习和工作能力	改进生活方式	优化人际关系	其他
15~18 岁	63.16%	52.63%	52.63%	26.32%	36.84%	0.00
19~25 岁	68.13%	37.91%	47.25%	46.70%	38.46%	2.20%
26~35 岁	58.71%	47.73%	52.65%	49.62%	39.02%	0.38%
36~45 岁	59.94%	43.86%	54.09%	44.44%	34.80%	1.75%
46~55 岁	56.33%	52.36%	49.72%	48.77%	32.89%	2.65%
56~69 岁	56.97%	53.64%	45.61%	42.42%	26.52%	3.79%

不同年龄段公众反映出对人文社会科学知识和信息的不同需求：

15~18 岁公众最希望获取的前三位人文社会科学知识或信息为心理健康（57.89%）、科学生活（47.37%）和生态环境（42.11%）；19~25 岁公众最希望获取的前三位人文社会科学知识或信息为法律常识（45.05%）、历史文化（40.11%）和心理健康（33.52%）；26~35 岁公众最希望获取的前三位人文社会科学知识或信息为家庭教育（44.70%）、法律常识（42.80%）和投资理财（30.30%）；36~45 岁公众最希望获取的前三位人文社会科学知识或信息为法律常识（48.54%）、家庭教育（47.08%）和生态环境（34.80%）；46~55 岁公众最希望获取的前三位人文社会科学知识或信息为家庭教育（47.64%）、法律常识（47.07%）和生态环境（34.97%）；56~69 岁公众最希望获取的前三位人文社会科学知识或信息为法律常识（47.12%）、家庭教育（42.27%）和时政热点（36.06%）（表 8-16）。总体而言，青少年和老年群体对心理健康有更高需求，中年群体对家庭教育、法律常识、投资理财等方面具有较高需求。

表 8-16　不同年龄段公众希望获取的人文社会科学知识或信息

年龄	时政热点	历史文化	投资理财	收藏鉴赏	心理健康	科学生活	生态环境	法律常识	企业管理	公关礼仪	家庭教育	其他
15~18 岁	26.32%	31.58%	5.26%	10.53%	57.89%	47.37%	42.11%	26.32%	5.26%	5.26%	21.05%	0.00
19~25 岁	28.02%	40.11%	23.63%	6.59%	33.52%	28.02%	21.98%	45.05%	6.04%	10.99%	27.47%	0.55%
26~35 岁	28.03%	29.92%	30.30%	2.27%	29.92%	25.38%	29.55%	42.80%	9.47%	6.44%	44.70%	0.00
36~45 岁	28.95%	23.39%	24.27%	2.92%	28.07%	20.18%	34.80%	48.54%	4.68%	3.22%	47.08%	1.75%
46~55 岁	34.03%	17.58%	16.82%	2.46%	33.65%	26.09%	34.97%	47.07%	3.97%	2.65%	47.64%	2.08%
56~69 岁	36.06%	19.24%	10.15%	3.03%	34.85%	22.88%	28.03%	47.12%	4.39%	1.97%	42.27%	3.18%

（六）不同收入公众的社会科学普及需求

收入在 2 000 元及以下的公众最希望通过社会科学普及解决的问题依次为"提升科学文化素养""提高理论和知识水平""改进生活方式""增强学习和工作能力""优化人际关系"。收入为 2 001~2 500 元和 7 001~10 000 元的公众最希望通过社会科学普及解决的问题依次为"提升科学文化素养""增强学习和工作能力""改进生活方式""提高理论和知识水平""优化人际关系"。收入为 2 501~3 500 元的公众最希望通过社会科学普及解决的问题依次为"提升科学文化素养""增强学习和工作能力""提高理论和知识水平""改进生活方式""优化人际关系"。收入为 3 501~5 000 元的公众最希望通过社会科学普及解决的问题依次为"提升科学文化素养""提高理论和知识水平""增强学习和工作能力""改进生活方式""优化人际关系"。收入为 5 001~7 000 元的公众最希望通过社会科学普及解决的问题依次为"提升科学文化素养""改进生活方式""增强学习和工作能力""提高理论和知识水平""优化人际关系"。收入在 10 001 元及以上的公众最希望通过社会科学普及解决的问题为"提升科学文化素养"，其次是"提高理论和知识水平"、"增强学习和工作能力"和"优化人际关系"，三者同等重要，最后是"改进生活方式"（表 8-17）。

表8-17　不同收入公众希望通过社会科学普及解决的问题

收入水平	提升科学文化素养	提高理论和知识水平	增强学习和工作能力	改进生活方式	优化人际关系	其他
1 630 元及以下	52.86%	51.60%	44.49%	44.62%	29.88%	3.85%
1 631~2 000 元	52.85%	49.74%	43.52%	48.19%	31.09%	2.59%
2 001~2 500 元	60.63%	47.51%	56.11%	50.68%	35.29%	0.90%
2 501~3 500 元	62.22%	54.44%	57.78%	42.96%	30.74%	1.48%
3 501~5 000 元	67.57%	52.90%	51.35%	42.08%	29.73%	1.54%
5 001~7 000 元	58.97%	43.59%	52.56%	56.41%	43.59%	1.28%
7 001~10 000 元	59.65%	43.86%	49.12%	47.37%	43.86%	1.75%
10 001 元及以上	63.16%	44.74%	44.74%	42.11%	44.74%	2.63%

不同收入群体对人文社会科学知识或信息的需求呈现出多样性，具体数据显示，收入在 1 630 元及以下的公众最希望获取的前三位人文社会科学知识或信息为家庭教育（49.14%）、法律常识（48.07%）和心理健康（34.13%）；收入为 1 631~2 000 元的公众最希望获取的前三位人文社会科学知识或信息为家庭教育（47.67%）、法律常识（41.45%）和时政热点（34.20%）；收入为 2 001~2 500 元的公众最希望获取的前三位人文社会科学知识或信息为法律常识（50.23%）、家庭教育（48.87%）和心理健康（39.37%）；收入为 2 501~3 500 元的公众最希望获取的前三位人文社会科学知识或信息为家庭教育（44.07%）、法律常识（43.70%）和时政热点（38.52%）；收入为 3 501~5 000 元的公众最希望获取的前三位人文社会科学知识或信息为法律常识（49.81%）、时政热点（40.93%）和生态环境（34.75%）；收入为 5 001~7 000 元的公众最希望获取的前三位人文社会科学知识或信息为时政热点（41.03%）、家庭教育（35.90%）和法律常识（34.62%）；收入为 7 001~10 000 元的公众最希望获取的前三位人文社会科学知识或信息为家庭教育（45.61%）、时政热点（40.35%）、生态环境（35.09%）和心理健康（35.09%）；收入在 10 001 元及以上的公众最希望获取的前三位人文社会科学知识或信息为法律常识（50.00%）、时政热点（39.47%）和历史文化（31.58%）（表8-18）。

表8-18　不同收入公众希望获取的人文社会科学知识或信息

收入水平	时政热点	历史文化	投资理财	收藏鉴赏	心理健康	科学生活	生态环境	法律常识	企业管理	公关礼仪	家庭教育	其他
1 630 元及以下	25.76%	15.27%	15.01%	2.52%	34.13%	20.19%	29.61%	48.07%	3.59%	3.45%	49.14%	3.72%
1 631~2 000 元	34.20%	21.24%	17.62%	2.59%	27.46%	22.28%	31.09%	41.45%	5.18%	1.04%	47.67%	1.55%

续表

收入水平	时政热点	历史文化	投资理财	收藏鉴赏	心理健康	科学生活	生态环境	法律常识	企业管理	公关礼仪	家庭教育	其他
2 001~2 500 元	29.86%	18.55%	16.29%	3.62%	39.37%	25.79%	34.84%	50.23%	4.52%	1.36%	48.87%	0.45%
2 501~3 500 元	38.52%	24.07%	20.00%	2.96%	31.48%	27.41%	30.74%	43.70%	6.30%	2.59%	44.07%	0.74%
3 501~5 000 元	40.93%	30.12%	22.78%	4.25%	28.96%	27.41%	34.75%	49.81%	8.88%	4.25%	32.82%	0.77%
5 001~7 000 元	41.03%	33.33%	30.77%	3.85%	33.33%	33.33%	30.77%	34.62%	6.41%	6.41%	35.90%	1.28%
7 001~10 000 元	40.35%	29.82%	21.05%	0.00	35.09%	22.81%	35.09%	31.58%	5.26%	1.75%	45.61%	1.75%
10 001 元及以上	39.47%	31.58%	18.42%	0.00	23.68%	28.95%	23.68%	50.00%	10.53%	10.53%	23.68%	0.00

（七）不同职业公众的社会科学普及需求

领导干部和公务员（包括参照《公务员法》管理人员）、事业管理人员、农民群体最希望通过社会科学普及解决的问题依次为"提升科学文化素养""提高理论和知识水平""增强学习和工作能力""改进生活方式""优化人际关系"。企业管理人员最希望通过社会科学普及解决的问题依次为"提升科学文化素养""增强学习和工作能力""提高理论和知识水平""优化人际关系""改进生活方式"。专业技术人员最希望通过社会科学普及解决的问题依次为"提升科学文化素养""增强学习和工作能力""改进生活方式""提高理论和知识水平""优化人际关系"。工人、普通勤杂人员、售货员、服务人员，个体户、小摊主群体最希望通过社会科学普及解决的问题依次为"提升科学文化素养""增强学习和工作能力""提高理论和知识水平""改进生活方式""优化人际关系"。自由职业者最希望通过社会科学普及解决的问题依次为"提升科学文化素养""增强学习和工作能力""改进生活方式""提高理论和知识水平""优化人际关系"。进城务工人员最希望通过社会科学普及解决的问题依次为"提高理论和知识水平""提升科学文化素养""增强学习和工作能力""改进生活方式""优化人际关系"。在校大学生最希望通过社会科学普及解决的问题依次为"提升科学文化素养""改进生活方式""增强学习和工作能力""优化人际关系""提高理论和知识水平"。中学生或待升学人员最希望通过社会科学普及解决的问题依次为"增强学习和工作能力""优化人际关系""提升科学文化素养""提高理论和知识水平""改进生活方式"。失业人员最希望通过社会科学普及解决的问题依次为"改进生活方式""提升科学文化素养""优化人际关系""提高理论和知识水平""增强学习和工作能力"。离退休人员最希望通过社会科学普及解决的问题依次为"提升科学文化素养""改进生活方式""提高理论和知识水平""增强学习和工作能力""优化人际关系"（表8-19）。

表8-19 不同职业公众希望通过社会科学普及解决的问题

职业	提升科学文化素养	提高理论和知识水平	增强学习和工作能力	改进生活方式	优化人际关系	其他
领导干部和公务员（包括参照《公务员法》管理人员）	83.64%	63.64%	58.18%	32.73%	30.91%	1.82%
事业管理人员	59.52%	52.38%	50.00%	47.62%	28.57%	0.00
企业管理人员	64.47%	44.74%	61.84%	39.47%	43.42%	1.32%
专业技术人员	75.31%	51.85%	58.02%	50.62%	40.74%	0.00
工人、普通勤杂人员、售货员、服务人员	60.32%	52.38%	52.78%	42.86%	35.71%	0.79%
自由职业者	62.26%	46.67%	49.52%	47.62%	42.86%	0.00
个体户、小摊主	58.99%	45.32%	53.96%	45.32%	35.97%	2.88%
农民	52.64%	52.46%	46.82%	44.80%	26.59%	4.77%
进城务工人员	47.06%	55.29%	45.88%	38.82%	32.94%	1.18%
在校大学生	76.42%	33.02%	49.06%	50.00%	35.85%	1.89%
中学生或待升学人员	47.37%	47.37%	52.63%	36.84%	52.63%	0.00
失业人员	51.39%	31.94%	30.56%	62.50%	38.89%	4.17%
离退休人员	59.43%	49.53%	46.23%	51.42%	30.66%	0.94%
其他	58.33%	56.25%	58.33%	54.17%	29.17%	0.00

从数据中可以看出，各个职业群体需要通过社会科学普及解决的问题各有不同，绝大多数职业群体还是将"提升科学文化素养"放在最首要解决的位置，但是在其他需要解决问题的占比排列上，则呈现出不同职业的不同需求。例如，专业技术人员希望通过社会科学普及"优化人际关系"的比例就低于企业管理人员；事业管理人员相比其他方面的问题更希望通过社会科学普及"提升科学文化素养"；等等。

不同职业群体对人文社会科学知识或信息的需求呈现出多样性和与职业身份特征一定的关联性，具体数据显示，领导干部和公务员（包括参照《公务员法》管理人员）、企业管理人员最希望获取的前三位人文社会科学知识或信息接近，均为时政热点、生态环境和法律常识。事业管理人员最希望获取的前三位人文社会科学知识或信息为时政热点、法律常识、历史文化。专业技术人员、自由职业者及个体户、小摊主群体最希望获取的三类人文社会科学知识或信息为：法律常识、家庭教育、生态环境。农民群体最希望获取的前三位人文社会科学知识或信息为家庭教育、法律常识、心理健康。进城务工人员最希望获取的前三位人文社会科学知识或信息为法律常识、家庭教育、心理健康。在校大学生群体最希望获取的前三位人文社会科学知识或信息为历史文化、法律常识、时政热点。中学生或待升学人员群体最希望获取的前三位人文社会科学知识或信息为科学生活、法律常识、心理健康；失业人员最希望获取的前三位人文社会科学知识或信息为心理健康、家庭教育、法律常识；离退休人员最希望获取的前三位人文社会科学知识或信息为家庭教育、法律常识、心理健康（表8-20）。

表8-20　不同职业公众希望获取的人文社会科学知识或信息

职业	时政热点	历史文化	投资理财	收藏鉴赏	心理健康	科学生活	生态环境	法律常识	企业管理	公关礼仪	家庭教育	其他
领导干部和公务员（包括参照《公务员法》管理人员）	50.91%	32.73%	20.00%	1.82%	21.82%	30.91%	36.36%	34.55%	7.27%	3.64%	32.73%	0.00
事业管理人员	54.76%	40.48%	33.33%	2.38%	35.71%	23.81%	30.95%	52.38%	7.14%	2.38%	35.71%	0.00
企业管理人员	48.68%	26.32%	26.32%	0.00	28.95%	31.58%	32.89%	42.11%	13.16%	5.26%	31.58%	0.00
专业技术人员	38.27%	32.10%	20.99%	2.47%	32.10%	33.33%	41.98%	48.15%	3.70%	4.94%	39.51%	0.00
工人、普通勤杂人员、售货员、服务人员	28.97%	23.81%	19.44%	2.78%	35.32%	25.40%	31.75%	44.05%	3.97%	2.78%	42.86%	0.40%
自由职业者	28.30%	28.30%	22.64%	1.89%	31.13%	21.70%	32.08%	50.94%	9.43%	3.77%	45.28%	0.00
个体户、小摊主	33.81%	20.14%	25.90%	5.76%	32.37%	21.58%	38.85%	43.88%	9.35%	5.04%	46.76%	0.00
农民	29.67%	15.69%	13.69%	2.14%	30.67%	23.25%	28.25%	47.65%	4.28%	2.71%	48.07%	4.42%
进城务工人员	23.53%	15.29%	17.65%	2.35%	27.06%	22.35%	22.35%	50.59%	5.88%	3.53%	40.00%	1.18%
在校大学生	36.79%	52.83%	22.64%	5.66%	35.85%	27.36%	19.81%	49.06%	1.89%	15.09%	22.64%	0.00
中学生或待升学人员	21.05%	31.58%	0.00	15.79%	42.11%	47.37%	36.84%	42.11%	10.53%	5.26%	15.79%	0.00
失业人员	20.83%	19.44%	22.22%	4.17%	51.39%	18.06%	34.72%	41.67%	1.39%	4.17%	44.44%	2.78%
离退休人员	39.15%	21.23%	14.15%	5.19%	39.62%	20.75%	32.55%	45.75%	3.77%	1.42%	46.23%	0.94%
其他	22.92%	29.17%	22.92%	4.17%	22.92%	27.08%	31.25%	45.83%	4.17%	4.17%	54.17%	2.08%

由此不难看出，对于作为参与社会管理的职业群体而言，时政热点、法律常识具有更高的需求；接受专业知识教育的学生、专业技术人员群体则对历史文化有更多需求；农民、失业人员、中学生、离退休人员等社会相对弱势群体体现出对心理健康的需要；值得一提的是，家庭教育几乎为各类群体所重视，这也在一定程度上折射出了我国教育资源竞争激烈的现实，由此可见有必要对各个职业群体加强教育方面的知识或信息普及。

第三节　2009年与2016年两次调查结果对比分析

从两次调查中反映出的公众对本地的社会科学普及工作满意度情况来看，2016年公众的满意度有了明显提高，选择"不满意""很不满意"的比例均有所下降，原来倾向于"比较满意"的公众向更高一层的"满意"和"非常满意"聚集，2016年这两个选项的比例相比2009年分别上升了15个百分点和10个百分点左右（表8-21）。

表8-21　两次调查中公众对本地社会科学普及工作满意情况

满意情况	2009年	2016年
非常满意	5.05%	14.05%
满意	30.20%	45.80%
比较满意	31.45%	17.15%
不满意	17.85%	11.95%
很不满意	1.70%	1.30%
不知道	13.75%	9.75%

从两次调查中反映的公众对推动社会科学普及的看法来看，公众认为"定期举办社科普及宣传主题活动""促进人文社会科学研究者广泛参与普及工作""建立和完善社科普及人才培养和激励机制""重视社科普及成果的宣传和奖励"很有必要和有必要的比例变化幅度不大。而2016年调查中认为"政府每年拨出社科普及专项经费并予逐年递增"很有必要和有必要的公众比例从2009年的75.05%上升到2016年的84.20%。但是认为"出台具体法规鼓励和支持社会各界参与社科普及""在已有科普场馆增设人文社会科学知识普及内容"很有必要和有必要的公众比例相比2009年有所下降（表8-22）。

表8-22　两次调查中公众认为很有必要和有必要推动社会科学普及工作的比例

推动社会科学普及的具体工作	2009年	2016年
出台具体法规鼓励和支持社会各界参与社科普及	90.05%	84.60%
政府每年拨出社科普及专项经费并予逐年递增	75.05%	84.20%
加强新媒体对人文社会科学知识的传播和普及	—	85.85%
在已有科普场馆增设人文社会科学知识普及内容	83.40%	78.90%
多建社科普及公益设施，不断增加普及基地	—	83.10%
定期举办社科普及宣传主题活动	89.40%	89.05%
促进人文社会科学研究者广泛参与普及工作	84.60%	84.65%

续表

推动社会科学普及的具体工作	2009 年	2016 年
建立和完善社科普及人才培养和激励机制	85.25%	84.65%
重视社科普及成果的宣传和奖励	84.35%	84.75%
将社科普及工作纳入精神文明建设相关指标体系	—	81.45%

在最希望通过社会科学普及解决的问题方面，两次调查结果存在较大变化（表 8-23）。2009 年的调查显示，公众最希望通过社会科学普及解决的问题依次是提升科学文化素养、增强学习和工作能力、优化人际关系、提高理论和知识水平、改进生活方式。而 2016 年的调查显示，公众最希望解决的问题依次是提升科学文化素养、提高理论和知识水平、增强学习和工作能力、改进生活方式、优化人际关系，且各选项的比例较为接近，表明公众所希望解决的问题更加多元化。

表 8-23　两次调查中公众最希望通过社会科学普及解决的问题

公众希望通过社会科学普及解决的问题	2009 年	2016 年
提升科学文化素养	83.05%	58.60%
提高理论和知识水平	41.15%	49.45%
增强学习和工作能力	57.55%	49.25%
改进生活方式	39.95%	45.65%
优化人际关系	41.30%	32.50%
其他	1.05%	2.50%

在两次调查中，在公众最希望获取的人文社会科学知识或信息方面，由于选项设置的差异，无法直接对比具体比例。但从公众选项的排序来看，公众所希望获取的内容差异较大。2009 年调查中公众最希望获取的依次是时政热点、生活教育、心理健康、法律维权、生态环境。2016 年的调查显示，公众选择比例前五的依次为法律常识、家庭教育、心理健康、时政热点、生态环境。从变化中可以看到，时政热点、心理健康、法律常识、生态环境依然是公众最希望获取的内容，且法律常识排到了第一位，此外，家庭教育方面的内容备受公众关注。

第四节　小结与讨论

从江苏省公众对社会科学普及工作的评价、看法及需求的调查数据可以看出，公众对于本地区社会科学普及工作的满意度整体较为理想，但仍有超过10%的公众对本地区的社会科学普及工作存在不满，工作力度和质量有待进一步加强；对推进社会科学普及的一些措施的看法调查反映出，公众认为政府在相关政策和宣传上有必要加大力度；公众对社会科学普及工作的需求呈现出多样性，其中公众对于自身科学修养和文化水平的提升需求最为迫切，对一些具有较强实用性的信息也更为感兴趣。

一、公众对社会科学普及工作的满意情况

（1）不同性别公众对本地区社会科学普及工作满意程度差异不大，女性公众满意程度略高于男性公众，男性公众不满意程度略高于女性公众。

（2）乡村公众对本地区社会科学普及工作的满意程度比城镇公众更高，城镇公众的不满意度略高于乡村公众，可见城镇居民对于社会科学普及工作要求更高。

（3）苏中地区公众对本地区社会科学普及工作的满意度最高，其次是苏南地区公众，苏北地区公众的不满度较高，对苏北地区的社会科学普及工作有待加强。

（4）高年龄公众对本地区社会科学普及工作的满意度更高，而年龄偏低群体满意度则较低。19~25岁公众选择"不满意"或"很不满意"的比例最高，这可能与该群体多为在校学生，本身人文社会科学知识储备较多，因此评价标准也更高有关。

（5）不同学历公众对本地区社会科学普及工作的评价大体上呈现出"学历越高，满意度越低"的态势，高学历公众对社会科学普及工作具有更高的期待和评价标准，当前的社会科学普及工作无法满足他们的需求。

（6）中等及高收入群体对社会科学普及工作的满意度偏低，低收入群体对社会科学普及工作的满意度相对较高。

二、不同群体公众对推进社会科学普及工作的看法及需求

（1）不同性别公众对推进社会科学普及工作的看法观点差异不大，均认为"定期举办社科普及宣传主题活动"必要性最强。

（2）城镇公众表现出比乡村公众更为强烈和积极的反馈和需求。城镇公众认为加强新媒体的普及功能更为必要，而乡村公众则认为政府定期拨出专项经费支持社会科学普及更为重要。

（3）除了重视"定期举办社科普及宣传主题活动"和"加强新媒体对人文社会科学知识的传播和普及"之外，苏北和苏中地区公众对推进社会科学普及工作看法接近，更看重政府拨款提供资金支持，而苏南地区公众则有所不同，更重视出台具体法规鼓励和支持社会科学普及工作。

（4）高学历公众对各项措施实施的必要性反馈更为强烈，低学历公众更加看重社会科学普及途径的力度，而高学历公众则认为完善社会科学普及工作背后的运行和管理体制更为必要。

（5）不同年龄、学历、收入的公众对推进社科普及工作措施的看法呈现出明显的多样性和复杂性。这些都与公众本身所处的社会角色紧密相关。

（6）性别、城乡、地域、学历、年龄、收入层次不同的公众对社会科学普及工作具有不同的需求，而公众的需求也呈现出丰富和多样的特点。例如，学历偏低群体对心理健康更为关注，而学历偏高群体往往表现出对时政热点和历史文化的更大需求；青少年和老年群体对心理健康有更高需求，中年群体对家庭教育、法律常识、投资理财等方面具有较大需求；等等。因此，有必要根据群体的需求差异有针对性地进行社会科学普及工作。

三、相关措施及建议

（1）目前依然有一定比例的公众对本地区社会科学普及工作存在不满，工作的质量和力度有待加强。

（2）社会科学普及工作需要有实质上的有效举措：一方面需要在推广措施上加大力度；另一方面也要建立和完善社会科学普及工作的管理和奖励机制。

（3）政府应当在社会科学普及工作上加大投入力度，保证各地社会科学普及工作顺利进行，及时更新和丰富已有的科普设施，针对公众的兴趣点和需求开展社会科学普及宣传活动，提升公众对社科普及活动的重视程度和参与积极性，保证社会科学活动和普及工作能够真正在公众的精神文化生活中发挥重要作用。

（4）在新媒体时代，需要跳出传统的科普和宣传方式，加强新媒体对人文社会科学知识的传播和普及，以新颖多元的方式丰富公众的精神生活。

（5）社会科学普及工作在地域和群体之间存在着失衡和不平均的情况，需要均衡地区差异，实现省内人文社会科学素养的全面均衡提升。

（6）需要从细微之处入手，关注到不同群体的所想所需差异，针对他们的真实需求，丰富他们的文化生活，做到有的放矢。

第九章　若干专题分析

第一节　公众对宗教和迷信认知情况的分析

一、公众对占卜预测或算命的态度

增强公众对伪科学和迷信的抵制能力是科普工作的一项重要任务。因此，公众对伪科学和迷信是否具有分辨能力，也是衡量公众人文社会科学水平的一个标准。基于此，问卷中设立了一项考察公众对迷信认知的问题。

调查显示，江苏省公众"不相信"或"很不相信"占卜预测或算命的比例分别为55.10%和20.95%，有10.80%和11.50%的公众表示"有些相信"和"说不清楚"，"非常相信"的仅占1.65%（图9-1）。

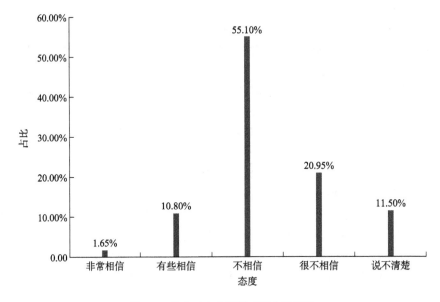

图 9-1　公众对占卜预测或算命的态度

公众对于这道题需选择"不相信"或"很不相信",才算作了解科学与社会之间的关系,据此计算,江苏省公众在此项测试上的达标率为 76.05%。

不同群体公众对占卜预测或算命的看法呈现出复杂性和多样性:

在性别差异上,男性公众达标率为 79.05%,明显高于女性公众(72.43%)。

在城乡差异上,乡村公众的达标率为 77.89%,高于城镇公众(73.18%)。

在地域差异上,苏北地区公众达标率最高,为 79.52%,高于苏南地区公众(74.21%),苏中地区公众达标率最低,为 73.26%。

在年龄差异上,26~35 岁公众达标率最低,为 63.64%,年龄为 46~55 岁的公众达标率最高,为 78.64%。

在学历差异上,研究生及以上公众达标率最高,为 88.14%,大专学历公众达标率最低,为 66.31%。

在收入差异上,收入偏低群体达标率普遍更高,而高收入群体达标率反而降低,达标率最高的为收入 1 631~2 000 元的公众,达标率最低的为收入在 10 001 元及以上的公众。

在职业差异上,在校大学生的达标率最高,为 88.68%,企业管理人员的达标率最低,为 60.53%(表 9-1)。

表 9-1 不同群体公众对占卜预测或算命的看法测试正确率

性别		城乡	
男性	79.05%	城镇	73.18%
女性	72.43%	乡村	77.89%
地域		年龄	
苏南	74.21%	15~18 岁	73.68%
苏中	73.26%	19~25 岁	78.02%
苏北	79.52%	26~35 岁	63.64%
学历		36~45 岁	76.32%
小学及以下	79.80%	46~55 岁	78.64%
初中	77.31%	56~69 岁	78.33%
高中或中专(技校)	75.98%	职业	
大专	66.31%	领导干部和公务员(包括参照《公务员法》管理人员)	76.36%
大学本科	69.59%	事业管理人员	66.67%
研究生及以上	88.14%	企业管理人员	60.53%
收入		专业技术人员	72.84%
1 630 元及以下	78.35%	工人、普通勤杂人员、售货员、服务人员	71.03%
1 631~2 000 元	80.31%	自由职业者	70.75%

续表

收入		职业	
2 001~2 500 元	76.47%	个体户、小摊主	66.91%
2 501~3 500 元	74.44%	农民	79.17%
3 501~5 000 元	68.73%	进城务工人员	84.71%
5 001~7 000 元	69.23%	在校大学生	88.68%
7 001~10 000 元	73.68%	中学生或待升学人员	68.42%
10 001 元及以上	57.89%	失业人员	79.17%
		离退休人员	82.08%
		其他	64.58%

二、公众对宗教问题的认知情况

除了对公众迷信认知进行测试外，本次调查还设置了一道考察公众对宗教问题认知的题目，即该问卷的第 206 题："您知道通常所说的世界三大宗教是指下列哪三个宗教？"调查被访者的宗教常识，正确答案是"佛教、基督教、伊斯兰教"。

数据显示，女性公众明显比男性公众更了解宗教问题，女性公众答题正确的人数比率为 60.79%，而男性公众只有 44.60%，女性公众比男性公众多出 10 个百分点以上。

城镇和乡村公众对宗教问题了解的差异较大，城镇公众宗教问题回答正确率高出乡村公众 20 多个百分点。苏南、苏北、苏中地区公众之间存在一定差异，但不明显，总体上，苏南地区公众的情况好于苏北和苏中地区公众，苏中和苏北地区公众的情况较为接近。

19~25 岁公众对宗教问题的了解程度最好，正确率达到 84.62%，其次是年龄为 26~35 岁和 15~18 岁的公众，回答正确人数的比例分别为 67.42% 和 63.16%，年龄为 56~69 岁的公众对宗教知识的了解情况最差。

文化程度方面，学历为高中或中专（技校）、大专、大学本科的公众回答正确的人数比例相对较高，均超过了 50.00%。但是，研究生及以上群体回答正确的人数比例则较低，这可能是因为许多高学历公众更多将注意力放在自身研究和工作领域上，宗教问题与他们生活距离较远，往往得不到他们的关注。

职业差异上，在校大学生、中学生或待升学人员、进城务工人员三个群体正确率最高，分别为 95.28%、84.21%、71.76%。紧随其后的是企业管理人员和专业技术人员，选择正确的人数比例也都超过了 60.00%。农民和失业人员是回答正确率最低的两个群体（表 9-2）。

表9-2 不同群体公众对宗教问题测试正确率

性别		城乡	
男性	44.60%	城镇	57.42%
女性	60.79%	乡村	33.66%
地域		年龄	
苏南	45.56%	15~18 岁	63.16%
苏中	41.67%	19~25 岁	84.62%
苏北	40.97%	26~35 岁	67.42%
文化程度		36~45 岁	47.37%
小学及以下	19.12%	46~55 岁	32.51%
初中	30.47%	56~69 岁	26.06%
高中或中专（技校）	50.74%	职业	
大专	64.71%	领导干部和公务员（包括参照《公务员法》管理人员）	43.64%
大学本科	54.12%	事业管理人员	57.14%
研究生及以上	11.58%	企业管理人员	61.84%
收入		专业技术人员	62.96%
1 630 元及以下	27.62%	工人、普通勤杂人员、售货员、服务人员	48.81%
1 631~2 000 元	36.27%	自由职业者	50.00%
2 001~2 500 元	39.82%	个体户、小摊主	45.32%
2 501~3 500 元	49.63%	农民	25.82%
3 501~5 000 元	49.81%	进城务工人员	71.76%
5 001~7 000 元	60.26%	在校大学生	95.28%
7 001~10 000 元	64.91%	中学生或待升学人员	84.21%
10 001 元及以上	63.16%	失业人员	29.17%
		离退休人员	30.19%
		其他	52.08%

第二节　部分城市公众人文社会科学素养测试达标情况分析

一、南京市人文社会科学素养调查结果变迁

2005 年，南京市对本地区公众人文社会科学素养进行了调查，这也是江苏

省较早开展的针对公众人文社会科学素养的调查活动。这次调查的问卷基本参照 2004 年浙江省公众人文社会科学素养调查报告编制而成，分别就知识、理解、运用三个不同层面进行了考察。调查采用个体在总题数中正确回答数达75.0%为达标的评判标准，结果显示南京城区公众人文社会科学素养总达标率为 47.3%，平均达标率为 41.9%。2006 年 4 月，南京市民意调查中心也开展了南京公众人文社会科学素养问卷调查，调查采用"以配额抽样为主体，随机抽样相辅助"的方法，通过抽签确定市内的鼓楼、建邺、江宁、高淳四个抽样区县，对 18~69 周岁的各类人群进行了调查。根据 75 分达标的衡量标准，南京市公众对人文社会科学基本知识的了解程度达标比例为 45.3%，对人文社会科学及其社会效应的态度和认识达标比例为 38.8%，观念、习惯和行为中表现出来的人文社会科学素养水平达到标准的比例为 33.4%，而综合这三个维度得到的南京市公众总体人文社会科学素养水平达到 12.5%。由于 2005 年、2006 年、2009 年、2016 年调查的题项设置存在一定差异，因此本部分主要针对类似问题的测评结果进行对比。

2005 年调查结果显示，公众对人文社会科学领域中的基本观点、基本原理和基本常识即基本知识类问题掌握情况较好，但是对略具专业性的问题或者需要注入一定学习行为方可得知答案的问题，被调查者的答题表现则不尽如人意。这一情况，从 2009 年和 2016 年的调查数据来看，并未得到很好的改善。2005 年和 2016 年都针对 GDP 和恩格尔系数进行了调查，但是调查结果显示，2005 年公众对 GDP 和恩格尔系数理解的正确率为 16.1%和39.2%，而 2016 年的正确率仅为 9.3%和 26.1%，十年间南京市民对较为专业的经济常识的了解程度不增反降，一定程度上折射出南京市对公众在专业知识、经济知识方面的人文社会科学知识推广和普及力度欠缺，这也是未来亟待攻克的问题。

另一个需要关注的问题是，南京市公众人文社会科学素养的知识、态度、行为达标率递减，这一定程度上说明公众所掌握的人文社会科学知识尚未完成真正的内化，没能起到正确指导社会实践的作用。这一问题在 2005 年、2006 年的调查中就有所反映，到 2016 年依然存在。可见，如何提升公众的人文社会科学知识，将知识内化为态度并进一步指导行为，是未来社会科学普及工作需要思考的重点。

2005~2016 年，公众获取人文社会科学知识的渠道发生了一定改变。2005 年调查显示，日常生活中，南京市公众获取人文社会科学知识信息的渠道主要是收看电视和阅读报纸，选择二者为主要获取人文社会科学渠道的比例分别为 84.5%、80.1%，其次是阅读杂志（期刊）（61.7%）、上网浏览（47.4%）、收听广播（41.1%）、与人交谈（38.3%）。而在 2016 年，南京市公众获取人文社会科学知识信息的最主要渠道依然是收看电视，占比 85.09%，但阅读报纸的地位下滑非常明显，仅占比 40.37%，上网浏览超越阅读报纸成为排名第二位的渠道。阅读杂志（期刊）也呈现出明显的下降趋势，在 2016 年的调查结果中，仅有11.6% 的南京市民以此为获取人文社会科学知识的渠道。从十年的变迁情况来看，纸媒的地位下降明显，南京市公众越来越多地从网络和新媒体中获取知识信息。

但是，2005 年与 2006 年、2009 年和 2016 年达标情况和答题正确率数据的明显差异，也与这几年的样本结构有关。2005 年调查对象限于在城区定居的公务员、大型国有企业员工、大学生（南京籍）、离退休老年人四大群体；大学文化程度占 25.3%，准大学文化程度（在校生）占 35.7%，大专文化程度占 24.5%，高中及以下文化程度仅占 14.5%；平均年龄 48.2 岁。2005 年调查群体基本为城市人口且偏向于高学历和年轻化。2016 年的样本结构则与2005 年存在较大不同，城镇人口比例为 64.6%，农村人口比例为 35.4%；46岁及以上人口占比达到 64.0%；受教育程度在高中及以下的比例为 73.9%，大专文化程度占 11.2%，大学本科及以上比例仅为 14.9%；职业构成方面，2016年的人群划分更为细致，离退休人员占据最多比例，为 31.1%，其次是工人和农民，分别占 17.4% 和 14.3%。对比两年调查的样本构成，2016 年的构成更为细致，覆盖更为全面，也比 2005 年的调查更能反映出南京市（包括城乡）公众人文社会科学素养的真实状况。因此，对于数据中所反映出的 2016 年明显下降的趋势，不必过分恐慌，但是对于其中所折射出的南京市在提升公众人文社会科学素养方面存在的问题和漏洞，必须加以重视，并尽快找到合理有效的解决方案。

二、无锡市人文社会科学素养调查结果变迁

无锡市在 2009 年和 2016 年接受江苏省公众人文社会科学素养测试之外，也于 2010 年自发组织开展了针对本市的人文社会科学素养及需求调查行动，并回收 427 份有效问卷。从无锡市三年的人文社会科学素养调查情况数据来看，2010 年的整体情况更好，总达标率为 16.86%，除对占卜预测或算命的认知达标情况低于 2016 年以外，其余知识、态度、行为观念三项达标情况均明显高于 2016 年。2016 年的总体达标情况最差，为 10.00%，知识、态度和行为观念的达标情况也低于 2009 年和 2010 年。需要注意的是 2016 年，占卜预测或算命的达标情况有了明显提升，说明无锡市公众对迷信有了更科学的理解（图 9-2）。

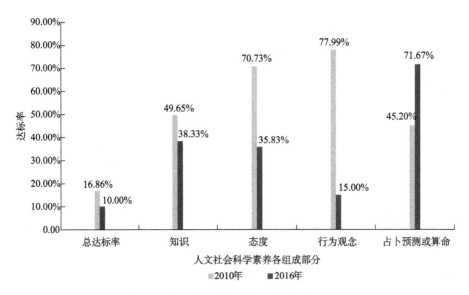

图 9-2　2010 年与 2016 年无锡市人文社会科学素养调查结果对比

从数据对比中可以看到，2010 年和 2016 年的数据达标比例有明显的不同。差异背后可能主要存在以下三方面原因。

第一，评分标准的差异。2010 年的调查由无锡市发起，其问题虽然基本参考 2009 年江苏省公众人文社会科学素养及需求调查的问卷编制，但是在题目设置和评判标准上也做出了一定的调整。2009 年与 2016 年调查的达标评判标准以得分值计算：知识得分大于等于 60 分，态度得分大于等于 80 分，行为观念得分大于等于 90 分，迷信认知选择正确，才能算作达标；而 2010 年的调查采取了答题正确数占总题数 3/4 即为达标的评判标准。也就是说，如果是三点量表或五点量表题型，则在赋分的前提下按所得分占总分的 75%以上为达标计算。达标评判标准的不同将直接影响到实际达标人数比例的差异。

第二，三次调查在题目设置上存在差异。2009 年和 2016 年调查的题目在态度、行为观念和迷信认知三个方面都较为接近，但是在知识这一块的问题改动相对较多。2010 年的调查虽然具体考察类别基本不变，但是对题目的数量和安排进行了调整。

第三，2010 年无锡市调查的调查样本结构与 2009 年、2016 年有明显不同。2010 年被调查者的文化程度主要集中在高中和大学本科，2009 年、2016 年被调查者的文化程度基本集于高中及以下；2010 年被调查者主要为15~35岁的低年龄群体，而 2009 年、2016 年被调查者的年龄主要集于 36~69 岁；从职业构成来看，2010 年被调查者以学生居多，而 2009 年、2016 年被调查者则以工人、农民居多。样本构成的区别，也会导致最终调查结果的显著差异。

第十章 结 语

第一节 主要调查结论及建议

一、江苏省公众人文社会科学素养水平略有提升，但依然不容乐观

2016 年江苏省公众人文社会科学素养总体达标率为 12.15%，相比于 2009 年的 11.85%略有上升，可看到近几年江苏省的各项社会科学普及建设措施成效初显，公众的人文社会科学素养水平在稳步上升。但是从具体数据所反映的结果来看，依然存在很大提升空间。

首先，江苏省公众人文社会科学素养水平与江苏省的经济社会发展水平不相适应。虽然，对比同样进行人文社会科学素养调查的临近省份浙江省（总体达标率为 10.80%）和安徽省（总体达标率为 5.80%），江苏省公众的人文社会科学素养总体达标水平略高一筹，但是，12.15%的达标率显然还不够理想，相比于江苏省较快的经济发展速度，公众人文社会科学素养水平的增幅明显要落后。

其次，从知识、态度、行为观念和迷信认知四个具体方面来看，只有迷信认知一项的达标情况显著高于 2009 年的测试结果，说明江苏省在帮助公众科学看待迷信问题方面收效显著，但是其余三项达标率均呈现一定程度的回落。从具体的得分频率分布来看，无论是知识、态度还是行为观念，大多数公众的得分都在达标线上下徘徊。以公众对人文社会科学的态度测试为例，有相当一部分比例的公众得分在 60 和 70 分段（达标线为 80 分），这部分公众有很大希望通过社会科学普及工作成为达标人群。

二、江苏省公众人文社会科学素养水平仍然不均衡

从各个群体的差异对比情况来看，江苏省公众人文社会科学素养水平呈现

出以下特征。

第一，性别差异有所缩小。数据显示，男性公众的达标率没有显著变化，而女性公众的达标率明显有所上升，从 2009 年的 11.68%上升至 2016 年的 12.43%，反超男性公众。这在一定程度上反映出近几年女性公众的受教育机会逐步得到保障和重视，社会地位有所提高，开始注重自身素养的提升。

第二，文化水平、收入水平变量对人文社会科学素养水平影响明显。调查数据显示，文化水平和收入水平对公众人文社会科学素养的影响很大。教育是个体获得人文社会科学信息的重要途径，因此，教育质量的提升、教育改革的开展都将进一步推进公众人文社会科学素养水平的提升。从数据中不难看出，文化水平较高的群体，对于相对专业性的知识往往具备更强的理解力和运用力。收入水平也极大地影响了公众的人文社会科学素养水平。这可能与文化水平和收入水平之间的关联性有关。我国作为发展中国家，劳动力市场具有二元性特征，现代劳动力市场对技术水平要求较高，文化程度高的劳动力基本上在这个市场上就业，需求大于供给的局面往往使这部分劳动力的收入水平较高，差别也较大。随着中国的发展，收入分配明显地向拥有文化知识的人倾斜。教育收益率的上升已导致中国社会收入分配机制的巨大变化，教育或人力资本取代了计划经济时期的论资排辈规则，成为目前调节收入分配的一个重要机制。同时，收入较高的群体往往也掌握着更多的文化资本，有能力拥有更加丰富的人文社会科学资源，这也是收入水平影响人文社会科学素养水平的又一重要原因。

第三，老年群体人文社会科学素养水平堪忧。教育对于公众人文社会科学素养的影响也侧面反映在年龄差异上，年龄为 15~25 岁的公众，对于知识的了解程度明显好于年龄较大的群体。绝大多数老年人群体知识更新非常缓慢，知识体系基本停留在他们年轻的阶段，对于西方文化或者较为新颖的知识表现出十分茫然的状态。相比较而言，年轻群体的知识结构更为新鲜多元，这与年轻群体好奇心重、记忆力好等年龄特质有关，同时也因为这部分人群多数正处于受教育阶段，或者刚脱离校园不久，因此许多知识依然停留于脑海之中。

第四，地域差异呈现出明显的不平衡状况。城乡差异进一步扩大，城镇公众的总体达标率明显提升，而乡村公众的达标率却显著下降。可见随着城市的发展及城镇化脚步的加快，城市的教育资源和人文社会科学活动也日渐丰富，而乡村中越来越多的有文化、有能力的劳动力流动到城市，留守在乡村的多为年老、文化程度低的公众。苏南、苏中、苏北的地区差异也较为明显，其情况类似城乡差异。苏南、苏北地区公众达标率有所上升，而苏中地区公众的达标率则显著下降。2016 年的调查结果显示，苏南地区公众的达标情况最好，而苏中地区公众的达标率最低。该结果一方面与三地经济发展的不平衡、文化教育资源的差异有关；另一方面也可能是由于在近几年的发展过程中，苏中地区的人口结构变动较大，高素质人才有所流失。

由此可见，江苏省不同地域和人群之间的人文社会科学素养水平仍然存在较严重的不平衡状况，虽然部分不平衡正在缓解（如性别），但区域间的差距仍在显著加大。如何平衡城乡、代际、地区的公众人文社会科学素养水平，是江苏省在未来社会科学普及工作中面临的难题。

三、江苏省公众人文社会科学素养结构偏向简单化、实用化

从具体答题正确率中不难看出，江苏省公众对一些基础性知识把握较好，但对相对专业一些的知识掌握情况则不理想，对一些新引进的西方经济学、文化常识，或者较为新颖的名词难以正确理解。此外，江苏省公众对于知识的掌握也偏向实用化，对与自己日常生活较为紧密的知识作答正确率较高，对某些假定社会事件的处理较为理想，一些新闻中经常报道、宣传力度较大的新闻和概念信息也能够从公众那里得到较好的反馈。但是，公众往往对一些新近的事件了解程度更好，而对于一些相对久远的事件则存在着淡忘的迹象。

另一个需要关注的问题是，公众对于一些常用概念和术语存在理解上的混淆，对于许多耳熟能详的名词理解存在偏差，依然停留在知其然而不知其所以然的浅层阶段，像 GDP、素质教育、恩格尔系数等概念，许多公众在作答时表示自己对这些概念丝毫不陌生，但从实际答题结果来看，他们的理解其实是存在偏差的。

从总体的调查结果来看，公众对许多人文社会科学知识的掌握多流于表面，未能完成内化。知识（39.80%）、态度（34.00%）、行为观念（20.35%）的达标率呈现递减趋势，这在一定程度上反映出公众对于人文社会科学知识更多是处于了解的层次，未能充分将知识运用在影响自己判断和态度的方面，更难以通过其指导自己进行社会实践。

这也从侧面折射出，社会科学普及工作是一个漫长而需要持续性的过程，不仅要依据社会发展和公众认知水平的提升不断更新和丰富人文社会科学知识的普及内容，而且对一些重要的知识、概念，也需要反复解释、强调，使公众对这部分内容能够真正理解，并能有效地运用这些知识来指导现实生活。

四、公众对人文社会科学的需求呈现多元化趋势

不同群体的公众在推进社会科学普及工作措施的看法上呈现出明显的多样性和复杂性，这些都与公众本身所处的社会角色紧密相关。例如，高学历、高收

入公众更看重从制度上推进社会科学普及工作；而低学历、低收入公众则希望从实际角度加大对社会科学普及的投入，增加更多设施和活动。

性别、城乡、地域、学历、年龄、收入层次不同的公众对人文社会科学的需求也呈现出丰富和多样的特点。例如，学历偏低群体对心理健康更为关注，而学历偏高群体往往表现出对时政热点和历史文化的更大需求；青少年和老年群体对心理健康有更高需求；中年群体对家庭教育、法律常识、投资理财等方面的知识具有较大需求；等等。因此，有必要根据当地群体的特征及需求差异，有针对性地开展社会科学普及工作，向公众讲解他们尚不甚了解的人文社会科学知识，提供他们真正需要的内容，做到有的放矢。

五、人文社会科学场所和活动有待丰富

总体上在过去一年中，公众去过人文社会科学相关场所及参加过日常科普活动的比例均不高，参与次数在三次及以上的比例更低，在动员公众参与活动方面有待加强。公众没参加的原因主要集中在"本地没有""不感兴趣""其他"三个方面，这与 2009 年调查得出的"本地没有""不知在哪里""不感兴趣"三个主要原因有所不同。从这一变化可以看出，各地人文社会科学相关场所的知名度有所提高，活动信息的扩散更加通畅，但人文社会科学基础设施缺乏和公众兴趣缺乏依然是阻碍其参与的重要原因。因此，加强人文社会科学相关基础设施建设，增加各项活动的开展频率，并通过有创造性的活动策划加强公众对人文社会科学的兴趣和参加欲望，是今后社会科学普及工作的重点。

此外，随着生活和工作节奏的加快，越来越多的公众因为没有时间、工作太忙等"其他"原因而不曾接触过人文社会科学相关场所或参加相关活动。由此可以看出，在丰富人文社会科学基础设施、开展各项社会科学普及活动的时候，需要考虑公众高速化、碎片化的生活习惯，加强活动参与的便捷性。

需要指出的是，不同群体公众接触信息具有不同特征，因此，需要有针对性、有策略地进行社会科学普及工作。今天网络已经成为人们获取人文社会科学信息和时事新闻的主要途径，社会科学普及活动也需要紧密结合公众的信息习惯做出调整，充分发挥新媒体的效用，如完善社会科学普及相关网站和移动应用，丰富内容含量，增强趣味性和参与性，以吸引公众关注。

针对以上主要调查结论，未来在提高江苏省公众人文社会科学素养的工作过程中需重点关注以下两点。

第一，发挥教育对提升公众人文社会科学素养水平的作用。教育对于提升公众人文社会科学素养水平意义重大，必须加强对人文社会科学知识的相关教育传播工作。这不仅是江苏省几次公众人文社会科学素养调查结果得出的结论，也是国内外相关研究得出的共同经验，即公众的人文社会科学素养水平与其接受正规科学教育水平有着紧密的相关性。因此，提升公众人文社会科学素养水平首先要充分发挥学校的教育作用，深入贯彻实施义务教育，最大限度保证公民都能接受到正规、科学的教育，尽可能减少失学和辍学的情况；要不断丰富教育资源，提升教育质量；要在教学内容安排上，增强对人文社会科学相关学科的重视，丰富哲学、历史、文学、社会等方面的教学内容；要在人才培育上，注重素质教育，强调学生对人文社会科学知识的理解，以及在现实生活中运用这些知识能力的培养。

同时，应当倡导社会各界参与学习型社会的构建中来，鼓励社会成员树立"终身学习"的理念，不断进行知识结构更新，巩固和深化已有知识。针对已经脱离校园或者无法在校接受教育的公众，传播者要积极利用多方宣传平台，开展各类宣传普及活动，保证公众日常生活中对人文社会科学知识的接触。

第二，重视公众人文社会科学素养的地域和群体差异。不同地域和群体间，公众的人文社会科学素养及需求均呈现出一定的差异性。因此，未来的社会科学普及工作需要结合不同群体的特点，开展相应的有针对性的活动。

针对中老年群体，在教育和科普时要考虑他们的知识结构、记忆力和理解能力，选择"接地气"的语言进行教育，尽量避免使用抽象的术语，用他们易于理解和感兴趣的方式进行科普。而针对年轻群体，则重点在于提升社会科学普及活动的趣味性和创新性，充分发挥新媒体的作用，调动他们获取人文社会科学知识的积极性。

针对文化程度较低、收入偏低的群体，要保证他们有便利获取人文社会科学知识的途径。由于电视是这部分人群较为青睐的获取信息的渠道，可以借助电视媒介传播人文社会科学知识，并且考虑到受众对信息的接受能力，采用通俗易懂的方式进行传播，加强故事性和趣味性以帮助这部分公众理解。同时了解他们平时所关注和偏好的内容主题，制作出他们感兴趣的科普内容。针对文化程度较高、收入较高的群体，要注意到他们对知识获取有更高的需求和标准。因此，针对这部分人群进行社会科学普及工作时，需要提升传播内容的深度和专业性。

针对乡村及苏北、苏中这些公众人文社会科学素养水平相对较低的地区，最根本的是要加强这些地区社会科学普及的基础设施建设，政府有必要加强对乡村和相对不发达地区的教育扶持，加大资金投入，促进当地科普活动的开展和科普场所的建设。除此之外，也可以尝试不同区域间交流互助的方式，鼓励人文社会科学发展较好的地区进行对应帮扶和经验分享。

第二节　江苏省社会科学普及主要实践与总结

社会科学普及是社会科学工作的重要内容，是促进人的全面发展、提升公众人文社会科学素养和全社会文明水平的重要渠道，也是一项公益性很强的社会事业和社会系统工程。2002年8月江苏省委将"宣传、普及社会科学知识，组织开展社科普及活动"确定为省哲学社会科学界联合会主要工作职能之一。从2004年中共中央印发《关于进一步繁荣发展哲学社会科学的意见》以来，江苏省社会科学普及工作体制机制不断完善，步入了以全省社会科学普及宣传周为龙头，以开展人文社科讲坛、建设社科普及基地和研发社科普及读物为重要载体，多种有效社科普及形式并举的发展新时期。

一、努力打造江苏省社会科学普及宣传周品牌

江苏省"社会科学普及宣传周"是由省市县三级哲学社会科学界联合会共同举办的群众性社会科学普及活动，自2004年以来，已经连续成功举办了十四届。随着活动规模和质量的不断提升，时雨化之、润物无声的社会效果更加凸显，已成为江苏省社会科学普及的龙头品牌，得到了各级党委和政府、社会各界的高度重视和广泛赞誉，其影响无远弗届。

江苏省"社会科学普及宣传周"一般采用全省同一主题，省市县三级联动、错时实施的方式进行，坚持"三贴近"原则，以满足公众精神文化需求为出发点和落脚点，面向城乡大众，广泛开展内容丰富、形式多样的社会性、群众性社会科学普及活动，充分发挥哲学社会科学"认识世界、传承文明、创新理论、咨政育人、服务社会"的重要作用。仅以2017年江苏省第十四届"社会科学普及宣传周"为例，各地累计开展各类社科知识竞赛、主题演讲比赛、社科成果宣传展、社科书市、社科书画摄影展、科普文艺演出、社科体验类活动、社科微博微信、社科动漫短片和社科知识"六进"等丰富多彩的社科普及公益活动2 000多项，举办人文（社科）讲座、专题报告会等2 500多场，发放科普宣传资料15万余份，全省年度社会科学普及活动直接受众超过100万人次，辐射上千万人群。

二、大力推进江苏省社会科学普及基地建设

社会科学普及基地建设是江苏省哲学社会科学界联合会以社会科学普及为基点，试图跨步迈出整合跨域专业资源，让社会科学普及成为社会及大众亮点的积极探索，是随着社会科学普及社会化程度不断增强应运而生的新事物。

2009 年，在全省各市、县（市、区）建设社会科学普及基地取得一定成效的基础上，首批创建了 20 家省级社会科学普及示范基地；2012 年对首批示范基地进行复评考核，同时又创建了第二批省级社会科学普及示范基地；2015 年开展了新一轮复评考核和第三批省级社会科学普及示范基地创建。截至 2017 年 9 月，共审批认定 2017~2019 年"江苏省社会科学普及示范基地"150 个、"江苏省社会科学普及研发基地"6 个，向社会公布名录并颁发铜牌。除此之外，全省各地还发展和认定命名各类市级社会科学普及基地 360 余个，县（市、区）级社会科学普及基地 400 余个。

社会科学普及基地的创建，对广泛整合利用社会资源、调动全社会力量参与和开展社会科学普及有明显促进作用。目前，这些基地正逐步成为开展社会性、群众性、经常性社会科学普及活动的重要载体，也是为社会大众提供社会科学公共服务的崭新平台。

三、积极推动优秀社会科学普及读物出版

优秀的社会科学普及读物是传播人文社会科学知识和文化文明成果的重要载体，是社会科学走向社会大众的桥梁和纽带。江苏省哲学社会科学界联合会十分重视社会科学普及读物的策划出版，将其列为全省社会科学普及工程的重点项目之一。21 世纪初，江苏省哲学社会科学界联合会率先在全国组织编写出版了"社会科学十万个为什么"和"人文社会科学十万个为什么"系列丛书（12 册）。在此基础上，2009 年制订了以《人文社会科学通识文丛》为总书名引领和推动全省社会科学普及读物出版的实施方案，致力于以新形势下社会大众的阅读特点为观照视角，积极整合海峡两岸人文社会科学领域资源，调动专家学者及其他社会力量参与，有计划地开展"公众人文社会科学通识教育研究"，目前已出版"100 个故事"系列丛书共 36 册，"读故事"系列丛书 6 册，"文学江苏读本"第一辑、第二辑各 9 册，"法治中国悦读丛书"10 册及 2009~2015 年江苏人文社会科学讲座年度选编本。与此同时，江苏省社会科学普及读物编写紧扣时代脉络，顺应时代潮流，先后编写出版"国庆 60 周年活动推荐用书"

之《伟大的复兴之路——新中国 60 周年知识问答》和《光荣与梦想——国旗国歌国徽国都知识问答》，"建党 90 周年活动推荐用书"之《建党大业——中国共产党成立 90 周年知识问答》和《脊梁——感动中国的共产党员》，"纪念辛亥革命 100 周年推荐用书"之《走向共和——辛亥革命 100 周年知识问答》等读物，获得了较好的社会反响。

社会科学普及是全社会的共同责任。江苏省哲学社会科学界联合会充分调动并发挥地方哲学社会科学界联合会的自主能动性，指导、帮助地方哲学社会科学界联合会组织编写并出版社会科学普及读物近百种，并积极探索与高校、专家学者的协同创新，不断加强社会科学普及读物策划、创作、出版、传播等方面的横向合作，建构江苏省社会科学普及研发崭新品牌，为推进新时期社会科学普及读物出版进行创新尝试和有益探索。

四、重视江苏省公众人文社会科学素养调查研究

人文社会科学素养，反映的是公众所具有的人文社会科学研究能力、知识水平和在此基础上形成的价值取向与社会实践能力，以及人文社会科学体现出来的以人为对象、以人为中心的精神——人的内在品质。它是公民素质的深层次构成要素。个人的人文社会科学素养水平是个人健康发展的结果，具备人文社会科学素养将有助于公众树立正确的世界观，拥有基本的价值观判断，学会科学地认识和理解政治、经济、社会、文化、历史等各种现象及发展规律，科学地看待外部世界和自身；而整个社会的人文社会科学素养水平则是一个社会汲取历史经验教训、积累文明成果的结果，是衡量"社会文明"的尺度，也是"社会文明"的标志。

为了切实了解江苏省公众的人文社会科学素养及需求状况，江苏省哲学社会科学界联合会早在 2006 年就组织开展了全省范围的"公众人文社会科学素养及需求调查"，并于 2009 年联合国家统计局江苏调查总队进行了第二次调查。每次调查从问卷编排到抽样设计、从入户开展到结果统计都严格遵循科学性原则，及时形成调查报告，全面、准确、客观地呈现江苏省公众的人文社会科学素养及需求状况，为社会科学普及工作的顺利开展提供实证性依据，继而为党委、政府科学决策提供有价值的参考。

五、创新社会科学普及工作机制与活动载体形式

多年来，江苏省各级哲学社会科学界联合会和广大社会科学工作者认真贯

彻中央和省委、省政府关于加强社会科学工作的指示精神，积极开展形式多样的社会科学普及活动，取得了很大的成绩。同时，从 2000 年开始，江苏省哲学社会科学界联合会一直在持续推动社会科学普及地方立法。《江苏省社会科学普及促进条例》已由江苏省第十二届人民代表大会常务委员会第二十四次会议于 2016 年 7 月 29 日通过，于同年 9 月 1 日起施行。条例的通过和施行，对于将江苏省社会科学普及工作纳入法制轨道，破解社会科学普及工作瓶颈，促进社会科学普及事业发展，提高公民的人文社会科学素养，建设社会文明程度高的新江苏，具有里程碑式的重大意义。

2017 年以来，江苏省哲学社会科学界联合会以贯彻落实《江苏省社会科学普及促进条例》为主线，加强社科普及制度化建设和活动载体形式的创新。一是强化规划布局，扎实推进社会科学普及领导机制与工作平台建设。建立省级社会科学普及工作联席会议制度并召开第一次会议，制定印发了《贯彻实施〈江苏省社会科学普及促进条例〉2018—2020 年重点任务分解方案》和《〈江苏省社会科学普及促进条例〉实施工作成绩显著单位和个人通报表扬办法》，推动联席会议成员单位切实承担起社会科学普及责任，动员省级多部门、多系统力量合力开展社会科学普及活动，把社会科学普及工作不断引向深入。二是强化观念更新，着力推进社会科学普及信息化建设。注重"社科普及+互联网"的运用与开发，通过政府购买、项目补贴等方式，创办"江苏人文讲坛"专题网站和"江苏社会科学普及"微信公众号，不断提升其建设运营水平，广泛利用"三微一端"开展社会科学普及公益活动，2017 年仅在线主题知识竞答参与人数就超过 21 万，创造了江苏省历年来社会科学普及单项活动新高，产生了很大社会反响，推动了社会科学普及进一步贴近生活、走向大众。

第三节 "十三五"期间江苏省社会科学普及重点任务

一、营造学习宣传贯彻《江苏省社会科学普及促进条例》的良好氛围

《江苏省社会科学普及促进条例》于 2016 年 7 月江苏省第十二届人民代表大会常务委员会第二十四次会议表决通过，并于同年 9 月 1 日起正式施行。该条例是江苏省社会科学领域的第一部法律，标志着江苏省社会科学普及进入依法推进新阶段。该条例的宣传贯彻落实是今后江苏省社会科学普及工作的重要任

务之一，江苏省哲学社会科学界联合会将以"社会科学普及宣传周"活动为龙头，联合 13 个设区市哲学社会科学界联合会及其他行政单位和社会组织，向社会广泛宣传阐释该条例，充分调动社会各界的参与积极性，形成全社会关心、重视和支持社会科学普及的社会环境。

二、建立健全促进社会科学普及工作的长效机制

建立健全促进社会科学普及工作的长效机制是保障社会科学普及事业有序健康发展的重要前提，同时我们也要认识到任何长效机制都不是一劳永逸、一成不变的，它必须随着时间、条件的变化而不断丰富、发展和完善。"十三五"期间，江苏省哲学社会科学界联合会将不断完善社会科学普及顶层设计，制定社会科学普及规划、工作计划和政策措施，建立与经济社会发展相适应的社会科学普及经费保障机制和工作绩效评估激励机制，积极推动将社会科学普及工作纳入国民经济和社会发展规划及年度计划，并将其列入社会主义精神文明建设和现代公共文化服务体系建设的内容，为社会科学普及创造良好的环境和条件。

三、推进人文社会科学素养提升行动

推进全社会人文社会科学素养的提升，一方面应当立足重点人群人文社会科学素养建设，另一方面要不断完善公民人文社会科学素养指标体系。在重点人群人文社会科学素养建设方面，突出未成年人、农民和城镇居民、城镇劳动者、领导干部和公务员（包括参照《公务员法》管理人员），制订分类推进计划，做好顶层设计，切实推动全民学习，稳步提升重点人群人文社会科学素养水平，促进城乡之间、区域之间公民人文社会科学素养差距逐步缩小；在不断完善公民人文社会科学素养指标体系方面，建立健全多方共建、经费投入、社会动员、监测评估等机制，适时开展公众人文社会科学素养及需求调查和评估研究，公开调查结果和研究报告，提高社会各界参与人文社会科学素养建设的积极性。

四、实施社会科学普及基础设施工程

"十三五"期间，江苏省将不断加强社会科学普及基础设施规划，建立以各级社会科学普及基地为基础，现有科技、教育、文化、旅游等场馆和设施及

资源为支撑,多元化投入为保障的社会科学普及设施体系。推动政府投资建设的社会科学普及场馆和设施免费开放,鼓励有条件的单位向公众开放其社会科学普及场馆和设施。进一步发挥省级社会科学普及示范基地和研发基地的引领性作用,不断推动社会科学普及场馆现代化建设,完善社会科学普及基地创建标准与管理规范,建立分类指导机制,强化现有基地社会科学普及功能和专业人才培养,逐步提升社会科学普及场馆的展教能力和服务水平。在大力发展各级社会科学普及基地的同时,鼓励创新思路,支持社会科学普及与科技、教育、文化、旅游等相关产业融合发展,鼓励图书馆、博物馆、文化馆、美术馆、纪念馆、展览馆、科技馆、体育馆、工人文化宫、青少年宫、妇女儿童活动中心等公共文化体育服务单位利用自身资源开展社会科学普及活动。

五、实施社会科学普及人才建设工程

充分认识社会科学普及人才培养的重要性,不断完善社会科学普及人才培养机制,努力打造一支理论功底扎实、普及能力强的专兼职相结合的社会科学普及人才队伍。一方面,江苏省哲学社会科学界联合会将不断加快社会科学普及专门人才培养,推进基层社会科学普及志愿者队伍建设。在鼓励人文社会科学专家学者、作家、艺术家、科技工作者、新闻出版工作者等结合自身专长投入社会科学普及的同时,充分发挥高等院校、科研院所、党校(行政学院)、社科类社会组织的人才优势,组建各级各类社会科学普及志愿服务团体,开展社会科学普及志愿者交流、服务培训和经验推广等工作。另一方面,建立社会科学普及人才培养评价和社会动员机制,并推动社会科学普及工作对外交流与合作。建立健全社会科学家与大众传媒广泛沟通、互动交流渠道,引导社会各界共同参与社会科学普及,发现和扶持社会科学普及人才。学习、借鉴海内外先进科普理念和方法,逐步提高江苏省社会科学普及创作出版与活动策划组织的整体水平,努力为公众提供更好的社会科学普及产品和服务。

六、实施社会科学普及信息化建设工程

"十三五"期间,江苏省哲学社会科学界联合会将发展信息化社会科学普及新业态。一是注重"社科普及+互联网"的运用与开发,探索建立社会科学普及信息资源共建共享机制和交流传播平台,有效利用网络优势推动优质资源的二次传播,实现社会科学普及内容一次创作研发、多次利用呈现。二是与文化传媒企业、科普类网站等合作开发群众关注度高、认同感强的优质信息化社会

科学普及资源，尝试面向新兴媒体开展优质社会科学普及动漫、视频、公益广告等作品的研发和传播，不断增强社会科学普及的吸引力、感染力和辐射力。三是拓宽社会科学普及传播渠道，鼓励大众传媒开展社会科学普及传播，引导主流新闻媒体加大社会科学普及宣传力度，重点推进微博、微信、微视频、移动客户端与社会科学普及的创新融合发展，推动社会科学普及信息广泛覆盖，促进社会科学普及活动线上线下结合，满足各类群体的社会科学普及需求。

参 考 文 献

安徽省社科联课题组. 2004. 安徽省城乡公众社会科学素养与需求调查报告. 学术界，（3）：
174-192.

安徽省社科联课题组. 2015-01-15. 新形势下社科知识普及的主攻方向探讨. 安徽日报.

丁柏铨，胡治华. 2004. 人文社会科学基础. 北京：首都师范大学出版社.

丁守和. 1999. 中国近代启蒙思潮. 北京：社会科学文献出版社.

高传. 2008-10-16. 法律 心理 生活知识 这些公众最想了解. http://tech.enorth.com.cn/system/
2008/10/16/003722722. Shtml.

郭金平，袁明发，曹保刚，等. 2001. 提高公众社科素养任重道远——河北省城市社会科学普
及工作的调研报告. 社会科学论坛，（6）：63-69.

河北省社联课题组. 2004. 河北：城市公众社科素养不容乐观. 社会观察，（10）：7.

湖北省社科联课题组. 2006-08-01. 培育社科素养路漫漫. 湖北日报.

黄华新，陈文勇. 2004. 城乡"断层"的背后——浅析城乡公众的人文社会科学素养差异. 浙江
社会科学，（5）：24-27，37.

黄卉. 2007. 南京公众人文社会科学素养现状及其提升路径研究. 南京师范大学博士学位论文.

姜泓水. 2011-12-20. 调查：上海市民人文素质太高六成人愿意"穿越到唐朝". http://news.
163.com/11/1220/01、TLMBTEFBOOO/4JB6-mobile.html.

金兼斌. 2003. 科学素养的概念及其测量//中国科技新闻学会. 科技传播与社会发展（论文
集）. 北京：经济科学出版社.

李军. 2004. 公众人文社会科学素养意义何在? 浙江社会科学，（5）：21-24.

刘大椿. 2003. 人文社会科学的学科定位与社会功能. 中国人民大学学报，17（3）：28-35.

刘颂. 2005. 南京城区公众人文社会科学素养状况的调查与分析. 南京人口管理干部学院学报，
21（3）：3-8.

刘志军，王宏，季程远，等. 2016. 浙江省公众人文社会科学素养及需求调查 2013. 杭州：浙
江科学技术出版社.

谭界忠. 2007. 柳州市公众人文社会科学素养状况调查分析. 经济与社会发展，5（7）：
163-166.

唐龙尧. 2014. 杭州市公众人文社会科学素养调查报告. 北京：社会科学文献出版社.

王淼. 2004. 公众人文社会科学素养建设渠道模式的构建. 浙江社会科学，（5）：29-33.

王亚夫，章恒忠. 1988. 中国学术界大事记（1919—1985）. 上海：上海社会科学院出版社.

魏兰. 2009. 贵州公众人文社会科学素养如何. 当代贵州，（11）：32-33.

吴鹏森，房列曙. 2004. 人文社会科学基础. 上海：上海人民出版社.

宣炳善. 2007. "哲学社会科学"概念的中国语境. 粤海风，（5）：29-37.

薛飞. 2004. 浙江省公众人文社会科学素养基本状况分析. 浙江社会科学，（5）：15-19.

杨承芳. 1985. 当代国外社会科学手册. 南京：江苏人民出版社.

叶继元. 2008. 国内外人文社会科学学科体系比较研究. 学术界，（5）：34-46.

尹彦宏. 2012-04-27. 《上海市民人文社会科学知识与素养调查报告》正式发布. http://
    www.sssa.org.cn/gzdc/ 668268.htm.

郑文涛. 2008. 人文社会科学若干概念辨析. 首都师范大学学报（社会科学版），（3）：
    141-148.

周雪. 2008-10-15. 天津公众人文社会科学素养总体达标率为 9.9%. http://news.enorth.com.cn/
    system/2008/10/15/003720087.shtml.

祝黄河，黄万林，马雪松，等. 2011. 江西省公众人文社科素养及需求调查. 社会工作，
    （10）：58-62.

Miller J D. 1998. The measurement of civic scientific literacy. Public Understanding of Science，
    7（3）：203-223.

附　录

表　　号：SSL-2015

制定机关：江苏省哲学社会科学界联合会

批准机关：江苏省统计局

批准文号：苏统法〔2015〕80号

有效期至：2016年3月

江苏省公众人文社会科学素养及需求调查问卷
（2016）

　　您好！为了切实了解我省公众的人文社会科学素养及其需求状况，更好地履行"推进社科普及与咨询"的职能，推动我省社科普及工作，进一步增强有效性和针对性，更加贴近实际、贴近生活、贴近群众，江苏省哲学社会科学界联合会组织实施本次调查。通过随机抽样，选定您作为公众代表。本问卷采用无记名方式，对卷中所列问题，您可以完全依据自己的理解和想法去回答。您所填报的资料受统计法保护，我们将严格保密。感谢您的合作！

江苏省哲学社会科学界联合会

问卷编号：□□□□□□□

首先，我们想了解一下有关您个人的一些情况。

001. 您的性别
　　1. □男　　　　2. □女

002. 您的常住地
　　1. □城镇　　　2. □乡村

003. 您的年龄（周岁）
　　1. □15~18 岁　　2. □19~25 岁　　3. □26~35 岁
　　4. □36~45 岁　　5. □46~55 岁　　6. □56~69 岁

004. 您受教育程度
　　1. □小学及以下　　　2. □初中　　　　3. □高中或中专（技校）
　　4. □大专　　　　　　5. □大学本科　　6. □研究生及以上

005. 您现在的职业或身份
　　1. □领导干部和公务员（包括参照《公务员法》管理人员）
　　2. □事业管理人员　　　　　　3. □企业管理人员
　　4. □专业技术人员（含教师）
　　5. □工人、普通勤杂人员、售货员、服务人员
　　6. □自由职业者（如不是为单一企事业单位服务的律师、会计师、记者、自由撰稿人等）
　　7. □个体户、小摊主　　　　　8. □农民
　　9. □进城务工人员　　　　　　10. □在校大学生
　　11. □中学生或待升学人员　　　12. □失业人员
　　13. □离退休人员　　　　　　　14. □其他（请注明）

006. 您现在每月的收入情况（此项学生不填）
　　1. □1 630 元及以下　　　　　2. □1 631~2 000 元
　　3. □2 001~2 500 元　　　　　4. □2 501~3 500 元
　　5. □3 501~5 000 元　　　　　6. □5 001~7 000 元
　　7. □7 001~10 000 元　　　　 8. □10 001 元及以上

接下来，我们想了解一下与您日常生活有关的几个问题。

101. 在日常生活中，请问您主要是通过下列哪些方式了解时事新闻？（可选 1~3 项）

1. 阅读报纸	
2. 收看电视	
3. 上网（包括 PC 和移动终端）浏览	
4. 阅读杂志（期刊）	
5. 收听广播	
6. 与人交谈	
7. 其他（请注明）_____	
8. 基本不关心	

102. 您还主要通过下列哪些方式获得人文社会科学知识（如文学、艺术、历史、哲学、教育、经济、管理、法律、社会学等）？（可选 1~3 项）

1. 学校课本与课堂教学	
2. 阅读报纸	
3. 收看电视	
4. 上网（包括 PC 和移动终端）浏览	
5. 阅读杂志（期刊）	
6. 收听广播	
7. 阅读图书	
8. 听讲座、看展览等科普活动	
9. 与人交谈	
10. 其他（请注明）_____	

103. 在过去的一年中，您去过下列公共场所吗？如果去过，请问您去过几次？如果没有去过，主要是什么原因造成的？

选项	去过的次数： 1. 一两次 2. 三次及以上	没去的主要原因： 3. 本地没有　6. 缺乏展品 4. 交通不便　7. 不感兴趣 5. 不知在哪里　8. 其他
a. 博物馆（院）	1□　2□	3□ 4□ 5□ 6□ 7□ 8□
b. 展览馆、美术馆	1□　2□	3□ 4□ 5□ 6□ 7□ 8□
c. 公共图书馆	1□　2□	3□ 4□ 5□ 6□ 7□ 8□
d. 科普宣传橱窗或报刊宣传栏	1□　2□	3□ 4□ 5□ 6□ 7□ 8□

续表

选项	去过的次数: 1. 一两次 2. 三次及以上	没去的主要原因: 3. 本地没有　6. 缺乏展品 4. 交通不便　7. 不感兴趣 5. 不知在哪里　8. 其他
e. 文化馆（站）	1□　2□	3□ 4□ 5□ 6□ 7□ 8□
f. 书店、书市	1□　2□	3□ 4□ 5□ 6□ 7□ 8□
g. 历史文化主题公园	1□　2□	3□ 4□ 5□ 6□ 7□ 8□

104. 在过去的一年中，您参加过下列科普活动吗？如果参加过，请问您参加过几次？如果没有参加过，主要是什么原因造成的？

选项	参加的次数: 1. 一两次 2. 三次及以上	没参加的主要原因: 3. 本地没有　6. 没听说过 4. 交通不便　7. 不感兴趣 5. 不知在哪里　8. 其他
a. 全国科普日（每年9月）	1□　2□	3□ 4□ 5□ 6□ 7□ 8□
b. 科普宣传周（每年5月）	1□　2□	3□ 4□ 5□ 6□ 7□ 8□
c. 社科普及宣传周（每年9月）	1□　2□	3□ 4□ 5□ 6□ 7□ 8□
d. 社科咨询（如法律咨询、税务咨询、社保咨询等）	1□　2□	3□ 4□ 5□ 6□ 7□ 8□
e. 人文（社科）讲座	1□　2□	3□ 4□ 5□ 6□ 7□ 8□
f. 文化活动（如文化节、读书节等）	1□　2□	3□ 4□ 5□ 6□ 7□ 8□
g. 其他	1□　2□	3□ 4□ 5□ 6□ 7□ 8□

下面是一些有关人文社会科学知识及运用的问题，请根据您的理解做出选择。

201. 您对下列一些说法或描述持有什么样的态度？

选项	1. 同意	2. 不同意	3. 说不清楚
a. 每天看新闻是生活中不可或缺的一部分			
b. 团队合作对一个人的成功无关紧要			
c. 素质教育就是加强孩子在琴棋书画方面的教育			
d. 没有车辆通行时，行人过街不必走人行横道线			
e. 穿名牌服装总显得很有品位			
f. 不赡养老人是违法行为			
g. 文物保护与城市建设发生矛盾时，应服从城市建设			
h. 家庭理财是一门学问			
i. 公民就是我们常说的人民群众			
j. 住宅小区的自然环境固然重要，但邻居素质更重要			

202. 您认为下面一些名词、术语或新闻事件的说明正确吗?

选项	1. 正确	2. 错误	3. 不知道
a. "四个全面"战略布局是指:全面建成小康社会、全面深化改革、全面推进依法治国、全面从严治党			
b. 建设"强富美高"的新江苏,指的是建设"经济强、百姓富、环境美、社会文明程度高"的新江苏			
c. 知识产权就是通常所说的专利权			
d. GDP 指国民生产总值			
e. "己所不欲,勿施于人"表示自己不喜欢的东西不强加于人			

203. 您知道下列哪部书主要记载我国古代伟大思想家、教育家孔子的言行?

  1. □《道德经》   2. □《论语》
  3. □《孟子》   4. □不知道

204. 您知道下列哪部书是我国第一部纪传体通史?

  1. □《史记》   2. □《资治通鉴》
  3. □《汉书》   4. □ 不知道

205. 您知道通常所说的中国古典文学四大名著是指哪四部书?

  1. □《红楼梦》《三国演义》《水浒传》《西游记》
  2. □《红楼梦》《三国演义》《金瓶梅》《西游记》
  3. □《红楼梦》《聊斋志异》《水浒传》《牡丹亭》
  4. □ 不知道

206. 您知道通常所说的世界三大宗教是指下列哪三个宗教?

  1. □道教、佛教、基督教   2. □佛教、基督教、伊斯兰教
  3. □基督教、伊斯兰教、印度教 4. □不知道

207. 您知道被列为"人类口述和非物质遗产代表作"的昆曲发源于哪个地区?

  1. □浙江杭州   2. □安徽安庆
  3. □江苏苏州   4. □不知道

208. 您知道拉开中国改革开放序幕的中共十一届三中全会召开于什么时间？

    1. □1976 年 10 月　　　　2. □1978 年 12 月
    3. □1992 年 10 月　　　　4. □不知道

209. 您知道中国人民抗日战争胜利纪念日是哪一天？

    1. □9 月 2 日　　　　2. □9 月 3 日
    3. □9 月 18 日　　　　4. □不知道

210. 您知道我国人民行使国家权力的机关是什么？

    1. □全国人民代表大会及地方各级人民代表大会
    2. □国务院
    3. □中国人民政治协商会议
    4. □不知道

211. 您知道按照有关再生资源标准不可回收物应该是下列哪一项？

    1. □图书报刊　　　2. □卫生纸　　　3. □玻璃瓶
    4. □矿泉水瓶　　　5. □牙膏皮　　　6. □不知道

212. 假若有一个旅行团计划到历史最久远的欧洲国家游览，那么您认为他们应该选择下列哪个国家？

    1.□德国　　　2.□英国　　　3.□希腊　　　4.□不知道

213. 您认为对下列人物的身份描述完全正确的是哪一项？（A）贝多芬、（B）欧几里得、（C）但丁、（D）达·芬奇

    1. □（A）音乐家、（B）数学家、（C）诗人、（D）画家
    2. □（A）数学家、（B）诗人、（C）画家、（D）音乐家
    3. □（A）诗人、（B）画家、（C）音乐家、（D）数学家
    4. □（A）画家、（B）音乐家、（C）数学家、（D）诗人
    5. □不知道

214. "恩格尔系数"是国际上通用的衡量居民生活水平高低的一项重要指标。您知道"恩格尔系数"指的是什么吗？

    1. □食品支出总额占家庭或个人消费支出总额的百分比

2. □食品支出总额占家庭或个人收入总额的百分比

3. □听说过但不清楚

4. □不知道

215. 生活中经常会遇到成功或失败，您认为下列说法正确的是哪一项？

1. □只要符合客观规律，就会一帆风顺，不会遇到挫折或失败

2. □做一件事情，只要意志坚定，就一定能够成功

3. □成功主要靠内因，失败主要是外因造成的

4. □无论成功与失败，都是内外因共同起作用的结果

5. □不知道

216. 您认为下列描述正确的是哪一项？

1. □李女士私自拆开十五周岁女儿的信件

2. □某网吧负责人让十六周岁的小明进网吧玩游戏

3. □由于家庭困难，老王让自己十四周岁正在读初中的儿子辍学

4. □审判的时候被告人不满十八周岁的案件，不公开审理

5. □不知道

217. 同样是到某地旅游观光，不同的人关注或注意到的事物往往是不一样的。您认为这反映了知觉的哪种特性？

1. □选择性　　　2. □整体性　　　3. □恒常性　　　4. □不知道

218. 您相信占卜预测或算命吗？

1. □非常相信　　　2. □有些相信　　　3. □不相信

4. □很不相信　　　5. □说不清楚

最后，我们还想了解一下您对人文社会科学及其普及工作的态度和看法。

301. 您赞成下列各种观点或说法吗？

选项	1. 赞成	2. 反对	3. 不知道
a. 社会科学也是科学			
b. 哲学社会科学能为自然科学研究提供世界观、方法论指导和基本的价值观判断			
c. 社会科学研究只关心理论问题不关心现实生活			
d. 一个人的人文素养必然会转化为他的外在行为			
e. 人文社会科学对社会综合质素的提升是潜移默化的			
f. 社会科学不产生经济效益			

选项	1. 赞成	2. 反对	3. 不知道
g. 企业发展与社会科学研究没什么关系			
h. 即使没有人文社会科学知识，人们一样可以生活、工作得很好			
i. 社科普及是提高公众科学文化素养的有效途径之一			

302. 依照您的理解，您认为人们所说的"社科普及"的主要含义是什么？

1. □科学技术知识普及　　　　2. □人文社会科学知识普及
3. □科学技术与社科知识的普及　4. □不知道

303. 依照您的观察，您对本地区社科普及工作的现状满意吗？

1. □非常满意　　　　　　　　2. □满意
3. □比较满意　　　　　　　　4. □不满意
5. □很不满意　　　　　　　　6. □不知道

304. 您对下列推进社科普及工作的一些主要措施有什么看法？

选项	1. 很有必要	2. 有必要	3. 没必要	4. 不知道
a. 出台具体法规鼓励和支持社会各界参与社科普及				
b. 政府每年拨出社科普及专项经费并予逐年递增				
c. 加强新媒体对人文社会科学知识的传播和普及				
d. 在已有科普场馆增设人文社会科学知识普及内容				
e. 多建社科普及公益设施，不断增加普及基地				
f. 定期举办社科普及宣传主题活动				
g. 促进人文社会科学研究者广泛参与普及工作				
h. 建立和完善社科普及人才培养和激励机制				
i. 重视社科普及成果的宣传和奖励				
j. 将社科普及工作纳入精神文明建设相关指标体系				

305. 您最希望通过社科普及解决哪些问题？（可选 1~3 项）

1. □提高理论和知识水平　　　2. □提升科学文化素养
3. □增强学习和工作能力　　　4. □改进生活方式

5.□优化人际关系　　　　6. □其他（请注明）＿＿＿＿＿

306. 您最希望获取哪些方面的人文社会科学知识或信息？（可选 1~3 项）

1. □时政热点　　　　　　2. □历史文化

3. □投资理财　　　　　　4. □收藏鉴赏

5. □心理健康　　　　　　6. □科学生活

7. □生态环境　　　　　　8. □法律常识

9. □企业管理　　　　　　10. □公关礼仪

11. □家庭教育　　　　　　12. □其他（请注明）＿＿＿＿＿＿＿

我们的调查到此结束，谨再次对您给予的合作表示衷心的感谢！

数据处理记录表

	姓名	完成日期
调查员 1		
调查员 2		
督查员		
编码人		
编码审核人		

后　记

　　我还清楚地记得，2015 年夏天受邀参加江苏省哲学社会科学界联合会社科普及部吴颖文主任组织的"江苏省公众人文社会科学素养及需求调查"项目的专家讨论会，在讨论会上，我就这个研究及调查实施等问题提了一些个人看法。当时并没有意识到自己会来实施此项调查，所以在讨论会上的发言很多是一种理想状态的研究设想。但是所有做过调查研究的研究者都深知在问卷调查的整个过程中会遇到各种各样的困难和问题，每一次调查都是一次挑战。之后吴主任联系我，希望能由我来执行实施"2016 年江苏省公众人文社会科学素养及需求调查"项目，我也欣然接受。

　　经过前期一系列的沟通和准备，江苏省哲学社会科学界联合会吴颖文主任和葛蓝老师牵头编写制作了"江苏省公众人文社会科学素养及需求调查问卷（2016）"及其调查问卷设计说明。这项调查于 2016 年 3~5 月开展，调查范围覆盖全省 13 个市，调查采取入户调查方式，根据随机抽样出来的家庭，由访员入户进行问卷调查。在整个问卷调查的实施过程中，除了省哲学社会科学界联合会吴颖文主任、刘洁老师、葛蓝老师等的大力协助和支持外，特别需要提及的是各市哲学社会科学界联合会在此次调查中的配合与帮助，没有各市哲学社会科学界联合会的协助，这项调查的入户工作根本无法顺利完成。此外，同样需要感谢参与此项调查的刘宇轩、赵文琪、周纬、何妮娟等 40 余位南京大学新闻传播学院的研究生，他们经过前期访员培训后分赴全省 13 个市，在当地哲学社会科学界联合会、社区和村委会干部的配合下，圆满完成了入户调查任务。同学们在此次调查中也收获颇多，对中国社会现实也有了更直观的认识和感受。例如，有同学在调查总结中写道："几乎所有村子都存在严重的老龄化问题，住户外出打工问题严重。""乡村居民普遍文化程度不高，问卷对于居民理解起来十分困难，访员通常需要将抽象的问题用相对通俗的方式解释，虽然访员已经尽力，但是仍然难以保证居民能够正确地理解问题。"而这些都是在书本上无法学习到的。在社会这样一个大课堂中的学习对于同学们来说也是一次非常难得的锻炼机会。

　　在调查结束后，项目组对调查数据进行了统计分析，撰写了相关调查报告，并请外部专家对报告进行了审阅，得到了较好的评价。因此，江苏省哲学社会科学界联合会提议正式出版此项调查成果。之后项目组重新组织书稿撰写团队，由我和我的两位全程参与此项调查的研究生秦佳琪、张烨负责书稿的主要撰写工作，由省哲学社会科学界联合会吴颖文主任和葛蓝老师负责撰写书稿"第十章结语"的第二节"江苏省社会科学普及主要实践与总结"和第三节"'十三五'期间江苏省社会科学普及重点任务"。2017 年上半年，书稿初稿完成，清华大学金兼斌教授和南京大学郑欣教授等分别提出了很好的评审建议，之后经过吴颖文主任、葛蓝老师和我的多次讨论修改，直到现在才最终定稿。

　　书稿即将付梓之时，我的心情还是颇为复杂的。既"如释重负"，又"若有所憾"。"如释重负"是因为人文社会科学素养并非我十分熟悉的研究领域，非常感谢江苏省哲学社会科学界联合会的领导、吴颖文主任及南京大学社会科学处王月清处长的信任，愿意将这项研究交给我来执行实施，在整个项目的实施过程中，我得到了很多人的帮助支持，但由于我个人能力有限，时间分配不合理等因素，本应早就出版的书稿一拖再拖，也给江苏省哲学社会科学界联合会的工作带来了不便。在书稿即将出版之时，我的确有一些"如释重负"的感觉，能够尽我所能为这项工作画上一个句号，虽然未必圆满。至于说"若有所憾"，是因为在这个调查项目完成后，我才对人文社会科学素养有了更深入的认识，也深刻感受到这个问题的现实意义。所以遗憾未能在这项研究起步时就介入其中，也在一定程度上影响了后续研究成果的产出。

　　本次调查结果既反映出江苏省公众在人文社会科学素养的某些方面，相比以往已经有了比较大的进步，但同时也反映出一些不足。而公众科学素养和人文社会科学素养的提升，既是社会文明发展的重要渠道，也是一个国家迈入现代化的基础。我也非常希望此项研究能对江苏省在提升公众人文社会科学素养的普及工作方面有一定的帮助。最后再次感谢所有关心和支持此项研究的领导以及为此项研究付出努力的各位同仁和同学，感谢科学出版社杨英编辑给予的大力支持。

巢乃鹏
2018 年 1 月 25 日